꿈의 해석

감춰진 인간 정신의 숨은그림찾기

청소년 철학창고 14

꿈의 해석 감춰진 인간 정신의 숨은그림찾기

초판 1쇄 발행 2006년 9월 5일 | 초판 9쇄 발행 2020년 6월 15일

풀어쓴이 안병웅
펴낸이 홍석 | 기획 채희석
편집 류현영·김재실 | 표지 디자인 황종환 | 본문 디자인 서은경
마케팅 홍성우·이가은·이송희 | 관리 김정선·정원경·최우리
펴낸곳 도서출판 풀빛 | 등록 1979년 3월 6일 제8-24호
주소 03762 서울시 서대문구 북아현로 11가길 12 3층
전화 02-363-5995(영업), 02-362-8900(편집) | 팩스 02-393-3858
홈페이지 www.pulbit.co.kr | 전자우편 inmun@pulbit.co.kr

ⓒ 안병웅, 2006

ISBN 978-89-7474-540-0 44160
ISBN 978-89-7474-526-4(세트)

이 도서의 국립중앙도서관 출판예정도서목록(CIP)은 서지정보유통지원시스템 홈페이지(http://seoji.nl.go.kr)와
국가자료종합목록 구축시스템(http://www.nl.go.kr/kolisnet)에서 이용하실 수 있습니다. (CIP제어번호: CIP2006001820)

꿈의 해석

감춰진 인간 정신의 숨은그림찾기

지그문트 프로이트 지음 | 안병웅 풀어씀

'청소년 철학창고'를 펴내며

　우리 청소년이 읽을 만한 좋은 책은 없을까? 많은 분들이 이런 고민을 하셨을 겁니다. 그러면서 흔히들 고전을 읽어야 한다고 합니다. 하지만 서점에 가서 책을 골라 보신 분들은 느꼈을 겁니다. '청소년의 지적 수준에 맞춰서 읽힐 만한 고전이 이렇게도 없는가.'라고.

　고전 선택의 또 다른 어려움은 고전의 범위가 매우 넓다는 것입니다. 청소년 시기에는 시간과 능력의 한계 때문에 그 많은 고전들을 모두 읽을 수 없습니다. 그렇다면 어떤 책을 읽어야 할까요?

　이런 여러 가지 현실적 어려움을 고려하여 기획한 것이 풀빛 '청소년 철학창고'입니다. '청소년 철학창고'는 고전의 핵심이라 할 수 있는 '철학'에 더 많은 무게를 실었습니다. 그 이유는 무엇일까요?

　사람들은 일반적으로 철학을 현실과 동떨어진 공리공담이나 펼치는 학문이라고 생각합니다. 하지만 철학적 사고의 핵심은 사물과 현상을 다양하게 분석하고 종합하여 그 원칙이나 원리를 찾아 내는 것입니다. 그래서 철학은 인간과 세상에 대해 깊이 있게 생각하고, 논리적으로 종합하는 능력을 키워 줍니다. 그런 만큼 세상과 인간에 대해 눈떠 가는 청소년 시기에 정말로 필요한 공부입니다.

하지만 모든 고전이 그렇듯이 철학 고전 또한 읽기가 쉽지 않습니다. 그래서 '청소년 철학창고'는 청소년의 눈높이에 맞추기 위해 선정에서부터 원문 구성에 이르기까지 많은 노력을 기울였습니다.

첫째, 책을 선정하는 과정에서부터 엄격함을 유지했습니다. 동양·서양·한국 철학의 전공자들이 많은 회의 과정을 거쳐, 각 시대마다 동서양과 한국을 대표하는 철학 고전들을 엄선했습니다. 특히 우리 선조들의 사상과 동시대 동서양의 사상들을 주체적인 입장에서 비교하고 검토할 수 있도록 했습니다.

둘째, 고전 읽기의 참다운 맛을 살리기 위해 최대한 원문을 중심으로 구성했습니다. 물론 원문 읽기의 어려움을 해결하기 위해 새롭게 번역하고 재정리했습니다. 그리고 청소년이라면 누구나 어렵지 않게 읽으면서 고전이 주는 의미와 내용을 이해할 수 있도록 설명을 덧붙였고, 전체 해설을 통해 저자의 사상과 전체 내용을 다시 한번 정리해 주었습니다.

마지막으로 쉬운 것부터 읽기 시작하여 점차 사고의 폭을 넓혀가도록 난이도에 따라 세 단계로 구분을 했습니다. 물론 단계와 상관 없이 읽고 싶은 순서대로 읽어도 될 것입니다.

우리 선정위원들은 고전 읽기의 진정한 의미가 '옛것을 되살려 오늘을 새롭게 한다(溫故知新).'는 데 있다고 생각합니다. '청소년 철학창고'를 통해 자라나는 청소년들이 인간과 사물에 대한 깊은 통찰력을 키워, 밝은 미래를 열어 나갈 수 있기를 진정으로 바랍니다.

2005년 2월

선정위원   허우성(경희대 교수, 동양철학)   윤찬원(인천대 교수, 동양철학)
정영근(서울산업대 교수, 한국철학)   허남진(서울대 교수, 한국철학)
이남인(서울대 교수, 서양철학)   한자경(이화여대 교수, 서양철학)

들어가는 말

우리에게 꿈은 아주 일상적이며 익숙하다. 그런 만큼 사람들은 꿈이 주는 의미를 알고 싶어 한다. 오늘날과 같이 과학이 발달된 세상에서 수많은 해몽서가 나와 있는 이유도 그런 까닭에서다.

사실 전통적인 꿈의 해석은 많은 논란을 일으키기도 했다. 어떤 사람들은 미신이라고 여겨서 거들떠보지도 않고, 어떤 사람들은 굳게 꿈을 예언이라고 믿는다. 이렇게 오랜 인류의 역사와 더불어 함께했던 꿈이지만 꿈이 왜 생겨나는지, 꿈이 의미하는 내용은 무엇인지, 논리적으로는 이해가 되지 않는 내용이 왜 꿈에 등장하는지 등에 대해 사람들은 정밀하고 과학적인 대답을 하지 못했다.

1900년 프로이트가 《꿈의 해석》을 출간하면서 꿈에 대한 논란은 일단락된다. 이후 사람들은 꿈이 미래를 예측하거나 길흉화복을 예언하는 것이 아님을 알게 된다. 그러나 《꿈의 해석》이 지닌 보다 중요한 의미는 프로이트가 꿈이라는 인류의 오래된 정신 현상을 분석하면서 무의식이라는 또 다른 정신세계를 찾아냈다는 데 있다. 무의식은 인간 내면 저 아래에 숨어 있는 모든 기억과 욕구의 총체며, 인간의 행동을 지배하는 진정한 주인이라는 것이다. 이제 인간은 의식, 즉 이성적 판단에 의해 행동하는 '이성적 인

간'이 아니라 잠재된 욕망과 욕구로 가득 찬 '욕망의 화신'이라는 사실이
밝혀진 것이다.

프로이트의 《꿈의 해석》은 '인간의 진정한 모습은 무엇인가.'라는 뜨거
운 논란을 불러 일으켰고 이후 수많은 논쟁의 주제가 되었다. 그렇지만 오
늘날에 와서는 프로이트가 말한 정신 분석이나 무의식의 세계는 더 이상
의문의 여지 없이 받아들여지고 있다. 문학, 예술, 철학, 심리학을 비롯한
수많은 학문에서 프로이트의 이론을 받아들였고, 프로이트의 이론은 더욱
확장되고 발전하게 되었다.

그렇다면 꿈은 우리에게 어떤 의미를 지닌 것일까? 프로이트에 의하면
꿈은 우리의 무의식이 갖고 있는 소망을 충족하기 위해서 만들어진다. 꿈
은 낮의 세계에서는 실현시킬 수 없었던 욕망, 성적 욕구나 공격적 욕구와
같은 본능적 욕구뿐만 아니라 상처받고 분노하고 좌절했던, 그래서 어디에
선가 풀어야 할 욕구나 소망을 충족해 주는 출구라는 것이다.

해소되지 않는 욕구는 심리적 불안이나 강박 관념과 같은 정신 질환의
원인이 될 수 있다. 그런데 꿈이 이런 불안과 긴장을 풀어줌으로써 우리의
삶을 더 창조적이고 풍요롭게 만들어 준다. 이런 점에서 《꿈의 해석》이 지
닌 진정한 의미는 아름답고 창조적이며 자유로운 세상을 꿈꾸는 우리 인간
이 자신의 진실한 모습을 더욱 사랑하게 만들어 준다는 데에 있다. 그런 까
닭에 인간의 진정한 삶이 무엇인지 고민하는 청소년들에게 《꿈의 해석》은
고전 이상의 의미를 지니며 다가갈 수 있는 책이라 믿는다.

2006년 8월
안병웅

《꿈의 해석》의 주요 개념어

프로이트의 사상을 이해하기 위해서는 알아야 할 개념어가 매우 많다. 그 가운데 가장 대표적이고 중요하며 《꿈의 해석》을 이해하는 데 필요한 주요 개념어를 골라 간단하게 정리하면 다음과 같다.

정신 분석 프로이트는 히스테리 환자들을 치료하는 과정에서 자유 연상법을 도입했는데, 자유 연상법이라는 용어가 정신 의학에서 사용될 수 없다는 것을 깨닫고 1896년부터 정신 의학과 구별되는 정신 분석이라는 용어를 사용한다.

정신 분석은 신경증을 치료하는 정신 의학의 영역과 인간 내면을 해석하는 해석학의 영역을 모두 포괄하는 말이다.

신경증 신경증은 원래 신경계의 질병을 가리키는 말이다. 그러나 나중에는 신경계에 문제가 없는데도 다리가 아프다든지, 가슴이 답답하다든지, 헛기침이 계속 나온다든지 하는 신체 기능의 장애가 생기는 질병을 가리키게 되었다. 프로이트는 신경증이 신경계의 질병이 아니라 정신 장애에서 발생한 것임을 알아냈다. 신경증에는 히스테리, 노이로제, 강박 신경증, 우울증 등이 있다.

신경증은 과거의 충격적인 일이나 어린 시절의 성적인 경험, 부모에 의한 심리적 억압에 의해 생겨날 수 있다.

| 히스테리 | 히스테리는 자궁이라는 말에서 기원한다. 프로이트 이전에 |

히스테리는 자궁이라는 말에서 기원한다. 프로이트 이전에는 히스테리가 여성들에게만 일어나는 병이라고 여겼는데 이는 병의 원인이 되는 기관을 자궁이라고 생각했기 때문이다. 그러나 프로이트는 히스테리가 신체적인 원인에 의해서가 아니라 심리적인 원인에 의해 생겨난 증상임을 밝혀낸다. 히스테리는 여러 신경증 가운데서도 대표적인 신경증으로 자리를 잡았는데, 오늘날에는 병으로 보지 않고 마음의 상태를 나타내는 증상으로 여긴다.

무의식·전의식·의식　　　프로이트는 인간에게 의식과는 다르며 알려지지 않은 고유한 정신의 활동·영역·내용이 있다고 말한다. 이를 무의식이라고 하는데 성적 욕구나 공격 욕구와 같은 본능적인 욕구를 포함해 다양한 욕구와 충동이 들어 있는 영역을 말한다.

프로이트는 정신을 크게 무의식 영역과 의식 영역으로 나누었는데 의식은 직관적인 인식의 영역에서 이루어지는 활동으로 사회적인 도덕 규범을 인식하는 곳이다. 무의식은 다시 전의식과 좁은 의미의 무의식으로 나뉘는데 전의식은 의식으로 전환하기 위해 통제하고 검열하는 과정을 거친 무의식을 말한다. 그러므로 전의식은 순수한 의미의 무의식과는 달리 의식으로 전환할 수 있는 무의식을 말하며 순수한 무의식과 의식의 중간 단계를 말한다. 프로이트에 의하면 인간은 자신이 의식하는 과정에서 놓치거나 신경 쓰지 않은 기억들을 모두 무의식 속에 저장한다고 한다.

그래서 프로이트는 인간을 움직이는 원동력이 의식이 아니라 무의식에서 나온다고 말한다. 그러니까 인간의 행동을 결정하는 데에서 의식보다는 무의식이 더 중요한 비중을 차지한다는 것이다. 이것은 마치 의식이 빙산의 일각인 윗부분을 차지하는 데 반해, 무의식은 빙산의 대부분인 아랫부분을 차지하고 있는 것과 같다는 말이다.

이드·자아·초자아는 인간 정신의 구조나 의식의 수준을 가늠할 때 사용하는 용어로 각각을 원본능·에고·슈퍼에고라고 표현하기도 한다. 프로이트는 자신의 무의식·전의식·의식이라는 정신 영역의 구별 방법이 정신 분야의 여러 현상들을 설명하기에는 충분하지 못하다고 판단해서 새롭게 이 세 가지 개념을 만들었다.

이드는 앞에서 말한 세 가지 영역 가운데 가장 오래된 것으로 충동에 따라 행동하고자 하는 욕구를 말한다. 대표적으로 성적 욕구와 공격 욕구를 들 수 있다. 이러한 욕구는 이성이나 논리에 의한 것이 아니라 충동에 따라 일어나며 즉각적으로 만족하고자 한다. 그러므로 본능적이며 비합리적이고 반사회적이다. 주로 무의식에서 활동한다.

자아는 이드의 충동과 초자아의 도덕적 억제 사이에서 끊임없이 갈등하며 중재하는 심리적 주체를 일컫는다. 자아는 기억하고 평가하며 계획하고 주변의 물리적·사회적 세계와 반응하며 그 속에서 활동한다. 그래서 합리적이고 논리적이며 현실의 원칙을 따른다. 즉 자아는 현실의 상황을 파악해 그에 따라 행동하며 이드의 성적 충동이나 공격성이 드러나지 않게 조절하고 통제한다. 주로 의식에서 활동하며 인간의 전 생애를 통해 변화한다.

초자아는 이드나 자아보다 늦게 발달하며 보통 양심으로 알려진 금지·비난·억제의 체계와 자아의 이상이라고 생각되는 부분이다. 초자아는 처음에 부모로부터 내면화되어 뒤에 개인의 양심으로 자리를 잡는다. 도덕과 양심에 따라 움직이며 비판적이라고 할 수 있다. 의식과 무의식 모두에서 활동한다.

죽음의 본능·삶의 본능 프로이트는 인간의 본능을 크게 두 가지로 나눈다. 하나는 삶의 본능이고 또 다른 하나는 죽음의 본능이다. 삶의 본능은 에로스라고 불리기도 하는데, 끊임없이 삶을 활성화시키는 본능을 말하며 특히 성 본능이 그러한 역할을 담당한다. 죽음의 본능은 타나토스라고도 불리며 살아 있는 것을 죽음으로 이끄는 본능을 말한다. 이는 각 개인이 타고난 자기 파괴의 욕구이기도 하다. 전쟁 놀이, 병원 놀이, 부부 싸움

놀이 등으로 불쾌했던 경험을 반복하고자 하는 반복 강박은 죽음의 본능을 이해하는 실마리가 된다. 프로이트에 의하면 삶의 본능과 죽음의 본능은 동전의 양면처럼 인간의 내면에 존재한다고 한다.

오이디푸스 욕구는 오이디푸스 왕 이야기에 기원을 둔다. 오이디푸스는 그리스 신화에 나오는 인물로 아버지를 죽이고 어머니와 결혼하는 비운의 주인공이다. 우리가 이 이야기에 공감하게 되는 까닭은 사내아이가 갖는 어머니에 대한 성적 호기심과 아버지에 대한 질투심 때문이다. 유아기부터 존재하는 어머니에 대한 성적 호기심과 아버지에 대한 질투의 감정은 우리에게 심리적 갈등을 일으키며 경우에 따라서는 정신 분열을 가져온다.

오이디푸스 욕구는 프로이트가 자신의 정신 분석학을 설명하는 과정에서 매우 중요한 개념으로 사용하는데 프로이트는 모든 문명과 종교, 그리고 인간 개개인의 내면에는 오이디푸스 욕구의 흔적을 담고 있다고 주장한다. 성장하면서 이러한 흔적은 극복되어야 하며 이를 극복하고자 하는 초자아의 작용이 별다른 마찰 없이 원활하게 진행되면 정상인이 되고 이것을 극복하지 못하면 신경증 증상에 빠질 수도 있다.

방어 기제란 우리가 곤란한 상황에 처했을 때 그 상황을 피하기 위해 마음이 적응하는 방식을 말한다. 프로이트가 찾아낸 가장 중요한 최초의 방어 기제는 억압이다. 즉 원하는 것을 하지 못한 마음이 스스로 그 소망을 억제함으로써 마음을 보호하는 방법을 말한다. 그러나 프로이트의 딸 안나 프로이트는 방어 기제에 대한 연구를 계속했으며 많은 방어 기제들을 찾아낸다. 예컨대 따 먹을 수 없는 포도가 시다면서 스스로를 위로하는 합리화, 어린 시절로 돌아가서 그곳에 안주하려고 하는 퇴행, 장애를 극복하고 오히려 뛰어난 사람이 되는 승화 등이 모두 방어 기제에 속한다.

| 리비도 | 리비도는 프로이트가 인간의 정신 상태를 물리적인 용어로 바꾸어 표현한 말로, '성적 충동 에너지'를 의미한다. 의식이 |

리비도는 프로이트가 인간의 정신 상태를 물리적인 용어로 바꾸어 표현한 말로, '성적 충동 에너지'를 의미한다. 의식이 발달되기 이전 단계에서 리비도는 성적인 에너지로서의 성격이 매우 강하게 나타난다. 그래서 성 본능과 직접적으로 결부된 에너지처럼 보인다. 그러나 성장하며 의식이 발전함에 따라 차츰 삶의 에너지로 그 모습이 바뀌게 된다. 삶의 에너지란 우리의 삶을 더욱 활기차게 만들고 사랑하게 하는 에너지다. 그래서 리비도는 에로스가 갖고 있는 에너지로 보는 것이 타당하다. 성적인 요소를 가지고 있으면서도 자기 보존 욕구를 가지고 있는 에너지기 때문이다. 리비도는 이드에서 생겨난다. 에너지의 근원은 본능에 있기 때문이다.

| 억압·왜곡·검열 | 프로이트 이론에서 억압이란 받아들여질 수 없는 욕구나 생각을 무의식으로 내모는 정신 작용을 말 |

프로이트 이론에서 억압이란 받아들여질 수 없는 욕구나 생각을 무의식으로 내모는 정신 작용을 말한다. 원하는 것을 하고 싶어 하는 마음과 현실에서 용납되지 않는다는 사실 사이에서 갈등하다가 결국은 자신이 하고 싶은 것을 하지 못하고 잊어버리는 과정인 것이다. 이렇게 잊혀진 사실들은 자신도 모르게 무의식으로 들어가게 되고 무의식으로 들어간 고통스러운 사실들은 의식으로 드러나지 않도록 통제받는다. 통제받는 무의식의 내용들은 때때로 억압이 누그러지면서 신경증이나 꿈으로 나타나기도 한다.

꿈을 만드는 과정에서 억압은 의식이나 전의식의 검열 과정에서 소망이나 욕구가 무의식으로 다시 쫓겨나는 작용을 말하며, 왜곡은 소망이나 욕구가 변형되고 바뀌는 작용을 말한다. 그러므로 꿈에 나타나는 소망이나 욕구는 모두 왜곡된 것이며 억압된 것은 나타날 수 없다.

검열은 마치 국가에 계엄령이 선포되었을 때 계엄관이 신문을 검사해 위험한 내용은 삭제해 버리고 위험하지 않은 내용만 게재하도록 허락하는 것에 비유할 수 있다. 프로이트는 검열을 무의식의 욕구나 생각이 받아들여지는지의 기준으로 보았다.

| 퇴행 | 퇴행은 어려움을 감당하기 힘들 때 그 상황에서 벗어나서 어린 시절로 돌아가고자 하는 심리 작용을 말한다. 예를 들어 |

퇴행은 어려움을 감당하기 힘들 때 그 상황에서 벗어나서 어린 시절로 돌아가고자 하는 심리 작용을 말한다. 예를 들어 유치원에 가서 친구들과 어울리기가 겁이 난 연약한 아이가 엄마의 젖가슴을 만지면서 젖 먹는 흉내를 내고 유치원 가기를 거부하는 행동과 같은 것이 퇴행이다. 이것은 일종의 방어 기제라고 볼 수 있으며 일반적으로 익숙한 것, 편안한 것, 친숙한 것으로 퇴행한다.

그런데 프로이트가 《꿈의 해석》에서 꿈의 작업과 관련해서 사용한 퇴행이라는 말은 심리학에서 일반적으로 사용하는 의미와는 다르다. 프로이트는 꿈이 현재와 가까운 것에서 소재를 찾지 않고 과거의 기억을 되살려 묘사하려는 속성을 가리켜 꿈의 퇴행이라고 불렀다.

고착은 퇴행과 관련이 있는 정신 현상이다. 퇴행이 이루어진 이후에 그 퇴행이 어느 단계에서 계속 머무르는 상태 혹은 어떤 단계에서 새로운 단계로 나아가지 못하고 그 단계에 머무르는 상태를 고착이라고 한다. 예를 들어 초등학교 생활이 힘든 아이가 밤마다 이불에 오줌을 쌀 수 있는데 그 행동이 계속 반복이 될 경우 고착되었다고 말한다. 고착 증세를 보이는 사람은 이 고착에 많은 마음의 에너지를 사용하기 때문에 일상생활을 하는데 불편을 겪으며 정상적인 발달을 하지 못하는 경우도 많다.

| 일 러 두 기 |

1. 이 책은 Sigmund Freud, 《The Interpretation of Dreams》(Oxford University Press, 1999)를 기본 텍스트로 하고 《꿈의 해석》(김인순 옮김, 열린책들, 2004)을 참고하였다.
2. 《꿈의 해석》은 원래 7장으로 구성되어 있는데, 이 책에서는 전체적인 흐름을 이해하기 쉽도록 주제를 중심으로 5부 21장으로 재구성하였다. 또한 각 부와 각 장의 제목은 이해를 돕기 위해 필자가 붙인 것이다.
3. 원문의 내용이나 용어 중 일부는 내용을 훼손하지 않는 범위에서 생략하거나 수정하였고, 원문의 단락 중 일부는 이해를 돕기 위해 필요에 따라 순서를 재배치하였다.
4. 전체적인 내용의 흐름을 쉽게 이해할 수 있도록 각 부와 각 장의 맨 앞에 그 내용을 요약하였다.

제 **1** 부 꿈의 특징과 해석 방법

Die Traumdeutung

제1부 꿈의 특징과 해석 방법

　제1부에서는 지금까지 꿈에 대한 학문적 연구가 미약했지만 없는 것은 아니었다는 점을 지적하면서 그동안의 여러 입장들을 소개한다. 또한 꿈이 어떤 특징을 지니고 있으며 그 의미는 무엇인지에 대해 다루면서 프로이트 나름의 방법론, 즉 정신 분석이 꿈 해석의 가장 유용한 방법이라고 주장한다.

　고대부터 오늘날에 이르기까지 사람들은 종종 꿈을 신의 계시나 미래에 대한 예고 등으로 받아들이기도 했으며, 근대 이후 많은 학자들은 꿈을 과거에 경험한 일의 단순한 재현으로 파악해 왔다. 하지만 구체적인 꿈의 사례들을 보면 그러한 주장이 과연 옳은지 의문을 갖게 된다. 그래서 프로이트는 꿈이 어떤 일을 기억하며 무엇에 자극받아 생기는지, 그리고 꿈의 심리적 특징이 무엇인지를 설명하면서 본격적으로 꿈의 해석이 필요하다고 지적하고 또한 그 해석 방법이 중요하다는 점을 강조한다.

　이는 프로이트가 의사로서 꿈의 분석을 통해 신경증 환자들을 치료하면서 얻은 결론이다. 프로이트는 많은 신경증 환자들을 치료하면서 환자의 꿈과 심리적·정신적 상태의 관계를 연구했고, 그 과정에서 꿈을 분석하면 그 환자의 정신적 장애 요인을 파악할 수 있다는 점에 주목했다. 이처럼 프로이트가 꿈을 해석하는 최선의 방법이 정신 분석이라는 결론을 내리게 된 것도 수많은 임상 실험과 실패를 거듭하는 노력에 따른 것이었다. 프로이트는 이 꿈의 분석을 본격적인 신경증 환자의 치료 방법으로 활용하면서 꿈이라는 새로운 정신세계, 즉 무의식의 세계를 발견하고 자신의 정신 분석 이론을 완성하게 된다.

1. 꿈에 대한 학문적 연구가 있었다

이 장은 《꿈의 해석》 전체의 서문에 해당한다. 프로이트는 꿈에 대한 자신의 해석을 본격적으로 시작하기 전에 지금까지 행해진 꿈에 대한 학문적 연구와 문헌들을 전체적으로 검토하고 그 내용을 언급하는데, 이는 자신의 이론적 타당성을 제시하기 위해서라고 할 수 있다. 그러나 이 책에서는 전문적인 문헌의 소개는 가능한 한 간단하게 처리했으며, 꿈의 특징을 다루는 부분에 중점을 두었다.

프로이트 이전에 꿈에 대한 연구가 전혀 없었던 것은 아니었다. 특히 선사 시대 사람들은 꿈을 매우 중요하게 여겼으며 꿈이 신의 계시라고 생각했다. 또한 고대 그리스의 아리스토텔레스를 비롯해 현대의 학자들에 이르기까지 꿈에 대한 관심과 해석이 없었던 것은 아니었다. 그러나 이러한 관심과 해석은 진지한 논의로 이어지지 않았고 하나의 학문적인 영역으로 발전하지 못하고 말았다. 이런 미흡한 연구 성과를 언급하면서 프로이트는 꿈에 대한 자신의 해석을 시작하겠다고 말한다.

나는 꿈을 해석할 수 있는 심리학적 기술이 존재하며, 이 방법을 적용해서 모든 꿈이 낮 동안의 정신 활동과 관련되어 있다는 것을 증명하려 한다. 이어서 어떤 과정 때문에 꿈이 정체를 알 수 없는 생소한 것으로 보이게 되는지를 확실하게 밝히고, 그 과정 속에서 어떤 심리적 요소들이 긍정적으로 또는 부정적으로 작용하는지를 논의할 생각이다.

나는 먼저 꿈에 대해서 학문의 세계에서 어떤 문제들이 논의되고 있으며, 연구자들의 업적은 무엇인지 개괄해서 살펴보고자 한다. 사실 수천 년 동안 꿈에 대한 여러 가지 논의들이 있었지만 그 결과는 아주 미약했다. 그러나 꿈에 대한 연구가 전혀 없었다고 할 수는 없다. 그래서 나는 이곳에서 가능한 한 많은 사람을 언급하면서 간단히 글을 쓰려고 한다. 이 글을 써 나가는 동안에는 그러한 주제에 관해 언급할 기회가 별로 많지 않을 것이기 때문이다.

요컨대 수천 년에 걸친 노력에도 불구하고 꿈에 대한 학문적 진전에는 별다른 발전이 없었다. 꿈에 관한 우리의 주제와 관련해서 관심을 이끄는 견해와 흥미로운 재료가 많이 있다고는 하나, 꿈의 본질을 파헤치거나 그 수수께끼를 완벽하게 해결해 놓은 책은 거의 없다. 오히려 아예 없다고도 할 수 있다. 그러니 꿈 전문가가 아닌 일반 교양인들에게 도움이 될 만한 지식이 없음은 지극히 당연하다.

신의 계시

옛날 선사 시대 사람들이 꿈에 대해 어떤 견해를 가지고 있었는지, 꿈이 선사 시대 사람들의 세계관과 영혼관을 형성하는 데에 어떤 영향을 미쳤는지 알아보는 것은 매우 흥미로운 주제다. 꿈에 대한 선사 시대 사람들의 견해는 그리스 로마 시대의 여러 민족들이 꿈을 대하는 태도에 결정적인 영향을 미친 것으로 보인다. 선사 시대 사람들은 꿈이 자신들이 믿는 초인간적인 존재와 관련이 있으며, 꿈이 신과 악령의 계시를 알려 준다고 믿었다. 또한 꿈이 사람들에게 미래를 알려 주기 위해 나타난다고 생각했다. 그러나 사람마다 꿈을 다르게 꾸기 때문에 꿈에 대해 어떤 일치된 견해를 갖기가 쉽지 않았다. 그래서 고대 철학자들의 꿈에 대한 견해는 점술에 대한 각자의 입장을 나타내곤 했다.

심리학의 대상

아리스토텔레스는 자신의 글 두 편에서 꿈을 다루고 있다. 이 두 편의 글에서 꿈은 심리학의 대상으로 등장한다. 자연은 신이 지배하는 것이 아니라 악령이 지배하기 때문에 꿈도 신이 보내는 것이 아니라 악령이 만들어 낸 것이라고 아리스토텔레스는 말한다. 즉, 꿈은 초자연적인 계시에서 비롯되는 것이 아니라 인간의 심리에서 유래한다는 것이다. 그래서 꿈은 잠자고 있는 사람의 심리적 활동으로 정의된다. 아리스토텔레스는 꿈의 특징 중 몇 가지를 알고 있었다. 예를 들어 꿈이 잠자는 동안에 받는 사소한 자극을 확대 해석한다는 것이다. 손발을 따뜻하게 하고 잠이 들면 불 속을 걷고 있거나 온몸이 뜨거운 꿈을 꾸게 된다. 이것은 꿈이 자신의 마음 상태를 확대해서 나타낸다는 말이다. 그래서 거꾸로 꿈을 축소해서 생각하면 꿈을 통해 낮에 알지 못했던 신체의 변화를 알아낼 수 있으며, 의사가 꿈 이야기를 들으면 그 환자의 몸 상태를 초기에 알아낼 수 있다고 추론한다.

아리스토텔레스 이전의 고대 사람들은 꿈을 신의 계시로 여겼다. 우리가 꿈에 대한 평가를 내릴 때마다 마주치게 되는 두 대립된 경향은 그때에도 존재했다. 고대 사람들은 미래를 알려 주기 위해 잠자는 사람에게 보내는 진실하고 귀중한 꿈과 잠자는 사람을 미혹시키고 파멸시키려는 의도를 가진 헛되며 무가치한 꿈을 구별했다. 이렇게 서로 대립된 꿈 해석 경향은 아리스토텔레스가 꿈을 마음이 만들어 낸 것이라고 본 것과는 다른 생각이라고 할 수 있다.

미래 예언

그루페(《그리스 신화론과 종교사》의 저자)는 꿈을 두 가지로 분류했다. 하나는 현재나 과거의 영향을 받을 뿐 미래와는 아무런 관련이 없는 꿈이다. 이러한 꿈은 마치 악몽이 보여 주는 바와 같이 마음속의 생각을 환상으로 바꾸어 놓은 것에 지나지 않는다. 이것은 배가 고플 때 이를 충족하면 포만감을 느끼는 것과 마찬가지로 마음속에 과거나 현재에 대해 어떤 생각을 품으면 그 생각이 꿈으로 나타나는 것과 같다. 이러한 꿈은 오직 현재나 과거와 관련되어 있을 뿐 미래와는 아무런 연관이 없다.

그러나 그와 반대로 다른 하나는 미래를 예언하며 미래에 결정적인 영향을 미치는 꿈을 말한다. 이러한 꿈에는 꿈속에서 직접 받는 예언의 꿈, 코앞에 닥친 사건을 예고하는 꿈, 해석이 필요한 상징적인 꿈이 포함된다. 이 이론은 수세기 동안 꾸준히 유지되어 왔다.

꿈을 어떻게 받아들여야 할 것인가의 문제는 꿈의 해석, 다시 말해 꿈의 평가와 밀접하게 관련된다. 일반적으로 사람들은 꿈에서 중요한 결과를 이끌어 내기를 기대한다. 그러나 모든 꿈을 바로 이해할 수 있는 것도 아니고 그 꿈이 과연 어떤 중요한 일을 예언하는지도 불확실하기 때문에 사람들은 꿈을 분명하게 이해할 수 있는 방법을 찾으려고 한다.

학문이 발달하기 이전의 고대 사람들이 생각하는 꿈은 마음속에 알고 있는 것만을 외부 세계에 드러내곤 했던 자신들의 전체적인 세계관과 일치한다. 고대 사람들은 아침에 일어났을 때 머리에 남아 있는 기억을 통해 받는 강렬한 인상을 중심으로 꿈을 추측하고 짐작했다. 이 기억 속에서 꿈은 다른 세계에서 온 낯선 것이어서 꿈꾼 사람의 당시 심리적 내용과 서로 어긋날 수 있었기 때문이다.

초인간적 정신력

오늘날에도 꿈의 초자연적 기원설을 믿고 따르는 사람이 없는 것은 아니다. 신이나 자연을 경건하게 생각하는 경건주의와 신비주의 작가들을 제외하더라도 꿈의 해석이 불가능하다는 점에서 종교적인 믿음의 근거를 찾으려는 사람들이 있다. 이들은 인간을 넘어서는 정신력이 존재하며 그 정신력이 인간의 삶에 관여한다는 믿음을 가지고 있다. 또한 이들은 심리적인 문제에 민감하며 모험을 즐긴다. 셸링 학파(19세기 전반 자연 철학을 믿었던 학파)를 비롯한 철학의 많은 유파들이 꿈을 믿는 생활을 존중하고 있다. 이는 고대에 당연하게 여겼던 꿈의 신성함이 남긴 영향이다. 물론 미래를 알리는 꿈의 예언적인 힘에 대해서도 아직 결론이 나지 않았다. 학문적인 사고 방식을 따르는 사람이라면 그런 주장을 거부하고 싶겠지만, 자료를 충분히 수집하지 못했고 현재 있는 자료들마저 충분하게 소화하지 못한 실정이어서 심리학적으로 해명하려는 시도가 성공하지 못했기 때문이다.

확실한 성과를 토대로 한 앞선 사람들의 연구를 이어받는 것이 아니기 때문에 나는 꿈의 이론을 전개하면서 앞선 연구자들의 견해가 아니라 주제를 중심으로 논의하기로 결정했다. 하지만 여러 가지 꿈 문제를 논할 때마다 문헌에 수록되어 있는 재료를 수시로 인용할 생각이다. 다만 많은 문헌들을 모두 소화할 수 없기 때문에 이곳에서는 다양한 인물들과 그들의 이론에 대한 기본적인 언급에 만족해 주길 바란다. 내가 여기서 제시하고자 하는 것은 심리학적 방향의 세부적인 연구다. 내게는 수면의 생리학적 문제까지 다룰 만한 이유가 별로 없기 때문에 주제를 꿈으로 제한해 세부적인 문제 하나하나를 연구 대상으로 할 것이다.

2. 꿈은 우리가 모르는 일을 기억한다

　모든 사람은 꿈을 꾸며 보통 그 꿈속에는 꿈꾼 사람의 체험이 들어 있다. 그래서 대부분 꿈에는 자신이 알고 있는 사람이 등장하거나 장소가 나타나며 사건이 벌어진다. 그러나 반드시 그런 것은 아니다. 우리가 모르는 혹은 기억하지 못하는 사람이 꿈에 등장하기도 하고, 우리가 모르는 장소나 사건이 생겨나기도 한다. 이와 같이 우리가 모르는 일들이 꿈에서 생겨나는 이유는 무엇일까? 그 까닭은 지금은 잊어버렸을지도 모르지만 언젠가는 경험했던 무엇인가가 꿈을 만들고 있기 때문이다. 그래서 꿈에 등장하는 사건이 마치 모르는 일처럼 보이는 것이다.

　이 장에서는 꿈을 만드는 재료나 요인에 초점을 맞추어 논의를 전개한다. 여기에서 특히 알아 두어야 할 것은 '우리가 모르는 일을 왜 꿈은 기억하고 있는가.' 하는 점이다. 다시 말해서 우리가 지금 기억하지 못하는 것을 토대로 만들어지는 꿈은 어떤 요인으로 인해 생기는가 하는 점이다. 사람마다 다르겠지만 꿈을 만드는 과거의 경험은 세 가지 정도로 분류할 수 있다. 첫 번째는 바로 이전 또는 그보다 더 오래된 이전의 잊어버린 경험이 꿈을 만들어 낸다는 것이다. 두 번째는 어린 시절의 기억이 재생된다는 것이다. 세 번째는 우리가 그다지 신경 쓰지 않았던 사소한 기억이 꿈을 만들어 낸다는 것이다.

　꿈은 우리가 모르는 것을 기억하는 작용을 한다. 그러므로 이 장을 통해서 우리는 꿈의 재료를 찾아볼 수 있다. 그리고 꿈에서의 기억이 어떤 의미를 갖는지를 간단히 살펴볼 수 있다. 프로이트는 꿈의 재료, 다시 말해 꿈의 소재에 대해서 논하면서 꿈에서의 기억을 연구했던 여러 학자들의 견해를 밝히고 있다. 그 이유는 자신의 이론을 전개하기 전에 꿈의 재료에 대해 관심을 유도하고 아울러 자신의 이론적 토대를 만들기 위함이다. 그러나 본격적으로 꿈에 대한 프로이트 자신의 논지를 펼치는 것은 꿈의 해석 방법을 다루는 곳에서부터 이루어지며, 이 장은 단지 '꿈은 어떤 것들을 기억하고 재현시키고 있는가.'라는 문제 제기 정도만 하고 있다.

잠에서 깨어나 꿈을 되새기다 보면 꿈속에서 일어난 일이 한 번도 경험한 적이 없다고 느껴지는 경우가 있다. 꿈꾸었다는 기억은 나지만 과연 그 일을 실제로 겪었는지, 또는 언제 겪었는지 기억나지 않는다. 전혀 알지 못하는 일을 꿈이 기억하는 경우도 있다. 그럴 때 우리는 왜 그런 꿈을 꾸게 되었는지 의아하게 생각한다. 그러다가 오랜 시간이 흐른 다음 새로운 경험을 통해 잊어버린 과거의 경험이 생각나고 그때서야 꿈속에서 일어났던 일을 깨닫는 경우가 있다. 그러므로 깨어 있는 동안 경험하지 않았다고 생각했던 일들은 사실 우리가 경험해서 알고 있는 일이며, 꿈이 우리가 모르는 그 일을 기억하고 있는 것이다. 이는 어떤 과거의 기억이 꿈을 만들고 있기 때문이다.

도마뱀 꿈

잊고 있던 이전의 경험이 꿈을 만들어 낸다. 우리는 세월이 흘러

감에 따라 이전의 일들을 잊어버린다. 그러나 우리가 잊어버렸다고 해서 그 이전의 일들이 없어진 것은 아니다. 잊어버린 기억은 우리의 마음 깊숙한 곳에 남아 계속해서 보관되어 있는 것이다. 이렇게 보관되어 있던 기억들이 어느 순간 어떤 계기를 통해서 꿈으로 나타나게 된다. 이러한 꿈들을 우리의 의식이 기억하지 못하는 것은 당연하다고 하겠다. 그러나 기억이 나지 않는 이러한 꿈들도 우연히 기억의 창고에서 끄집어 올릴 수가 있다. 그렇게 해서 우리는 자신도 모르게 잊혀진 이전의 체험이 꿈을 만들어 낸다는 것을 확인할 수 있다.

델뵈프(《수면과 꿈》의 저자)의 꿈은 잊혀진 이전의 체험이 꿈을 만들어 내는 아주 인상적인 사례를 보여 준다.

눈이 쌓여 있는 집 마당에 작은 도마뱀 두 마리가 반쯤 얼어서 눈에 파묻혀 있었다. 평소에 동물을 좋아하던 델뵈프는 도마뱀을 데려다 따뜻하게 녹인 다음 도마뱀의 집인 작은 담의 구멍 속으로 돌려보냈다. 그러고는 벽 틈 사이에 있던 작은 양치식물 잎을 몇 장 따서 도마뱀에게 주었다. 델뵈프는 도마뱀이 양치식물을 좋아한다는 사실을 알고 있었기 때문이다. 꿈속에서 델뵈프는 이 양치식물의 이름이 '아스플레니움 루타 무라리스'라는 것을 알고 있다. 꿈은 계속되어 잠시 다른 일이 생겨난 다음 다시 도마뱀 꿈으로 되돌아왔다. 델뵈프는 새로운 두 마리의 도마뱀이 나타나 나머지 양치식물의 잎사귀를 허겁지겁 먹고 있는 것을 보고 놀란다. 눈을 들어 들판 쪽을 돌아보니 대여섯 마리의 도마뱀이 담의 구멍 쪽을 향해 오는 것이 보였다. 도마뱀의 숫자가 늘어나기 시작했다. 마침내 도마뱀 행렬이 길을 꽉 메우고 있었다. 도마뱀은 모두 똑같은 방향을 향해 가고 있었다.

델뵈프가 꿈에서 깨어나 생각해 보니, 자신이 알고 있는 식물의 라틴어명은 극히 적을 뿐 아니라, 그 속에 '아스플레니움'은 있지도 않았다. 그런데 얼마 후 델뵈프는 실제로 그런 이름을 가진 양치식물이 있음을 확인하고 매우 놀랐다. 그 양치식물의 정확한 이름은 '아스플레니움 루타 뮤랄리스'인데, 꿈속에서는 이것이 약간 왜곡되어 나타났던 것이다. 단순히 우연의 일치라고는 생각할 수가 없었다. 델뵈프는 꿈속에서 자신이 어떻게 '아스플레니움'이라는 이름을 알 수 있었는지 계속 의문을 갖게 되었다.

이 꿈은 1862년에 꾼 것인데, 그로부터 16년이 흐른 뒤 델뵈프는 우연히 어느 친구를 찾아갔다가 거기서 식물 표본 책자를 보았다. 스위스에서 관광객에게 팔고 있는 여행 기념 책자였다. 그 책자를 보자 문득 어떤 기억이 떠올랐다. 그 식물 표본 책자를 펼치니 거기에는 전에 꿈에서 보았던 '아스플레니움'이라는 이름과 함께 그 옆에는 자신이 직접 쓴 이 식물의 라틴어명이 적혀 있었다. 자신의 필체가 분명했다. 여기서 꿈과 현실이 연결되었다. 1860년, 그러니까 델뵈프가 도마뱀 꿈을 꾸기 2년 전에 신혼여행 중인 친구의 누이동생이 델뵈프를 찾아온 적이 있었다. 오빠에게 선물로 주려고 이 책자를 가져왔던 것이다. 그 당시 델뵈프는 어떤 식물 학자로부터 이 책자에 있는 식물의 이름을 배워 가면서 식물 하나하나에 라틴어명을 써넣었던 것이다.

자신의 꿈을 이렇게 자세히 설명해 주는 우연과 더불어 델뵈프는 잊고 있던 그 꿈의 근원을 알아내는 또 다른 우연을 만났다. 1877년 어느 날, 델뵈프는 우연히 어떤 잡지를 손에 넣게 되었다. 델뵈프는 이 잡지에서 1862년에 꾸었던 꿈에서 본 것 같은 도마뱀 행렬의 그림을 발견했다. 이 잡지는 1861년에 발간된 것인데, 델뵈프는 자신이 이 잡지의 창간호부터 구독한 사실을 그때서야 깨닫게 되었다. 깨어 있을 때는 생각하지도 못했던 기억들을 꿈속에서 자세하게 기억한다는 것은 의미심장한 일이며, 이론적으로도 중요한 의의를 갖는다고 할 수 있다.

고향을 찾아가는 꿈

어린 시절의 기억이 꿈을 만들어 낸다. 우리는 누구나 어린 시절을 겪는다. 어린 시절에 경험한 일들은 아직 우리의 기억이 분명하게 자리 잡기 이전이기 때문에 쉽게 잊혀지게 된다. 그러나 어린 시절의 기억들을 완전히 잊어버린 것은 아니다. 어린 시절의 기억은 오히려 마음 깊은 곳으로 가라앉아 우리의 마음을 조정한다. 그리고 어떤 계기를 통해 의식으로 떠올라 꿈으로 나타난다. 결국 어린 시절의 기억이 꿈을 만든다고 할 수 있다.

모리는 《수면과 꿈》이라는 책에서 꿈이 어린 시절의 일을 기억하고 있다는 것을 경험으로 보여 준다.

모리는 어렸을 때 태어난 곳인 목스의 이웃에 있는 트릴포르로 자주 놀러 갔었다. 모리의 아버지가 트릴포르에서 다리 공사의 감독으로 일했기 때문이다. 그런데 어른이 되어 어린 시절의 일을 까마득하게 잊어버린 어느 날 모리는 꿈을 꾸었다. 꿈에서 모리는 어릴 때 그랬던 것처럼 트릴포르 길에서 놀고 있었다. 그때 한 남자가 모리에게 다가왔다. 그 남자는 제복을 입고 있었다. 모리는 그 남자의 이름을 물었고 그 남자는 자신이 C라고 하면서 다리의 경비원이라고 소개했다. 잠에서 깨어난 모리는 자신의 기억을 믿을 수 없어서 늙은 하녀에게 그런 남자가 생각나느냐고 물었다. 하녀는 대답했다.

"네, 생각나지요. 그 남자는 아버님께서 다리 공사의 감독으로 일하실 때 그 다리의 경비원이었지요."

꿈속에 나오는 어린 시절의 기억이 정확하다는 것을 분명하게 보여 주는 또 다른 실례로서, 모리는 F라는 사람의 이야기를 들려준다.

F는 어린 시절에 몽브리종에 살았다. 이곳이 F의 고향이었다. 고향을 떠난 지 25년 만에 F는 옛 친구들을 만나기 위해 고향을 찾기로 마음먹었다. 고향으로 떠나기 전날 밤에 F는 꿈을 꾸었다. 꿈속에서 F는 몽브리종 근처에 갔는데 그곳에서 낯선 남자를 만났다. 낯선 남자는 자신을 T라고 소개하면서 아버지의 친구라고 말했다. F는 꿈속에서 그 사람이 아버지의 친구라는 것과 그 사람의 이름이 T라는 것을 알고 있다고 생각했었는데, 막상 꿈에서 깨고 보니 그 신사가 어떻게 생겼는지 전혀 기억나지 않았다. 며칠 후 F는 몽브리종에 도착했는데 꿈속에서 보았던 그 장소가 실제로 거기에 있었다. 또한 한 남자를 만났는데 그 남자가 바로 꿈속에서 보았던 T였다. F는 그 남자가 T라는 것을 한눈에 알아볼 수 있었다. 단지 실제로 만난 T는 꿈에서 보았을 때보다 훨씬 나이가 들어 보였다. 세월이 그만큼 흘러 버린 것이다.

어떻게 꿈을 꾸게 되었는지 꿈의 출처를 우연하게 발견하는 경우가 많다. 나 자신도 이런 경험을 한 적이 있다.

이 책을 쓰기 전 몇 년 동안 매우 단순한 형태의 교회 탑 형상이 계속 꿈에 나타났다. 그런데 어디서 그것을 보았는지 전혀 생각이 나지 않았다. 그러다 갑자기 잘츠부르크와 라이헨할 사이 어느 작은 역을 지나다가 그 탑을 알아보았다. 꿈을 꾼 때는 1880년대 후반이었는데, 기차를 타고 처음 그곳을 지나간 때는 1886년이었다.

나중에 내가 꿈 연구에 몰두하게 되었을 때, 어떤 이상한 풍경을 되풀이해서 꿈꾸었기 때문에 괴로웠던 적이 있었다. 내 위치에서 봤을 때 왼쪽으로 어두운 공간이 보였고, 그 안에 기괴하게 생긴 돌로 만든 조각상 몇 개가 빛났다. 희미한 기억에 따르면 그곳은 지하에 있는 어느 맥줏집 입구 같았다. 그러나 꿈에 본 조각상이 무엇을 의미하는지 어디서 생겨났는지 전혀 알 수가 없었다.

1907년 나는 우연한 기회에 파도바에 가게 되었다. 그곳은 1895년에 처음 갔었고 내가 다시 가 보고 싶어 하던 곳이었다. 그 아름다운 대학 도시를 처음 방문했을 때, 나는 마돈나 델아레나에 있는 조토(이탈리아의 화가이며 건축가)의 프레스코(회반죽 벽에 그려진 벽화 기법) 그림을 보지 못해 못내 아쉬워했다. 그날 사원 문이 닫혔다는 말을 듣고 도중에 발길을 돌렸던 것이다.

12년 후 두 번째로 파도바를 방문하게 되었을 때 이번에는 꼭 프레스코 그림을 봐야겠다고 생각한 나는 다른 일을 모두 미루고 마돈나 델아레나로 가는 길을 택해 출발했다. 그곳으로 가다가 왼쪽 도로변에서 꿈속에서 자주 보았던 장소와 그 안의 돌로 만든 조각상을 발견했다. 1895년에 되돌아섰던 바로 그 장소 같았다. 그곳은 실제로 어느 맥줏집의 정원으로 통하는 입구였다.

깨어 있는 동안에는 기억하지 못하거나 활용하지 않는 것을 꿈은 출처로 사용한다. 이러한 것들 가운데 어린 시절의 기억은 꿈의 출처로서 매우 중요하다. 어린 시절의 기억이 꿈을 만들어 낸다는 것을 강조한 사람들이 있다.

슈트뤼펠(《꿈의 본성과 기원》의 저자)은 이렇게 말한다.

"아득한 어린 시절의 체험은 시간이 흐르면서 수많은 사건들 속에 깊숙이 파묻혀 버린다. 이 사건들 속에 특정한 장소와 사물, 사람들의 모습이나 어떤 사실이 묻혀 있다. 꿈은 깊이 파묻힌 이 사건들 속에서 특정한 장소와 사물, 사람들의 모습이나 어떤 사실을 원래 모습 그대로 생생하게 다시 끄집어내는 방법을 알고 있다. 그러면 꿈이 만들어 낸 상황은 더욱더 뚜렷해진다. 이 사건들은 심리적으로 중요하게 여기는 가치들과 결합한다. 훗날 꿈속에서 추억으로 되살아났을 때 꿈에서 깨어난 사람을 기쁘게 하는 그런 종류에만 한정되는 것은 아니다. 꿈은 별로 기억나지 않거나 심리적으로 가치 없는 것, 아니면 이런저런 내용을 잊어버려 꿈속에서뿐만 아니라 꿈에서 깨어난 후에도 전혀 생소하고 알지 못하는 아주 먼 옛날의 인물이나 사물, 장소나 체험들까지 되살려 낸다."

사소한 기억이 만들어 내는 꿈

사소한 기억이 꿈을 만들어 낸다. 우리는 보통 일상생활에서 중요하고 가치 있는 일을 오래 기억하는 경향이 있다. 또한 이러한 일은 우리에게 강한 자극을 준다. 하지만 꿈은 이와 성격을 달리한다. 우리가 아무런 생각 없이 흘려버렸던 것들이 더 중요한 자리를 차지할 수 있다. 사소한 것, 우연히 마주친 것, 잊혀진 것이 꿈에 더욱 잘 나타나는 것이다.

이 세 번째 특성은 가장 특이하고 이해하기 어려운 것일 수 있다. 꿈을 만들어 내는 것이 사소한 것, 기억할 만한 가치가 없는 것이라는 점은 신기하기만 하다. 일반적으로는 꿈을 만들어 내는 것이 의미 있는 것이거나 중요한 것이라고 생각하는데 사실은 그렇지 않다. 사소한 기억이 꿈을 만들어 낸다고 주장하는 연구자들이 많다. 그들의 주장은 다음과 같다.

힐데브란트(《꿈과 삶을 위한 그 활용》의 저자)는 이렇게 말한다.

"주목할 만한 것은 꿈이 중대한 사건이나 전날 가졌던 주요 관심사가 아니라 부수적인 것들, 말하자면 최근이나 지난날의 가치 없는 기억의 부스러기들, 즉 중요하지 않은 것들에서 꿈의 요소들을 만들어 낸다는 점이다. 꿈속에서는 우리에게 말할 수 없는 슬픔을 가져다주는, 잠을 이루지 못하게 하는 가족의 죽음 같은 충격적인 것은 기억에서 완전히 사라져 버리고, 꿈에서 깨어났을 때가 되어서야 다시 우리의 가슴을 짓누른다. 이와는 반대로 길에서 우연히 마주친 후 전혀 생각한 일도 없는 낯선 사람의 이마에 있는 사마귀는 우리의 꿈에서 중요한 역할을 한다."

슈트륌펠은 말한다.

"꿈을 분석한 결과 하루 이틀 전에 체험한 것으로서 꿈에서 깨어 있을 때 생각해 보면 가치가 없거나 하찮고 사소한 일로 여겨져 체험 직후 곧 잊어버린 요소들이 발견되는 경우가 있다. 예를 들어 우연히 엿듣게 된 이야기나 언뜻 본 다른 사람의 행동, 스쳐 지나간 사람이나 물건, 혹은 책에서 읽은 사소한 구절 등이 꿈에서는 자주 나타나는 경향이 있다. 이에 반해 깨어 있을 때 가장 강렬한 인상을 주었던 체험들은 마음 가장 깊은 곳에 자리를 차지하고 꿈속에서 좀처럼 나타나지 않는 경우가 있다."

엘리스(《꿈을 만드는 재료》의 저자)는 말한다.

"깨어 있는 동안 생활에서 느끼는 절절한 감정, 우리가 스스로 정신적 에너지를 쏟아 붓는 문제들은 일반적으로 꿈에 나타나지 않는다. 꿈에 나타나는 것은 대부분 사소한 것, 우연한 것, 잊혀진 것이다. 깨어 있을 때 가장 격렬한 정신 활동은 꿈을 꿀 때는 가장 깊이 잠든다."

빈츠(《꿈에 대하여》의 저자)는 꿈의 기억이 갖는 이런 특성 때문에 자신이 지지하는 꿈 해명 이론이 불만족스럽다고 말한다.

"자연스런 꿈에서도 우리는 비슷한 의문점을 가진다. 왜 우리는 최근 며칠 동안의 기억에 남는 인상들은 꿈꾸지 않고 오래전 지나가 버린 희미한 과거를 뚜렷한 동기도 없이 꿈꾸는 것일까? 왜 꿈에서 의식은 사소한 기억들을 그렇게 자주 받아들이는 것일까? 왜 꿈은 잠들기 직전의 가장 민감한 체험을 그 체험과 무관한 것인 양 말없이 침묵하고 있는 것일까?"

이렇게 꿈의 기억은 '일단 정신적으로 소유한 것은 결코 사라질 수 없다.'라는 사실을 알려 준다. 아니면 "아무리 사소한 인상일지라도 언젠가는 되살아날 수 있는 불변의 흔적을 남긴다."라는 델뵈프의 말처럼 나중에 논하게 될 꿈의 이론들을 제대로 파악하기 위해서는 꿈의 기억이 갖는 이런 특수한 힘을 염두에 둬야 한다.

3. 꿈은 자극에 의해 생긴다

꿈은 아무런 이유 없이 우연히 생기지 않는다. 무엇인가가 꿈을 꾸게 했기 때문에 생기는 것이다. 꿈을 꾸게 하는 것은 바로 자극이다. 우리가 잠을 자고 있는 동안에도 우리에게는 자극이 가해진다. 외부에서 가하는 외적 감각 자극일 수도 있고 신체의 내부에서 받는 내적 감각 자극일 수도 있다. 그리고 질병이나 갈증과 같은 내적 신체 자극일 수도 있고 순수한 심리적 자극일 수도 있다. 이러한 자극은 모두 꿈을 꾸는 데 영향을 미친다.

그중에서 가장 큰 자극은 순수한 심리적 자극이라고 할 수 있다. 그래서 프로이트는 꿈을 자극하는 순수한 심리적 자극을 강조하고 있다. 즉 꿈을 신체가 반응해서 나타나는 하나의 현상이라고 보기보다는 정신의 작용이라고 본 것이다. 이러한 입장에서 프로이트는 꿈을 꾸게 만드는 자극들을 분석하고 이 자극들과 꿈의 상호 관계에 대해 살펴본다.

꿈은 어디에서 생기는 것일까? '꿈은 위(胃)에서 비롯된다.'라는 속담처럼 꿈은 일종의 수면 장애로 인해 생기는 결과이며 우리가 잠을 자는 동안 무엇인가에 방해를 받게 되어 생겨나는 것일까? 선사 시대 사람들은 꿈을 신의 계시로 여겨서 거대한 힘을 가진 신이나 악령이 자신의 의지를 보여 주는 것이므로 굳이 꿈이 생기는 다른 원인을 찾을 필요가 없었다. 그런데 꿈이 생물학의 연구 대상이 되면서 꿈을 자극하는 원인에 대한 여러 가지 연구 결과들이 쏟아져 나왔다. 대부분의 연구자들은 수면 장애의 원인, 즉 꿈이 생기는 원인은 매우 다양하며 신체가 받는 자극이나 감정적인 흥분이 꿈이 생기게 하는 역할을 한다고 주장했다.

꿈이 어디에서 생기는지 살펴보면 자극에 따라 외적(객관적) 감각 자극, 내적(주관적) 감각 자극, 내적 신체 자극, 순수한 심리적 자극 이렇게 모두 네 가지로 나눌 수 있다.

외적 감각 자극

잠이 들었을 때에도 비교적 강한 자극을 받으면 언제든지 깨어난다는 사실은 '정신은 자는 동안에도 신체 밖의 세계와 끊임없이 결합되어 있다.'라는 것을 증명한다. 그러므로 자는 동안 우리가 받는 자극은 충분히 꿈의 출처가 될 수 있다. 자극은 다양하게 나타날 수 있다. 아주 강한 빛이 눈을 부시게 할 수도 있고 시끄러운 소음이 들릴 수도 있으며 강한 냄새가 코 점막을 자극할 수도 있다. 몸의 일부가 이불에서 나오면 춥다고 느낄 수 있으며 이리저리 뒤척이다가 몸이 눌리면 가위눌렸다고 느낄 수도 있다. 그리고 윙윙거리는 파리가 몸에 달라붙거나 하는 것은 우리 몸의 여러 감각을 동시에 자극시키기도 한다. 꿈과 자는 동안에 받는 자극의 관계를 관찰한 사람들은 이런 자극과 꿈의 내용 중 일부가 일치한다는 사례들을 모았다. 이러한 자극을 외적 감각 자극이라고 한다.

외적 감각 자극에서 비롯된 꿈을 수집한 예센(《심리학의 과학적 논증에 대한 실험》의 저자)은 이렇게 말한다.

"천둥 치는 소리는 꿈에서 우리를 전쟁터로 데려간다. 삐걱거리는 문소리는 강도가 침입하는 꿈을 꾸게 한다. 이불을 걷어찬 채로 잠자는 버릇이 있는 사람은 벗은 몸으로 돌아다니거나 물속에 빠지는 꿈을 꾼다. 비스듬히 자다가 발이 침대에서 벗어나면 무서운 절벽 끝에 서 있는 꿈이나 높은 곳에서 떨어지는 꿈을 꾼다. 머리가 베개 밑에 깔리면 커다란 바위가 자신을 덮치는 꿈을 꾼다. 정액이 많이 쌓이면 방탕한 행동을 하는 꿈을 꾸고, 몸이 아프면 부상당하는 꿈을 꾼다."

잠자는 사람의 감각을 계획적으로 자극하면 그 자극에 상응하는 꿈이 나타날 수 있다. 다음은 모리가 잠을 자는 동안 자신에게 여러 가지 자극을 주게 하고 나서 관찰한 결과다.

1) 입술과 코끝을 깃털로 간지럽힌다. – 누군가 자신의 얼굴에 가면을 씌웠다가 잡아채어 살갗이 떨어져 나가는 끔찍한 고문을 당하는 꿈을 꾼다.
2) 핀셋에 가위를 문지른다. – 처음에는 종소리가 들리더니, 위험

을 알리는 다급한 경종 소리로 바뀌었다. 때는 프랑스 혁명이 일어난 1848년 6월의 어느 날이었다.

3) 코에 향기로운 향수를 갖다 대었다. - 꿈속에서 카이로의 유명한 향수 가게에 있었으며, 말로 표현할 수 없을 정도로 환상적인 모험을 한다.

4) 목을 살짝 꼬집는다. - 기포제 고약을 바르는 꿈을 꾸고, 어린 시절에 자신을 치료해 준 고마운 의사를 생각한다.

5) 뜨겁게 달군 쇠를 얼굴 가까이 가져간다. - 불을 때는 화부들이 집 안으로 침입해서 집안 사람들의 발을 화로에 집어넣으면서 돈을 내놓으라고 협박하고 이어서 아브랑테 공작 부인이 자신의 비서로 나오는 꿈을 꾼다.

6) 이마에 물 한 방울을 떨어뜨린다. - 이탈리아에서 땀을 뻘뻘 흘리며 백포도주를 마시는 꿈을 꾼다.

7) 촛불 앞에 붉은 종이를 대고 여러 번 촛불을 비추었다. - 날씨, 더위와 관련된 꿈과 언젠가 바다를 건너면서 만났던 거센 폭풍우가 몰아치는 꿈을 꾼다.

그런데 잠을 자는 동안 같은 종류의 자극을 받았다고 해서 모두 똑같은 내용의 꿈을 꾸는 것은 아니다. 자극과 그 결과인 꿈은 우연하게 맞아떨어지는 관계이지 오직 그렇게만 되는 특별한 관계는 아니다. 자명종이 울리는 자극을 주었을 때 나타나는 세 가지 꿈은 같은 자극이 왜 다른 꿈을 꾸게 하는지 생각하게 한다.

어느 봄날 아침 나는 산책을 한다. 푸른 들판을 지나 이웃 마을까지 한가로이 걸어간다. 나들이옷을 차려입은 주민들이 팔에 찬송가 책을 끼고 삼삼오오 교회로 모여든다. 아침 예배가 곧 시작될 것이다. 나는 예배에 참석하기로 결심한다. 많이 걸은 탓으로 이마에 땀이 맺힌다. 땀을 식히려고 묘비 앞에 선다. 종치기가 탑에 올라가는 소리가 들린다. 종탑 꼭대기에는 곧 예배의 시작을 알릴 작은 종이 보인다. 그러나 한참 동안 종은 그대로 있다. 이윽고 종이 움직이기 시작하고 갑자기 종소리가 낭랑하게 멀리까지 울려 퍼진다. 너무 낭랑하게 울려 퍼지는 바람에 나는 잠에서 깨어난다. 종소리라고 생각했던 것은 자명종 소리였다.

하늘이 맑고 푸른 어느 겨울날, 거리에는 눈이 수북이 쌓여 있다. 나는 여러 사람과 같이 썰매를 타기로 약속했다. 한참 기다린 후에야 썰매가 문 앞에 준비되었다는 연락이 온다. 썰매를 타기 위해 만반의 준비를 갖추고 모피 외투를 입고 발싸개를 꺼낸다. 썰매에 앉는다. 한참 후에 출발 신호가 들리고 말들이 움직이기 시작한다. 힘차게 울리는 방울 소리가 터키행진곡을 우렁차게 연주한다. 그 순간 꿈에서 깨어나고 만다. 방울 소리라고 생각했던 것은 이번에도 마찬가지로 요란한 자명종 소리다.

　한 하녀가 접시를 수북이 들고 식당으로 걸어간다. 양팔에 높이 쌓여 있는 사기 접시가 땅바닥에 떨어질 것처럼 위태롭다. 나는 "조심해! 잘못하면 접시가 몽땅 바닥에 떨어지겠어!"라고 하녀에게 주의를 준다. 하녀는 이런 일쯤은 아무 것도 아니라는 불만 섞인 대꾸를 한다. 그러나 나는 걸어가는 하녀의 뒷모습에서 걱정스러운 시선을 떼지 못한다. 역시나 하녀는 문지방에 걸려 비틀거린다. 접시가 와장창 하고 요란한 소리를 내며 방바닥에 떨어져 산산조각 난다. 나는 요란한 소리가 그릇 깨지는 소리가 아니라 벨소리라는 것을 알게 된다. 잠에서 깨어나 보니 역시 그 벨소리는 자명종이 만들어 내는 소리였다.

　그렇다면 왜 이렇게 같은 자극에도 정신은 다른 꿈을 꾸게 하는 것일까? 정신이 잠자는 동안에 들어오는 자극을 받아들이는 것은 착각을 일으킬 때와 같은 조건 아래에 있다고 슈트륌펠은 말한다. 어떤 자극의 인상이 강하고 뚜렷하며 오래 지속되어 그에 대해 생각할 수 있는 시간이 있으면 우리는 그 인상을 제대로 인식하고 올바르게 해석한다. 즉 지금까지의 경험에 비추어 그 인상이 속하는 기억의 집단을 정돈할 수 있다는 것이다. 그러나 그런 조건이 갖추어지지 않으면 받아들인 인상이 대상을 오인하게 한다. 즉 착각을 일으킨다.

자는 동안에 정신이 외적 자극을 통해 받아들이는 인상들 역시 이와 비슷하게 불분명한 성질을 지닌다. 인상을 통해 기억 형상들이 일깨워지고 이 형상들이 인상을 받아들일 때 심리적으로 다른 가치를 주게 되면서 정신은 착각을 일으킨다. 여기서 기억 형상들은 수많은 기억들 중 어떤 것에서 유래하며 그 기억들 중 어떤 것이 힘을 발휘하는가? 슈트륌펠은 어떤 기억에서 기억 현상이 일깨워지는지 규정지을 수 없으며 정신이 마음대로 선택한다고 말한다.

내적 감각 자극

이런 외적 감각 자극만으로 모든 꿈이 형성되는 것이 아니라고 생각한다면 꿈의 다른 출처를 찾아야 한다. 꿈이 생기는 다른 원인으로 자신의 내부에서 발생하는 자극이 있다. 배가 고프다든지 눈이 아프다든지 하는 등의 잠자는 사람의 상태는 자신에게 일정한 영향을 미친다. 이러한 자극을 내적 감각 자극이라고 한다.

내적 감각 자극은 다음과 같은 꿈을 꾸게 한다. 잠자기 전에 이상한 머리 모양을 한 괴상한 얼굴의 사람을 반복해서 보게 되면 그 모습이 꿈속에서 나타난다. 그리고 잠에서 깨어서도 그 모습을 기억할 수 있다. 내적 감각이 그 사람을 기억하고 있기 때문이다. 또 음식을 적게 먹어 굶주린 상태에서 얕게 잠든 사람은 다른 사람이 음식을 먹는 모습을 정확하게 파악하며, 그릇 부딪치는 소리와 포크 움직이는 소리까지 정확하게 듣는다. 눈이 따끔거리며 아픈 상태로 잠이 들었을 경우에는 여러 가지 작은 기호들이 펼쳐진 환각을 체험하게 되는데, 잠에서 깨어나면 아주 작은 책이 자신 앞에 펼쳐져 있고 그 책을 읽느라고 졸린 상태에서 무던히도 애를 썼던 꿈을 기억해 낸다.

감각 기관 안에서 주어지는 내적 자극이 꿈을 형성한다는 이론은 어디에서 생겨났는지는 알 수 없지만 최근 많은 글에서 찾아볼 수 있다. 분트(《생리학적 심리학의 특성》의 저자)가 말한 다음의 내용은 내적 감각 자극이 꿈에 영향을 미친다는 사실을 보여 준다.

"꿈의 내용을 착각하게 만드는 결정적인 역할을 하는 것이 바로 시각과 청각이다. 어두운 곳에서 본 밝은 빛이나 귀울림 현상 등은 꿈에서 착각을 일으키는 결정적인 역할을 한다. 시각 중에서도 주관적 망막 자극이 큰 역할을 한다. 꿈에서 비슷한 물체가 여러 개 나타나면 이는 주관적 망막 자극에서 생겨난 경우일 수 있다.

예를 들어 꿈에 새, 나비, 물고기, 오색영롱한 진주, 꽃 등과 같은 것이 우리 눈앞에 펼쳐진다. 이것은 어두운 곳에서 불빛에 비친 먼지가 이런 환상적인 형태를 취한 것이다. 먼지로 이루어진 빛 속의 점들은 꿈에서 물체들로 바뀌는데, 현란하게 움직이는 빛 때문에 움직이는 대상으로 보인다. 온갖 동물들이 꿈에 자주 나타나는 이유도 이 때문일 것이다. 꿈속에 등장하는 동물이 다양한 까닭은 주관적 감각 자극 때문이다. 주관적 감각 자극은 빛이나 소리를 자주 특이한 물체와 결부시킨다."

내적인 감각 자극이 꿈에 미치는 영향은 과소평가할 수 없을 것이다. 우리의 꿈을 이루는 중심 성분이 시각 형상이기 때문이다. 청각을 제외한 다른 감각은 그 영향이 미미하고 지속적이지 않다.

내적 신체 자극

꿈의 출처를 신체 내부에서 찾을 수도 있다. 예를 들어 건강할 때는 의식하지도 못하는 신체 내부의 자극, 가령 병이 들었을 때 느끼는 고통스러움 같은 내적 신체 자극이 있다. 정신은 깨어 있을 때보다 잠을 잘 때 신체 상태를 더 깊고 넓게 자각한다. 그래서 깨어 있는 동안에는 전혀 깨닫지 못하는 신체 부위의 자극이나 신체 변화에서 오는 자극을 받아들이며 그로부터 영향을 받는다. 많은 사람들에게 신체 내부 기관의 질병이나 장애가 꿈을 자극하는 요인으로 작용한다. 일반적으로 심장 질환이나 폐 질환이 있는 사람은 악몽을 꾼다. 심장 질환이 있는 사람의 꿈은 대개 매우 짧으며 소스라치며 놀라면서 꿈에서 깨어나기 쉽고 끔찍한 상황에서 죽는 꿈을 많이 꾼다. 폐 질환이 있는 사람은 질식하거나 궁지에 몰려 도망가는 꿈을 많이 꾼다.

잠자는 동안 신체 기관에 가해지는 자극에 따라 꿈이 보이는 일반적인 규칙을 찾아내고자 한 경우가 있다. 예를 들어 팔다리의 위치에 따라 꿈의 내용도 달라진다는 것이다. 잠잘 때 팔이 위로 들려 있으면 꿈속에서도 팔이 위로 들려 있을 가능성이 많으며, 다리를 벌리고 있으면 꿈속에서도 다리를 벌리고 있을 가능성이 많다. 이것은 우리 몸의 상태가 꿈에 일정한 자극을 주며, 꿈속에서도 현재 몸의 상태와 유사하게 나타난다는 것을 보여 준다.

우리는 보통 외부 자극에는 민감하지만 내부 자극은 잘 인식하지 못하는 경우가 많다. 병에 걸리는 등 우리 몸에 중대한 사건이 발생하기 전까지는 말이다. 즉, 우리가 건강할 때는 우리 몸속 기관에서 오는 자극을 거의 느끼지 못하지만 몸에 병이 생기게 되면 비로소 우리 내부에서 오는 고통스러운 자극을 느끼게 된다. 이러한 내적 신체 자극은 잠자는 동안에 꾸는 꿈과도 많은 관련이 있다.

이를 증명하는 실질적인 예가 있다. 마흔세 살의 한 여성은 겉으로 보기에는 매우 건강했으나 몇 년 후 심장 질환으로 쓰러졌다. 이 여성은 몇 년 동안 불안한 꿈에 시달려 왔다. 의사가 이 여성을 진단한 결과 이 여성은 심장 질환의 초기 상태였다. 심장 질환이 불안한 꿈을 꾸게 했던 것이다.

뵈르너(《악몽, 그 원인과 예방》의 저자)는 사람의 얼굴에 물건을 올려놓거나 얼굴을 밑으로 향하도록 엎드리게 해서 호흡 기관을 막는 실험을 통해 이런 악몽을 꾸게 만들 수 있었다.

볼드(《꿈, 특히 근육과 시각에서 기원한 꿈에 대한 실험》의 저자)는 신체 자극 이론을 특정 부분에서 증명하려고 했다. 볼드는 잠자는 사람의 손발 위치를 이리저리 바꾸어 놓고 꿈의 내용이 어떻게 나타나는지를 비교했다.

1) 꿈속에서 팔다리의 위치는 실제의 위치와 거의 일치한다.
2) 꿈속에서 팔다리를 움직일 때의 자세는 항상 실제 자세와 똑같다.
3) 자신의 팔다리 위치를 꿈속에서 다른 사람이 그대로 하고 있는 경우도 있다.
4) 몸을 움직이면 움직임이 방해받는 꿈을 꿀 수 있다.
5) 특정한 팔다리의 자세가 꿈속에서는 동물이나 괴물로 나타날 수 있다. 이때 둘 사이의 유사점을 추측할 수 있다.
6) 팔다리의 자세는 어떤 방식으로든 해당 신체 부분과 관련된 생각을 꿈으로 나타낸다. 예를 들어 손가락을 움직이면 수에 관한 꿈을 꾸게 된다.

이러한 결과로부터 신체 내부의 자극이 꿈의 형성에 일정하게 영향을 미침을 알 수 있으며, 꿈을 생기게 하는 자극의 원인으로서 이와 같은 내적 신체 자극을 무시할 수 없다고 추론할 수 있다.

순수한 심리적 자극

꿈은 자극에 의해 생겨나는데, 그 자극 중에서도 순수한 심리적 자극이 가장 중요하다는 것이 많은 연구자들의 공통된 견해다. 깨어 있을 동안에 우리가 갖게 되는 관심사가 꿈을 만드는데 이를 순수한 심리적 자극이라고 한다. 즉 평상시에 우리가 생각하는 것이 꿈의 내용을 결정한다는 뜻이다.

깨어 있는 동안 생겨서 자는 중에도 계속되는 관심사는 꿈과 삶을 이어 주는 심리적인 연결 고리다. 심리적 자극이 꿈의 유래가 된다는 것은 분명해 보이며 과소평가할 수 없다. 물론 우리는 이러한 주장과 반대로 보이는 견해도 알고 있다. 즉 꿈은 잠자는 사람의 주의를 낮의 관심사에서 멀어지게 하며, 낮에 우리를 사로잡았던 사물들이 삶에 절실하게 자극을 주지 않게 된 다음에야 꿈에 나타난다는 것이다. 이러한 견해가 틀린 것은 아니지만 좀 더 깊이 꿈의 원인을 살펴보면 심리 자극이 일차적인 동기가 된다는 것을 깨닫게 된다.

내적, 외적 자극과 더불어 깨어 있는 동안의 관심사가 꿈의 원인임을 밝힐 수 있다면 우리는 꿈의 요소들이 어디에서 온 것인지 만족스럽게 해명할 수 있다. 그러나 실제로 아직까지 꿈을 생기게 하는 심리적 자극과 신체적 자극의 몫을 제대로 밝히지 못해 꿈을 완전하게 해명하지 못하고 있다. 꿈에 있어서의 순수한 심리적 자극의 출처는 제대로 알려진 것이 없으며, 그래서 많은 사람들은 꿈을 생기게 하는 요인으로 심리적 자극의 몫을 가급적이면 축소시키려고 했다. 반대로 꿈에 있어서의 순수한 심리적 자극의 중요성을 지나치게 믿어버리는 것 역시 올바른 방법이 아니다. 명망 있는 철학자 분트처럼 중립을 지키는 사람들은 대다수의 꿈에 신체 자극과 더불어 알려지지 않았거나 낮의 관심사로 알려진 심리적 자극이 함께 작용한다고 생각했다.

하지만 우리는 결국 예상하지 못한 심리적 원인이 꿈 형성의 수수께끼를 해결함을 알게 될 것이다. 꿈을 형성하는 원인을 정신 활동이 아닌 다른 자극에서 찾는 일은 놀랄 만한 것이 아니다. 오늘날 정신과 의사들은 두뇌가 신체를 지배하는 것에 대해서는 아주 진지하게 강조하면서도, 신체 기관의 변화를 이용해서 정신 활동이나 정신 활동의 능력을 증명하는 일에 대해서는 마치 자연 철학이나 형이상학적인 입장을 옹호하는 것처럼 반감을 갖는다. 그러나 이런 불신은 신체와 정신을 이어 주는 인과 관계를 부인하는 결과를 낳을 뿐이다. 심리적인 자극의 원인을 깊이 파고들면 심리적인 자극의 원인이 신체 기관에 있다는 것을 밝혀낼 수 있다.

그러나 한편으로 정신생활을 표현할 때 정신의 기질적인 특성이나 독립적인 특성을 드러내는 정신 의학이 있음을 인정해야 한다. 뇌의 영향력과 순수한 심리적 자극의 인과적 관계는 확실해 보이며 상호 신뢰에 바탕을 두고 있다고 보아야 한다. 외적 감각 자극, 내적 감각 자극, 그리고 내적 신체 자극과 더불어 순수한 심리적 자극을 깊게 살펴볼 수 있다면 우리는 꿈이 어디서 유래하는지 더욱 확실하게 알게 될 것이다. 나는 심리적인 영향이 이 분석의 종착역이라고 한다면 굳이 그것을 부인할 필요는 없다고 믿는다.

4. 꿈은 심리학적 특수성을 가진다

우리는 직접 꿈을 꾸면서도 꿈의 의미를 알지 못하기도 하고, 잠을 자면서도 주변의 상황이나 신체 상황을 꿈에 반영하기도 한다. 이런 가운데서 꿈은 자신만의 일을 하고 있다. 어떤 때의 꿈은 터무니없는 것 같으면서도 우리에게 무엇인가를 진지하게 말해 주는 것 같다. 꿈은 현실에서는 기억하지도 못하는 일을 말하기도 하고, 낱말을 결합해서 새로운 낱말을 만들어 내기도 한다. 이와 같은 현상은 꿈의 심리학적 특수성 때문에 일어나는 것이다.

그렇다면 어떠한 심리학적 특수성이 이렇게 꿈을 낯설게 느끼게 만드는 것일까? 프로이트는 꿈을 낯설게 만드는 까닭이 뒤에 설명할 꿈의 왜곡 작용과 관련되어 있다고 주장한다. 이 장에서는 꿈이 심리학적으로 어떠한 특수성을 갖고 있는지 살펴볼 것이다. 꿈의 심리학적 특수성은 꿈을 해석하는 열쇠일 수 있기 때문이다.

우리는 꿈이 고유한 심리 활동의 결과라는 전제에서 꿈의 특징을 살펴보았다. 그러나 꿈을 꾼 사람이 바로 자신이라는 생각이 거의 들지 않을 정도로 꿈은 우리에게 낯설어 보인다. 그래서 때때로 우리는 '꿈을 꾸었다.'라고 말해야 하는데도 한 발짝 떨어져서 '꿈을 보았다.'라고 말하곤 한다. 꿈에서 느끼는 이런 이질감은 어디에서 비롯된 것일까? 꿈에서 느끼는 이질감은 꿈을 만들어 내는 재료 때문이 아니다. 이 재료는 깨어 있을 때나 꿈을 꿀 때나 공통된 것이기 때문이다. 그러므로 꿈에서 느끼는 이러한 이질감은 결국 꿈의 심리학적 특수성 때문이라고 할 수밖에 없다. 우리가 잠을 자면서도 주변의 상황을 파악할 수 있다든가, 터무니없는 꿈을 꾼다든가, 꿈에서 낱말을 결합한다든가 하는 것은 꿈의 심리학적 특수성 때문인 것이다.

주변 상황의 파악

부르다흐(《경험과학의 생리학》의 저자)는 꿈의 특성에 대해 이렇게 말했다.

"우리가 잠을 잘 때에는 자아의 기능이 중단된다."

이는 잠을 잘 때에는 외부와의 관계가 끊어지며 자아가 활동을 중단한다는 의미다. 우리는 잠이 들면 주변 상황을 능동적으로 파악하지 못하고 수동적인 상태가 된다. 결국 자면서 꾸게 되는 꿈은 자아의 기능이 중지된 결과로 생겨난 것이다.

델뵈프 역시 같은 결론에 이른다. 잠잘 때 우리는 외부 환경과 분리되어 있기 때문에 외부 환경에 대해 전혀 알 수가 없고 꿈이 진정한 현실이라고 믿는다. 델뵈프에 의하면 꿈에서 깨어난 후에야 꿈과 현실을 구분할 수 있다고 한다. 꿈에서 깨어나지 않고는 꿈과 현실을 구분하는 방법도 존재하지 않는다. 잠에서 깨어나 옷을 벗은 채 침대에 누워 있다는 것을 깨닫는 순간, 잠이 든 다음부터 깨어날 때까지 체험한 모든 것이 현실이 아니었음을 말할 수 있다. 결국 잠을 자고 있는 동안에도 자아와 상관없는 또 다른 외부 세계가 있고, 그 외부 세계를 자아와 상관없이 받아들이는 사고 습관이 있기 때문에 꿈을 진실이라고 받아들인다는 것이다.

꿈을 외부 세계와 분리하는 이러한 견해에 대해 지나치다고 생각한다면, 잠을 잘 때의 정신과 외부 세계의 관계를 예리하게 파악한 부르다흐의 견해를 살펴보는 것이 좋다.

"일반적으로 정신이 감각 자극에 의해서 흥분되지 않을 때에만 수면이 이루어진다. 즉 정신이 감각 자극에 영향을 받지 않아야 한다는 것이다. 그러나 수면을 취할 수 있는 전제 조건을 정확하게 말하면 감각 자극이 없어지는 것이 아니라 감각 자극에 대한 관심이 없어지는 것이다. 어떤 감각 자극이 정신의 안정에 쓰여진다면 그 자극은 오히려 수면에 필요하다. 예를 들어 방앗간 주인은 가루를 빻는 방아질 소리가 요란하게 들려야 잠을 이룰 수 있고, 침실용 등불을 켜 놓아야 잠을 자는 사람은 어둠 속에서는 잠을 이룰 수가 없다.

정신은 수면 중에 스스로를 외부 세계로부터 멀어지게 하고 외부 세계의 주변에서 한 걸음 후퇴한다. 그렇다고 해서 외부 세계와의 관계가 끊겨 버리는 것은 아니다. 만일 잠든 사람이 듣지도 못하고 느끼지도 못해서 잠을 깬 후에야 비로소 느끼고 보게 된다면 우리는 잠든 사람을 깨울 수가 없을 것이다.

또한 우리가 잠에서 깨어나는 것은 자극의 강도에 의해서만이 아니라, 그 자극과 정신과의 연관성에 의해서다. 큰 소리를 내도 깨지 않던 사람이 자신의 이름을 부르면 깬다. 이는 그 사람의 정신이 자는 중에도 감각들을 판별하는 것이다. 따라서 중요한 일과 관계되어 있는 감각 자극이라면 아주 작은 자극을 가해도 잠에서 깨어날 수 있다. 다시 말해서 정신은 잠을 자면서도 자극을 선택하는 것이다. 밤에 불을 켜 놓고 자는 사람은 불을 끄면 잠을 깨고, 방앗간 주인은 방아질 소리가 멈추면 잠을 깬다. 즉 감각 활동이 중지되면 잠을 깨는 것이다. 물론 정신이 감각 자극을 깨닫고 있다는 사실을 전제하는 것이긴 하지만, 그 감각 자극이 평범하거나 도리어 만족스러울 때는 그 자극의 활동이 정신을 방해하지 않음을 말해 준다."

꿈의 터무니없음

키케로(고대 로마의 정치가이자 철학자)는 "꿈은 매우 부조리하고 복잡하고 비정상적인 상상이다."라고 냉혹하게 말했다. 페히너(독일의 물리학자이며 철학자)도 "심리적 활동이 이성적인 사람의 두뇌에서 백치의 두뇌로 옮겨간 듯이 보인다."라고 말했다. 라데슈토크(《수면과 꿈》의 저자)는 이렇게 말했다.

"이러한 혼란 속에서 분명한 법칙을 찾아내기는 사실상 불가능해 보인다. 꿈은 깨어 있을 때 생각의 흐름을 이끌어가는 이성적 의지의 엄격한 감시와 주의력에서 벗어나, 미친 듯한 기쁨 속에서 만화경처럼 모든 것을 마구 뒤섞어 버린다."

힐데브란트는 다음과 같이 말한다.

"꿈꾸는 사람이 어떤 추론을 할 때 그 비약의 정도는 너무나도 놀랍다. 잘 알고 있고 경험했던 원칙이 거꾸로 뒤바뀌어도 아무렇지도 않다는 듯 스스럼없이 받아들인다. 터무니없는 상황이 지나치게 과장되어 나타나도 꿈에서 깨어나기 전까지 그 모순을 아무런 저항 없이 그대로 받아들인다. 자연과 사회의 질서 속에서는 말도 안 되는 우스꽝스러운 그런 모순들을 꿈에서는 너무나 당연하게 받아들이는 것이다. 꿈에서 우리는 간혹 '3×3=20'이라는 틀린 곱셈을 하기도 한다. 개가 시를 낭송하기도 하고, 죽은 사람이 제 발로 무덤에 걸어 들어가고, 바위 덩어리가 물에 떠내려가도 전혀 이상하게 생각하지 않는다. 우리는 아주 중대한 임무를 띠고 베른부르크 공작의 영토로 가기도 하고, 해군의 동태를 살피러 리히텐슈타인 후작의 영토에 가기도 한다. 폴타바 전투(1709년 러시아와 스웨덴 간의 전투)가 일어나기 바로 전에 카를 12세(폴타바 전투에서 러시아에 패한 스웨덴의 왕)의 병사로

지원하기도 한다."

빈츠는 이러한 생각을 바탕으로 꿈 이론에 대해 다음과 같이 쓰고 있다.

"열 가지 꿈 중에서 적어도 아홉 가지는 터무니없는 내용이다. 우리는 꿈속에서 아무런 관계도 없는 사람과 사물을 결합시킨다. 그러면 다음 순간 이러한 결합은 마치 만화경처럼 다른 모습으로 바뀐다. 그리고 때로는 앞의 꿈보다 훨씬 더 터무니없고 황당한 꿈이 되기도 한다. 깊이 잠들지 않는 두뇌의 변화무쌍한 놀이는 꿈에서 깨어날 때까지 계속된다. 우리는 잠에서 깨어나 이마에 손을 얹고 이성적으로 사고하고 생각하는 능력이 남아 있는지 스스로에게 물어보게 된다."

낱말을 결합하는 심리적 능력

모리는 꿈에서 나타나는 현상의 결합이 무질서하고 자유로운 점을 중요하게 여겨서 꿈속의 생활이나 모습이 일종의 정신 장애와 비슷하다고 보았다. 모리는 발음이 비슷한 낱말들이 작용을 하면서 꿈의 장면을 만드는 두 가지 꿈을 꾸었다고 말한다.

하나는 예루살렘이나 메카로 순례(펠리나제)를 떠나는 꿈이었다. 꿈속에서 모리는 많은 모험을 겪고 도중에 화학자 펠르티에를 만났다. 펠르티에는 모리와 대화를 나눈 후 아연으로 만든 삽(펠르)을 주었다. 꿈이 이어지면서 삽은 칼날이 넓은 큰 칼로 변했다. 이 꿈에서 순례(펠리나제)와 화학자 펠르티에와 아연으로 만든 삽(펠르)은 모두 발음상으로 비슷한 낱말들이다. 발음이 비슷하다는 것만으로도 낱말들이 꿈의 내용을 만들어 낸다.

또 하나는 언젠가 시골 길을 걸어가는 꿈이었다. 모리는 이정표가 적혀 있는 안내판에서 몇 킬로미터가 남았다는 표시를 읽었다. 그런 다음 식료품 잡화점에 들어갔다. 잡화점에는 커다란 저울이 있었는데 한 남자가 모리의 몸무게를 재기 위해 저울 위에 1킬로그램짜리 추(킬로게비히테)를 올려놓았다. 그러자 잡화점 주인이 모리에게 "당신은 파리에 있는 것이 아니라 '질롤로' 섬에 있습니다."라고 말했다. 그리고 꿈에서는 여러 가지 장면이 이어졌는데 로벨리아꽃이 있었고, 얼마 전 신문에 부고가 실린 로페츠 장군이 나타났다. 마침내 모리는 로또 복권 게임을 하다가 잠을 깼다. 이 꿈에서도 비슷한 낱말이 결합된다. 킬로미터와 킬로그램과 킬로게비히테가 그렇다. 비슷한 세 낱말에 의해 꿈의 내용이 연결되어 나타나는 것이다. 또한 질롤로 섬과 로벨리아꽃과 로페츠 장군과 로또 복권처럼 발음이 비슷한 낱말이 꿈을 이어가고 있다. 비슷한 발음을 가진 낱말들의 결합으로 꿈이 만들어진 것이다.

꿈이 심리학적 특수성을 갖는가, 갖지 않는가에 대한 평가는 여러 문헌에서 다양하게 나타난다. 꿈의 심리적 능력에 대한 지나친 과소평가에서부터 깨어 있는 동안의 능력보다도 더 높게 보는 과대평가도 있다. 그러나 아직까지도 이 난해한 문제는 완전하게 해명되지 않았다. 다만 꿈에 대한 여러 가지 사례와 꿈을 관찰한 보고에 따르면 꿈은 자는 동안에 낮에 하지 못한 지적 작업을 계속해서 마칠 수 있으며 여러 의혹과 문제를 해결한다는 것은 논쟁의 여지가 없는 듯하다. 더구나 꿈이 시인이나 작곡가에게 새로운 영감의 근원이 된다는 점에서 더욱 그러하다.

5. 꿈을 해석하는 가장 좋은 방법은 정신 분석이다

　꿈에 대한 여러 가지 문헌과 주장, 그리고 꿈이 지닌 특성에 대해 살펴보았다. 무엇보다도 중요한 것은 꿈이 무엇을 드러내는가에 있다. 프로이트는 그것을 무의식의 세계라고 규정하고, 꿈이 무의식의 세계를 가장 잘 보여 준다고 말한다. 꿈을 해석할 수 있는 가장 좋은 방법을 찾아낸다면 우리는 의식 저편에 있는 무의식의 세계를 파악할 수 있으며, 히스테리와 같은 정신 질환을 치료할 수 있다. 그래서 환자를 대상으로 하는 많은 실험과 사례 분석을 통해 프로이트가 찾아낸 방법이 정신 분석이다.

　프로이트는 정신 분석을 '그림 조각 맞추기'로 비유했다. 그림 조각을 다 맞추기 전에는 완성된 모습을 알아볼 수 없지만 그림 조각을 하나 둘씩 맞추면 그 모습이 드러난다. 이와 같이 정신을 분석하면 할수록 우리는 인간이 지닌 무의식의 세계를 파악할 수 있다. 인간의 무의식이 가장 잘 드러난 곳이 꿈이다. 꿈을 제대로 해석한다면 인간의 깊은 내면에 존재하는 무의식의 실체를 파악할 수 있을 것이다.

　프로이트는 많은 환자들을 다루면서 환자들이 지닌 질환과 꿈이 일정하게 연관되어 있다는 점을 발견하고, 꿈을 분석하는 여러 가지 방법을 모두 적용해 보았다. 그런데 기존에 사용하던 상징적인 해석 방법이나 암호 해독법으로는 한계가 있다는 점을 알게 되었다. 암호 해독법은 꿈 해몽서에 지나치게 의존한다는 단점이 있으며, 상징적인 해석 방법은 적용 범위가 한정되어 있고 꿈에 따라 다르게 적용될 수 있다는 단점이 있었다. 그래서 프로이트는 정신 분석을 채택해 사용한다.

　정신 분석법은 자유 연상법을 의미한다. 그런데 자유 연상법을 채택하기 전에 프로이트는 최면술을 통한 연상법을 시도했다. 그러나 여기에도 한계가 있음을 알고 프로이트는 자유 연상법을 이용해서 이르마라는 환자의 정신을 분석한다. 프로이트가 최초로 정신 분석법을 사용해 꿈을 분석한 것이다. 그렇다고 이 분석이 완전한 성공을 거둔 것은 아니다. 친분이 있는 이르마의 정신을 분석하고 이후 다른 꿈의 사례들을 분석하면서 프로이트는 점차 꿈의 실체에 다가갈 수 있는 길을 찾아간다.

나는 꿈을 해석할 수 있음을 보여 주고 싶다. 꿈을 해석한다는 것은 꿈에 의미를 부여하는 것이다. 꿈은 정신 활동이다. 꿈은 아무런 의미 없이 이루어지는 행위가 아니라 어떤 원인에 의해서 생겨나며, 우리가 그 원인을 찾아볼 수 있는 정신적인 행위다. 또한 꿈은 정신에서 생겨나는 현상이다. 정신의 상태에 따라서 그 꿈은 다양한 모습으로 나타난다. 그런데 꿈이 정신 활동이라는 점을 무시하면서 꿈을 해석할 수 있는 여지를 남기지 않는 이론이 있다. 이러한 이론은 꿈을 정신 활동이 아니라 일종의 신체적인 증상으로만 간주한다. 즉 하품이나 재채기 정도의 단순한 신체적인 증상으로만 파악하는 것이다. 그 사람들은 꿈이 의미가 없으며 불합리하며 황당무계한 것이라고 생각한다.

그러나 이것은 보통 사람들의 생각과는 다르다. 사람들은 꿈에 부조리한 면이 있다는 점은 인정하지만 꿈이 의미 없다고 단정하지는 않는다. 사람들은 확신하지는 않지만 꿈에는 무엇인가 숨은 의미가 있을 것이라고 생각한다. 아울러 꿈이 신의 계시와 같은 어떤 역할을 한다고 추정한다. 그렇기 때문에 나는 꿈의 숨은 의미를 밝혀내려고 한다. 이러한 작업은 꿈을 해석하는 일을 통해서 가능하다. 그래서 여기에서는 꿈을 해석하는 방법을 살펴보려고 한다.

꿈을 해석하는 방법

예전부터 꿈을 해석하려고 노력해 왔고 그 과정에서 근본적으로 다른 두 가지 방법이 시도됐다. 상징적인 해석 방법과 암호 해독법이 그것이다.

상징적인 해석 방법은 꿈의 내용에 주목한 것으로 전하고자 하는 내용이 이미 존재하고 있으며 그에 맞추어 유사한 다른 이야기를 상징적으로 전달하는 방법을 말한다. 이 방법의 좋은 실례로 구약 성서에서 나오는 요셉이 해석한 이집트 파라오의 꿈을 들 수 있다. 일곱 마리의 마른 암소가 일곱 마리의 살찐 암소를 뒤쫓아 와 먹어 치운다. 이는 이집트에 7년간 풍년이 찾아오고 그 뒤 7년간 기근이 이어져 그동안 모아둔 풍부한 식량을 다 먹어 치운다는 예언을 상징적으로 전달한다. 상징적인 해석의 성공은 재치 있는 착상과 순간적인 직관에 달려 있다. 그 때문에 상징적인 꿈 해석 방법은 특별한 재능을 필요로 하는 것처럼 보이기도 한다.

또 다른 꿈 해석 방법은 그러한 재능을 요구하는 것과는 거리가 멀다. 이 방법은 꿈을 일종의 암호문처럼 다루기 때문에 암호 해독법이라고 말한다. 암호문에서 모든 부호는 이미 정해져 있는 암호 해독의 열쇠에 따라 다른 부호로 번역된다. 예를 들어 편지와 장례식이 나오는 꿈을 꾸었다고 하자. 해몽서를 찾아보면 편지는 불쾌감을 나타내며 장례식은 약혼을 의미한다. 암호 해독법은 편지와 장례식을 해독해서 불쾌감, 약혼과 같은 낱말을 토대로 관계를 만들어 꿈을 해석한다. 이 방법은 꿈 전체가 아니라 꿈 내용의 각 부분에 관심을 기울인다. 그렇기 때문에 암호 해독법에서 꿈은 특정한 의미를 지닌 부분의 집합체처럼 보인다. 암호 해독법을 만든 힘은 전후 관계가 없이 혼란스럽게 연결된 꿈이다.

학문적으로 꿈 해석에 접근하면 이 두 가지의 꿈 해석 방법은 각각 한계를 가지고 있다. 상징적인 해석 방법은 적용 범위가 한정되어 있어 보편타당한 설명이 불가능하다. 꿈의 모든 내용이 상징으로 표현되는 것은 아니다. 상징이 아닌 다른 것으로 꿈을 해석해야 하는 경우가 있는데 꿈이 실제 생활을 반영한 경우가 특히 그러하다. 암호 해독법은 꿈 해몽서에 지나치게 의존하게 된다. 해몽서에 나타나 있지 않은 꿈의 내용은 해석할 수 없다. 또한 해몽서에 꿈의 내용이 나와 있어도 그 해몽이 맞는지의 여부를 확인할 수 없다.

그렇기 때문에 학문적으로 꿈을 해석하는 방법이 요구된다. 그 방법이 바로 정신 분석이다. 정신 분석은 히스테리성 공포증이나 강박 관념 등의 정신 의학적인 결과를 해명하기 위해 치료 목적으로 사용되던 방법이다. 나는 정신 분석 연구 도중에 꿈을 해석하게 되었다. 환자들에게 특정한 주제와 관련해서 머리에 떠오르는 생각을 빼놓지 말고 이야기하라고 했다. 그러자 환자들은 꿈 이야기를 시작했다. 나는 꿈 이야기를 들으면서 환자가 어떤 병에 걸렸는지를 추적했다. 또한 꿈 이야기를 들으면서 환자의 심리 상태를 알아낼 수 있었다. 꿈은 병의 상태를 알아낼 수 있는 연결 고리였다. 여기서 거꾸로 그 해석 방법을 꿈에 적용하자는 생각이 떠올랐다.

자유 연상법

정신 분석법은 자유 연상법을 말한다. 자유 연상법이란 최면술과는 다르다. 최면술은 세 가지의 단점을 가지고 있다. 첫째, 모든 환자가 최면에 걸리는 것은 아니라는 점이다. 마음이 부드러워 최면에 잘 걸리는 사람이 있는가 하면 마음이 딱딱해서 쉽게 최면에 빠져들지 못하는 사람이 있다. 최면에 잘 걸리지 않는 사람에게 최면술은 속수무책이다. 둘째, 최면술로 치료를 했더라도 재발이 잘 된다는 점이다. 최면 상태는 일상적인 생활 상태가 아니다. 그러므로 최면 상태에서 치료했다고 하더라도 일시적인 효과만 있을 뿐이고, 일상생활에서는 최면이 쉽게 깨어져 버린다. 이런 이유 때문에 치료 효과는 금방 사라지고 신경증이 재발되는 것이다. 셋째, 환자가 분석자에게 성적 충동을 느낀다는 점이다. 환자는 최면 상태에서 자신의 무의식을 드러내게 되는데 이 과정에서 성적 충동이 함께 드러날 수 있다. 성적 충동이 드러나는 것은 환자와 분석자의 관계에서 적절하지 못하다.

이와 같은 최면술의 단점 때문에 자유 연상법을 도입했다. 자유 연상법은 정신 분석의 대표적인 기법으로서 정신 분석이라고 하면 당연히 자유 연상법을 의미한다. 자유 연상법은 침대 모양의 긴 의자인 카우치를 사용한다. 환자는 고개를 약간 들어 올릴 만한 높이의 베개가 갖추어져 있는 카우치에 누워서 자신의 생각을 자유롭게 말하게 된다.

정신 분석을 하기 위해서는 환자 스스로도 마음의 준비가 되어야 한다. 환자는 마음의 안정을 위해 노력하고 머리에 떠오르는 생각을 걸러내지 않도록 노력해야 한다. 집중해서 자신을 관찰하기 위해서는 눈을 감는 것이 유리하다. 그리고 머리에 떠오르는 생각을 절대로 비판하지 말라고 환자에게 당부해야 한다. 즉 정신 분석의 승패는 머리에 떠오르는 모든 생각에 주의를 기울이고 남김없이 이야기하는 것에 달려 있다. 중요하지 않거나 주제와 관계없다고 생각해서, 또는 터무니없다고 여겨서 떠오르는 생각을 억눌러서는 안 된다. 떠오르는 생각을 아무런 편견 없이 다뤄야 한다. 비판하게 되면 꿈이나 강박 관념 등에 관해 해석하지 못하게 된다.

환자 이르마에 관한 정신 분석

1895년 여름에 나는 이르마라는 친한 젊은 부인을 정신 분석으로 치료하고 있었다. 친하다는 이유 때문에 의사의 권위가 잘 서지 않는 경우도 있고, 치료에 실패할 경우 오랫동안 쌓아왔던 친교가 깨질 수도 있었다. 치료는 부분적으로 성공해서 이르마는 히스테리성 불안에서 벗어나게 되었다. 그렇다고 신체의 모든 증상이 사라진 것은 아니었다. 당시 나는 히스테리성 병력의 완치에 어떤 기준이 있는지 확신이 서지 않은 상태였고, 환자가 받아들이기 어려운 해결책을 요구했다. 그렇게 서로 의견이 어긋나는 가운데 치료를 중단하게 되었다.

그러던 어느 날 젊은 의사인 오토가 이르마와 가족이 머물고 있는 시골에 다녀와서 나를 찾아왔다. 나는 이르마의 안부를 물었고 오토는 이르마가 전보다 나아졌지만 썩 좋지는 않다고 말했다. 나는 오토의 말과 눈빛에서 환자에게 너무 많은 것을 요구한 것이 아니냐는 불쾌한 감정을 읽었다. 오토가 내게 반감을 품고 있다면 그것은 어쨌든 환자 가족의 영향일 것이라고 판단했다. 전부터 이르마의 가족들이 내 치료를 달가워하지 않는다고 짐작했기 때문이다. 그날 저녁 나는 우리를 지도해 주던 M에게 변명할 생각으로 이르마의 병력을 자세히 기록했다. 그리고 그날 밤(새벽녘으로 기억한다) 이르마에 대한 꿈을 꾸었다.

넓은 홀에서 우리는 많은 손님들을 접대하고 있다. 손님 가운데 이르마가 눈에 띈다. 나는 이르마를 한쪽 구석으로 데려가 말한다.

"당신이 아직도 아프다면 그것은 당신 잘못입니다."

이르마가 대답한다.

"내가 지금 목과 위와 배가 얼마나 아픈지 알기나 합니까? 질식할 것만 같아요."

이르마의 얼굴은 창백하고 퉁퉁 부어 있다. 신체 기관에 병이 있는데 내가 모르고 지나친 것은 아닐까 하는 생각이 머리를 스친다. 나는 이르마를 창가로 데려가 목 안을 살펴본다. 이르마는 틀니를 낀 여자들처럼 입을 벌리기를 거부한다. 마침내 이르마가 입을 크게 벌렸고 나는 목 안 우측에서 커다란 반점을 발견한다. 나는 급히 M을 불렀고 M은 진찰한 다음 틀림없다고 확인한다.

이르마 옆에는 어느 틈에 친구인 오토도 와 있다. 다른 친구 레오폴트는 이르마를 진찰하고, 왼쪽 아래 부분에서 탁음이 들린다고 말하면서 이르마의 피부 부위를 가리킨다. M은 왼쪽 어깨의 피부가 감염되어서 이질 증상이 나타나며 병균이 배출될 것이라고 말한다. 우리는 즉시 이르마가 어디서 감염됐는지를 알아낸다. 오토가 얼마 전 이르마의 몸이 좋지 않았을 때 프로필 약제, 프로필렌, 프로피온산, 트리메틸아민을 주사한 것이다. 그런 주사는 그렇게 경솔하게 놓는 법이 아니다. 분명 주사기 역시 청결하지 않았을 것이다.

이 꿈을 분석하면 다음과 같다.

'넓은 홀에서 우리는 많은 손님들을 접대하고 있다.' – 그해 여름 아내의 생일 파티가 열리기 이틀 전이었다. 우리는 이르마를 포함해 많은 손님들이 찾아올 것이라고 예상했다. 내 꿈은 이런 상황을 미리 예견한 것이다. 아내의 생일날이 되어 우리는 많은 손님들을 넓은 홀에서 접대한다.

'당신이 아직도 아프다면 그것은 당신 잘못입니다.' – 당시 나는 환자들에게 증상의 숨어 있는 의미를 알려 주는 것이 내 임무를 다하는 것이라고 생각하고 있었다. 환자들이 치료를 좌우하는 해결책을 받아들이든 받아들이지 않든 내 책임이 아니다. 내가 꿈속에서 이르마에게 하는 말에서 이르마의 통증에 대해 책임지고 싶어 하지 않는다는 것이 드러난다. 이르마의 잘못이라면 내 잘못은 아닌 것이다. 내 꿈의 의도를 이런 면에서 찾아야 하는 것이 아닐까.

'내가 지금 목과 위와 배가 얼마나 아픈지 알기나 합니까? 질식할 것만 같아요.' – 위의 통증은 이르마가 느끼는 증상 가운데 하나였다. 그러나 그리 심한 정도는 아니었다. 그보다는 메스꺼움과 구토감에 대해 하소연했다. 목의 통증과 복통, 짓누르는 것 같은 증세는 이르마에게 별로 대수롭지 않은 증상이었다. 왜 꿈속에서 이런 증상을 선택하게 되었는지 의아한 생각이 들었지만 당장은 이유를 알 길이 없다.

'이르마의 얼굴은 창백하고 퉁퉁 부어 있다.' – 이르마의 얼굴은 늘 불그스름했다. 여기에서 나는 다른 인물이 이르마로 대치된 것은 아닐까 추측한다.

'신체 기관에 병이 있는데 내가 모르고 지나친 것은 아닐까 하는 생각이 머리를 스친다.' – 내가 오진을 할 수도 있다는 생각에 놀란다. 하지만 이르마가 겪는 통증의 원인이 신체 기관에 있다면, 내가 치료할 의무가 없으므로 나는 비난을 면할 수 있을 것이라는 생각을 한다. 내가 치료해야 할 영역은 히스테리성 통증의 제거인 것이다.

'나는 이르마를 창가로 데려가 목 안을 살펴본다. 이르마는 틀니를 낀 여자들처럼 입을 벌리기를 거부한다.' – 나는 이르마의 입 안을 진찰할 기회가 전혀 없었다. 꿈속의 이 장면에서 얼마 전 어떤 여자 가정교사를 진료한 기억이 떠올랐다. 그 가정교사는 처음 보았을 때 젊고 아름답다는 인상을 주었지만, 입을 벌리게 하자 의치를 숨기려 들었다. 이는 다른 환자들을 진찰했던 일과 드러나 보았자 양측 모두가 기분 좋을 일 없는 사소한 비밀에 대한 기억들과 연결되었다.

'이르마 옆에는 어느 틈에 친구인 오토도 와 있다. 다른 친구 레오폴트는 이르마를 진찰하고 왼쪽 아래 부분에서 탁음이 들린다고 말하면서 이르마의 피부 부위를 가리킨다.' – 친구 레오폴트 역시 의사면서 오토의 친척이다. 두 사람은 전공이 같다는 이유로 매사에 비교되는 운명적인 경쟁자다. 내가 소아정신과 과장으로 재직하고 있을 때, 두 사람은 2년 동안 나를 도와 일했다. 꿈속에서 재현된 것 같은 장면은 당시 자주 볼 수 있었던 광경이다. 내가 오토와 증세에 관해 논의하고 있으면, 레오폴트는 환자를 다시 한번 진찰해 예기치 않은 도움을 주곤 했다. 내가 꿈에서 오토와 신중한 레오폴트를 대립시킨 것은 분명 레오폴트를 칭찬하기 위한 것이다. '왼쪽 아래 부분의 탁음'은 레오폴트의 철저함에 감탄했던 어떤 사건과 세세한 부분까지 일치한다는 인상을 준다. 그 밖에 병독이 다른 부위로 전이된 것은 아닌가 하는 생각이 머리에 스친다. 그러나 이는 내가 이르마 대신 치료하고 싶은 환자와 관련된 것일 수 있다. 잘 생각해 보면 그 부인이 결핵에 걸린 것처럼 보였기 때문이다.

'오토가 얼마 전 이르마의 몸이 좋지 않았을 때 프로필 약제, 프로필렌, 프로피온산, 트리메틸아민을 주사한 것이다.' - 실제로 오토는 이르마의 가족들과 함께 있는 동안 근처의 호텔로 갑작스럽게 불려가 몸이 편치 않는 어떤 사람에게 주사를 놓았다고 이야기했다. 주사라는 말에서 코카인에 중독되었던 불행한 친구에 대한 기억이 다시 떠오른다. 나는 그 친구에게 모르핀을 끊는 동안 내복약으로만 그 약품을 사용하라고 충고했다. 그러나 그 친구는 망설임 없이 코카인 주사를 맞았던 것이다.

'그런 주사는 그렇게 경솔하게 놓는 법이 아니다.' - 여기에서 경솔하다는 비난은 오토를 겨냥한 것이다. 나는 오토가 말과 눈빛으로 나에게 반감을 드러냈던 그날 오후 이와 비슷한 생각을 했다. '왜 저렇게 남의 말을 곧이들을까, 왜 저렇게 경솔하게 판단할까.'라고 생각했던 기억을 떠올렸다.

꿈의 결론은 이르마의 고통이 나의 책임이 아니라는 것이다. 이르마의 고통은 오토의 책임이다. 오토는 이르마가 완전하게 치유되지 못했다고 나를 불쾌하게 만들었다. 꿈은 오토가 나에게 한 비난을 오토에게 되돌려 줌으로써 복수하고자 하는 소망을 이루어 주었다. 꿈은 이르마의 상태에 대한 여러 가지 다른 원인을 제시함으로써 나를 편하게 해 주었다. 꿈은 마치 내가 소망했던 일을 특정의 사실로 바꾸어 충족시켜 준 것이다. 따라서 꿈의 내용은 소망 충족이고 그 동기는 소망이다.

제 **2**부 꿈과 소망 충족

Die Traumdeutung

제2부 꿈과 소망 충족

제2부는 원본의 '꿈의 소망 충족'과 '꿈의 왜곡'에 대한 장을 함께 엮은 것으로 두 장 모두 꿈의 소망 충족과 관련되어 있다. 즉 소망 충족이 이루어지는 경우와 소망에 저항하는 요인 때문에 꿈이 왜곡되어 나타나는 경우를 다루고 있다.

제2부의 핵심은 '꿈은 소망을 충족하기 위한 것이다.'라는 말의 의미와 '꿈은 왜곡되어 나타난다.'라는 내용을 살펴보는 데 있다. 프로이트는 모든 꿈이 소망을 충족시키기 위한 것이라고 보았다. 이 말은 꿈에 대해 명확하고 확고하게 정의하는 하나의 명제라고 할 수 있다. 그러나 모든 꿈이 소망을 충족시키는 것처럼 보이지는 않는다. 왜 불안한 꿈과 불쾌한 꿈을 꾸는 것일까? '꿈은 왜곡되어 나타난다.'라는 명제는 그에 대한 해답을 제시한다. 즉 소망을 충족하고 싶지만 소망에 저항하는 어떤 요인으로 인해 꿈에 소망이 왜곡되어서 표현된다는 것이다.

상당수의 꿈에는 소망 충족과 왜곡이 혼합되어 나타난다. 이와 같이 꿈은 소망을 충족한다는 측면과 왜곡되어 나타난다는 측면이 함께 어울려 있다. 그렇기에 꿈을 해석할 때 어떤 부분이 소망 충족인지, 어떤 부분이 왜곡되어 나타났는지를 자세하고 빈틈없이 살펴보아야 올바르게 해석할 수 있는 것이다.

1. 꿈은 소망을 충족하기 위한 것이다

우리는 삶을 살아가면서 하고 싶은 일도 많으며 갖고 싶고 먹고 싶은 것도 많다. 하고 싶은 일, 갖고 싶고 먹고 싶은 것 등은 모두 우리의 욕망을 드러내는 소원이다. 우리는 이러한 소원이 이루어지길 원하며, 소원이 이루어지기를 바라는 것을 소망이라고 한다. 이러한 소망은 사람에 따라서 다르며 한 사람에게도 여러 가지 소망이 있다. 이루어질 수 있는 소망도 있고 이루어질 수 없는 소망도 있다. 현실적인 소망도 있고 비현실적인 소망도 있다. 그렇기 때문에 현실에서 소망이 충족된 경우도 있고, 이루어지지 않은 채 소망이 좌절된 경우도 있다.

이처럼 소망은 여러 가지 측면으로 분류할 수 있는데, 꿈은 이런 현실의 소망을 나름대로 드러낸다. 그러므로 깨어 있을 때 가졌던 소망이 꿈에서 충족되었는지 충족되지 않았는지는 그 사람의 정신을 분석하는 데 있어 매우 중요하다. 모든 꿈은 소망 충족이기 때문이다.

꿈은 아무 의미 없이 부조리한 것이 아니다. 또한 우리가 잠자는 동안에 우리의 생각 중 일부가 깨어나야 꿈꾸는 것이 가능한 것도 아니다. 꿈은 완벽한 심리 현상이며 정확하게 말하면 소망의 충족이다. 종종 소망을 충족시키는 꿈의 특성을 알아볼 수 있다. 그래서 왜 진작 꿈을 이해하지 못했는지 이상하게 여겨질 정도다.

목이 마를 때 물을 마시는 꿈을 꾸며, 더 자고 싶을 때 침대에 누워 있는 꿈을 꾸며, 턱이 아파서 얼음찜질 기구를 항상 대야하는 환자는 그것을 던져 버리는 꿈을 꾸며, 가고 싶은 곳이 있으면 그곳을 방문하는 꿈을 꾼다. 남극에서 생활하는 사람들의 마음껏 먹고 싶은 소망은 성대한 오찬 모임을 여는 꿈으로 충족되기도 한다. 이와 같이 꿈은 소망을 이루기 위한 것이다.

물 마시는 꿈

꿈이 소망을 충족시킨다는 점을 보여 주기는 어렵지 않다. 예를 들어 내가 자주 시험삼아 마음대로 만들어 낼 수 있는 꿈이 있다. 소금에 절인 생선이나 올리브 등의 아주 짠 음식을 저녁 때 먹으면, 한밤중에 목이 말라서 잠에서 깬다. 그러나 매번 잠에서 깨어나기 전에는 같은 내용의 꿈을 꾼다. 무척 목이 말라 고생하다가 벌컥벌컥 시원한 물을 마시게 되어 물맛이 아주 좋다고 느낀다. 그렇지만 시간이 지나면 잠에서 깨어나 실제로 물을 마셔야 한다. 깨어나는 이유는 갈증 때문이다. 갈증은 물을 마시고 싶다는 소망을 만들어 내고, 꿈은 이 소망을 충족시켜 준다. 이 과정에서 꿈은 한 가지 기능을 수행한다. 즉 내가 바로 알 수 있는 다른 소망을 충족시켜 준다. 나는 잠을 잘 자는 편이라 어떤 욕구 때문에 잠에서 깨어나는 경우가 별로 없다. 갈증을 해소할 수 있다면 굳이 잠에서 깨어날 필요가 없다. 즉 편리하게 물을 마시는 꿈을 꾸면 된다.

그러나 며칠 전의 꿈은 좀 색달랐다. 그날 밤 나는 잠들기 전부터 갈증을 느껴 침대 옆 탁자 위에 놓인 한 컵의 물을 이미 마셔 버린 터였다. 몇 시간 후 한밤중에 다시 갈증이 찾아왔고, 물 마시는 것은 참 번거로운 일이었다. 물을 마시기 위해서는 침대에서 일어나 아내 옆에 있는 탁자 위에 놓인 물 컵을 가져와야 했다. 그래서 나는 아내가 그릇의 물을 따라 주는 꿈을 꾸었다. 그 그릇은 내가 이탈리아 여행에서 가져와 나중에 다른 사람에게 선물한 에트루리아(에트루리아인이 나라를 세운 고대 이탈리아의 지명) 유골 단지였다. 유골 단지 속의 물이 너무 짜서 나는 그만 잠에서 깨어났다.

여기서 꿈이 얼마나 편리한 쪽으로 만들어지는지를 알 수 있다. 소망 충족이 꿈의 유일한 목적이기 때문에 완벽하게 이기적일 수 있는 것이다. 유골 단지가 꿈에 나타났다는 것도 소망 충족이다. 지금 이 유골 단지가 나에게 없다는 사실은 아내 쪽의 물 컵에 손이 닿지 않는 것처럼 유감스러운 일이다. 그리고 유골 단지는 짠맛이라는 감각과 잘 들어맞는다. 나는 이러한 이유들 때문에 잠에서 깨어날 수밖에 없었다.

침대에서의 꿈

젊은 시절 나는 자주 소망 충족의 꿈을 꾸었다. 예전부터 밤늦게까지 일하는 습관이 있어 아침에는 제때에 일어나기가 매우 어려웠다. 그럴 때면 나는 침대에서 일어나 세면대 앞에서 세수하는 꿈을 꾸곤 했다. 잠시 후 아직 침대에서 일어나지 않았다는 것을 깨달을 수밖에 없었지만, 꿈을 꾸는 사이에 조금 더 잘 수 있었다.

나와 비슷하게 일하는 습관이 있는 젊은 동료 한 명도 게으름 피우는 꿈을 꾼 적이 있다고 했다. 그 동료는 병원 근처에서 하숙을 하고 있었으며, 매일 아침 늦지 않게 깨워달라고 하숙집 여주인에게 부탁을 해 놓았다. 그러나 하숙집 여주인이 부탁을 들어주는 일은 쉽지 않았다. 유난히 달콤하게 잠을 자고 있던 어느 날 아침이었다. 하숙집 여주인이 방에 대고 소리쳤다.

"페피 씨 일어나세요. 병원에 갈 시간이에요."

그 소리에 잠을 자던 동료는 꿈을 꾸었다. 동료가 병실에 누워 있고 침대 머리맡에는 '페피, 의대 졸업반 수련의, 22세'라고 쓰인 명찰이 붙어 있었다. 꿈을 꾸면서 동료는 "내가 지금 병원에 누워 있다면 새삼스레 일어나 출근할 필요는 없겠지."라고 혼잣말을 하고는 돌아누워 계속 잠을 잤다고 한다.

아플 때의 꿈

꿈이 잠자는 동안 사람에게 영향을 미치는 또 다른 예가 있다. 내 환자 중에 턱 수술을 받은 어떤 부인은 수술 경과가 좋지 않아 하루 종일 아픈 부위에 얼음찜질 기구를 대고 있어야만 했다. 그러나 그 부인은 잠이 들면 무의식중에 얼음찜질 기구를 내팽개치곤 했다. 이 사실을 안 담당 의사는 내가 자신을 대신해서 부인에게 따끔한 충고를 해달라고 부탁했다. 그러나 그 뒤에도 부인은 잠이 들면 또다시 얼음찜질 기구를 병실 바닥에 내팽개쳤으며, 나에게 이런 변명을 늘어놓았다.

"이번에는 정말 어쩔 수 없었어요. 모든 게 그날 밤의 꿈 때문이었어요. 꿈속에서 나는 오페라 공연에 심취해 있었지요. 그런데 내가 오페라 공연을 보고 있는 동안 카를 마이어 씨는 요양원 침대에 누워 턱 통증으로 끙끙 앓고 있는 게 아니겠어요. 그래서 내 턱은 더 이상 아프지 않으니까 얼음찜질 기구 같은 것은 필요 없다고 느껴 미련 없이 얼음찜질 기구를 던져 버린 거예요."

이 부인의 꿈에는 턱의 통증으로 고생하고 있는 현재의 불행한 상황에서 벗어나 좀 더 즐거워졌으면 하는 바람이 나타나 있다. 꿈은 좀 더 즐거운 상황을 보여 주는 것이다. 즉, 꿈속에서 부인의 턱 통증을 떠맡아 고생하는 카를 마이어 씨는 그 부인이 아는 사람 중에 가장 친하지 않은 젊은이였다.

건강한 사람들에게 들은 몇 안 되는 꿈에서도 쉽게 소망을 충족한다는 사실을 발견할 수 있다. 나의 꿈 이론을 자신의 부인에게 알려준 어떤 친구가 어느 날 내게 아내의 꿈에 대해서 말했다.

"어제 내 아내가 생리를 하는 꿈을 꾸었다면서, 자네에게 그 이야기를 해 주라고 했어. 그 꿈이 무엇을 의미하는지 자네는 알고 있겠지."

물론 나는 잘 알고 있다. 젊은 부인이 생리를 하는 꿈을 꾼다는 것은 생리가 중단된 경우다. 임신에서 잠시 동안만이라도 해방되어 자유를 즐기고 싶어 하는 부인의 마음을 짐작할 수 있다. 그 꿈은 첫 임신을 알리는 메시지였던 것이다. 그리고 얼마 전에는 자신의 부인이 셔츠 가슴 부분에 젖이 묻어 있는 꿈을 꾸었다고 편지를 보내온 친구도 있다. 이 역시 임신을 알리는 꿈이지만, 첫 임신을 뜻하는 것은 아니다. 젊은 어머니는 첫째 아이를 가졌을 때보다 둘째 아이를 가졌을 때 젖이 더 많이 나오기를 원하기 때문이다.

또 다른 예로 전염병에 걸린 아이를 돌보느라 몇 주일 동안 고생한 젊은 부인이 아이의 병이 나은 후에 파티에 참석하는 꿈을 꾼 경우를 들 수 있다. 파티에는 프랑스의 소설가인 도데, 부르제, 프레보의 모습이 보였으며, 이들은 젊은 부인에게 친절하게 대해 주었다. 꿈속에서 이 작가들의 모습은 사진에서 보았던 얼굴 그대로였으나, 젊은 부인이 사진으로 본 적이 없었던 프레보는 전날 병실을 청소한 소독원과 같은 모습을 하고 있었다. 바로 이 소독원은 사람들의 발길이 끊긴 후 오랜만에 병실에 발을 들여놓은 첫 방문객이었다. 이 꿈은 오랫동안 계속되었던 간병에서 벗어나 이제는 즐거운 일을 할 때가 되었다는 의미다.

어린아이들의 꿈

어린아이들의 꿈은 매우 단순한 형태의 소망 충족을 의미하는 경우가 많으며, 복잡한 소망들로 가득 찬 어른들의 꿈과는 달리 연구자들의 관심을 전혀 끌지 못한다. 어린아이들의 꿈에는 풀어야 할 수수께끼가 없다. 그러나 아이들의 꿈은 꿈의 본질이 바로 소망 충족이라는 사실을 뚜렷하게 증명한다. 나는 내 자녀들의 꿈을 분석하면서 꿈의 본질이 소망 충족이라는 사실을 증명하는 사례를 몇 가지 수집할 수 있었다.

1896년 여름에 우리 가족은 소풍을 가기로 했다. 우리 가족은 아우스제 근처의 언덕에 머물 예정이었고 나는 아이들에게 화창한 날씨에는 다흐슈타인 산의 멋진 경치를 볼 수 있으며, 망원경으로 지모니 산장도 선명하게 볼 수 있다고 말했다. 아이들은 소풍날을 손꼽아 기다렸다. 소풍날에 우리는 계곡 쪽으로 걸어갔다. 다른 아이들은 계곡의 변화무쌍한 풍경을 보고 무척 즐거워했다. 오로지 다섯 살짜리 아들 녀석만은 갈수록 시무룩해졌다. 그 아이는 새로운 산이 나타날 때마다 저 산이 다흐슈타인 산이냐고 물었다. 나는 다흐슈타인 산은 그 산 뒤에 있다고 대답했다. 이런 질문이 몇 번 반복된 후 아들은 아예 입을 다물어 버렸다. 그리고 폭포로 가는 계단은 같이 올라가려고도 하지 않았다. 나는 아들 녀석이 벌써 지친 것이라고 생각했다. 그러나 다음 날 아침 아들은 아주 행복한 표정으로 내게 다가와 말했다.

"어젯밤 우리가 지모니 산장에 간 꿈을 꾸었어요."

그때서야 비로소 나는 아들의 마음을 이해했다. 내가 다흐슈타인 산에 관해 이야기했을 때, 아들은 그 산에 올라가 망원경으로 지모니 산장을 보게 될 거라고 기대했던 것이다. 그러나 아들은 그 앞의 산과 폭포로 만족할 수밖에 없다는 것을 깨닫고 기분이 상한 것이다. 그런데 상한 기분을 꿈이 보상해 준 것이다. 나는 아들의 꿈에 대해 자세히 알고 싶어 이것저것 물었다. 그러나 아들은 같은 말만을 되풀이했다.

"여섯 시간이나 계단을 걸어 올라갔어요."

여덟 살인 딸아이도 그날 소풍을 가서 이런저런 소망을 갖게 되었고 꿈이 그 소망을 충족해 주었다.

"아빠, 나 어제 꿈을 꾸었어요. 에밀이 우리 가족이 되었어요. 에

밀은 우리 아빠 엄마를 자신의 아빠 엄마로 불렀어요. 그리고 큰 방에서 우리와 함께 잠을 잤어요. 엄마가 들어오셔서 파란색 종이로 싼 초콜릿을 한 주먹 우리 침대로 밀어 넣어 주셨어요."

이 꿈을 해석하면 다음과 같다. 꿈을 꾸기 전날 딸아이는 열두 살난 이웃집 남자 아이와 함께 소풍을 갔었는데, 그 아이가 제법 의젓해서 딸아이가 그 아이를 좋아하는 것 같았다. 아이들이 집으로 돌아오던 중에 과자 자동판매기 앞에서 초콜릿을 사달라고 졸랐는데, 아내는 그날 아이들이 충분히 먹었기 때문에 초콜릿을 사 주지 않았다. 이러한 전날의 사건이 꿈을 만들어 낸 것이다. 딸의 소망이 꿈에서 충족된 것이다.

나는 아들의 꿈과 비슷한 여덟 살 난 소녀의 꿈 이야기를 들었다. 그 소녀의 아버지는 아이들을 데리고 로러 산장을 찾아볼 생각으로 산책을 나갔다. 그러나 시간이 너무 늦었기 때문에 도중에서 발길을 돌렸으며, 다음 기회에 로러 산장으로 데려다 주겠다고 약속했다. 그들은 귀가 중 하메아우를 가리키는 이정표를 지나쳤다. 그러자 아이들은 하메아우에 데려다 달라고 졸랐다. 그러나 이번에도 같은 이유에서 다른 날로 미룰 수밖에 없었다. 다음 날 아침 여덟 살 된 딸이 만족스러운 얼굴로 아버지에게 다가왔다.

"아빠, 어젯밤 아빠와 함께 로러 산장과 하메아우에 간 꿈을 꾸었어요."

아이의 조급한 심정이 아버지와의 약속을 미리 앞당겨 꿈에서 실현한 것이다.

남극에서의 꿈

꿈이 소망을 충족하기 위한 것임은 여러 방법으로 알 수 있다. 오토 노르덴쇨트의 책 《남극의 얼음 속에서 보낸 2년》에서 오토는 자신과 함께 남극에서 겨울을 보낸 대원들과의 생활에 대해 다음과 같이 말한다.

우리가 그 당시 꾼 꿈들은 마음 깊이 어떤 생각을 품고 있었는지 분명하게 보여 준다. 평소에는 특별한 경우에만 꿈을 꾸던 동료들조차 남극에서는 전날 밤의 꿈속 세계에서 겪은 경험을 서로 이야기하는 아침이면 긴 이야기를 들려주었다. 꿈은 아주 멀리 떨어진 외부 세계를 내용으로 하고 있었지만, 우리의 처한 상황과 잘 맞아떨어지는 꿈도 있었다. 한 대원이 학창 시절로 돌아가 수업용으로 특수 제작된 아주 작은 바다표범의 가죽을 벗기는 과제를 부여받는 꿈이 그렇다.

그러나 먹고 마시는 것이 우리 꿈의 중심 주제였다. 한 대원은 꿈에서 성대한 오찬 모임에 참여하는 재주가 있어서 꿈 이야기를 멋 들어지게 하곤 했다. 아침에 "세 코스 만찬을 먹었다."라고 이야기 할 수 있는 날은 무척 즐거워했다. 산더미처럼 쌓인 담배가 나오는 꿈이나 드넓은 바다에서 돛을 활짝 펴고 달리는 배에 있는 꿈을 꾼 사람도 있었다.

특별히 이런 꿈도 있었다. 집배원이 편지를 들고 와 배달이 늦어 진 이유를 길게 늘어놓는다. 자신이 편지를 잘못 배달해 다른 마을 로 갔다가 가까스로 애를 써서 이제야 이곳에 찾아올 수 있었다는 것이다. 잠을 자면서 훨씬 더 불가능해 보이는 일을 꿈꾸기도 하지 만, 내가 직접 꾸거나 들은 이야기들은 거의 대부분 현실적인 면이 두드러진 것이었다. 이 꿈들을 전부 기록하면, 틀림없이 심리학적 으로 매우 흥미로울 것이다. 꿈이 우리 모두가 열망하는 것을 제공 해 주었기 때문에, 다들 얼마나 잠들기를 바랐는지 모른다.

우리가 보통 하는 말에서도 모든 꿈이 소망 충족을 위한 것이라는 점을 쉽게 찾을 수 있다. 현실에서 기대 이상의 일이 생겼을 때 사람 들은 "그런 일은 꿈에도 생각하지 못했다."라고 소리친다.

2. 꿈은 왜곡되어 나타난다

"모든 꿈은 소망을 충족시키기 위한 것이다."라는 명제는 프로이트가 꿈에 대해 설명하고 있는 중요한 전제에 해당한다. 꿈의 소망 충족에 대해서는 앞에서 살펴보았다. 그러나 이에 대해 선뜻 동의할 수 없는 경우가 있다. 악몽과 같이 불안한 꿈을 꾸었다든지, 불쾌한 꿈을 꾼 경우다. 그러나 이는 꿈에 대해 좀 더 깊이 살펴보지 않아서 생겨난 오류다.

겉으로 드러난 꿈만을 살펴보면 그 꿈이 불안하거나 불쾌한 꿈으로 해석되겠지만 그 꿈을 꾸게 만들었던 깊은 꿈의 생각, 즉 잠재적인 꿈을 살펴보면 결국 그 꿈도 소망을 충족하기 위한 꿈이었음이 밝혀지기 때문이다. 이 장에서는 소망 충족을 이루지 못하는 것처럼 보이는 외현적인 꿈들을 더욱 깊이 해석해서 잠재적인 꿈이 어떤 생각을 하는지 살펴보게 될 것이다. 꿈이 왜곡되어 나타나는 이유를 구체적인 실례를 통해 알게 될 것이다.

내가 모든 꿈이 소망을 충족하기 위한 것이고 다른 꿈은 있을 수 없다고 말한다면 거센 반대에 부딪칠 것이 분명하다. 사람들은 소망 충족으로 이해할 수 있는 꿈이 있다는 것을 받아들이면서도 소망 충족이 아닌 꿈도 있다고 말할 것이다. 예를 들어 사라 위드와 플로렌스 핼럼 같은 여성들은 자신들의 꿈을 분석해서 꿈이 소망을 충족하기보다는 불만을 보여 주는 경우가 매우 많다는 것을 통계로 제시했다. 통계에 따르면 꿈의 57.2퍼센트가 불쾌한 것이고, 편안한 꿈은

28.6퍼센트에 지나지 않는다. 여러 가지 불쾌한 감정을 느끼게 하는 꿈 이외에도 우리를 소름 끼치게 해서 잠에서 깨어나게 하는 불안한 꿈도 있다. 어린아이들은 곧잘 이러한 불안한 꿈에 시달린다.

이러한 꿈들을 들여다보면 모든 꿈이 소망을 충족시키기 위한 것이라는 주장을 받아들일 수 없을 것처럼 보이지만 사실은 그렇지 않다. 겉으로 드러나는 꿈의 내용이 아니라 꿈의 해석 작업을 통해 꿈의 잠재적인 사고 내용을 주목하면 모든 꿈이 소망을 충족하기 위한 것이라는 꿈 이론의 정당성을 찾을 수 있다. 외현적인 내용으로 보면 불쾌하게 느껴지는 꿈이 있다는 것은 사실이다. 그러나 불쾌한 꿈과 불안한 꿈 역시 잠재적인 사고 내용을 해석하면 얼마든지 소망 충족으로 드러날 수 있다. 이렇게 해명이 필요한 꿈의 태도를 '꿈의 왜곡 현상'이라고 규정하기로 하자.

꿈은 왜곡되어 나타난다. 그렇다면 왜 꿈은 왜곡되어 나타나는 것일까? 이에 대해 나는 나의 꿈을 통해 그 까닭을 보여 주려고 한다.

교수가 되고 싶은 꿈

1897년 봄에 이곳 대학 교수 두 사람이 나를 객원 교수로 추천했다는 이야기를 들었다. 이 말을 듣고 나는 개인적인 친분은 없지만 훌륭한 두 사람이 나를 인정한 것으로 여겨서 무척 기뻤다. 그러나 바로 다음 순간 기대를 걸어서는 안 된다고 스스로에게 다짐했다. 최근 몇 년 동안 교육부는 이 대학의 교수 임용에 별 관심을 보이지 않고 있었고, 업적이 많은 동료 두서너 명이 교수가 되고자 몇 년이나 기다리고 있던 처지였다. 나라고 상황이 나을 것도 없었다. 그래서 나는 교수가 되는 것을 단념하기로 결심했다. 나는 야심으로 가득 찬 사람도 아니고 명예로운 칭호가 없어도 의사로서 만족할 만한 성과를 거두고 있었다.

그러던 어느 날 밤에 가까이 지내던 동료 R이 나를 찾아왔다. R은 내가 존경하는 동료로 오래 전부터 교수로 추천받은 상태였다. R은 나처럼 체념하는 성격이 아니어서 자신의 교수 임용을 추진하기 위해 이따금 교육부 고위 공무원에게 찾아가곤 했다. 그날도 R은 교육부에 갔다가 오는 길이었다. R은 교육부 국장에게 교수 임용이 되지 않는 이유가 자신이 유대인이라서 종교적인 이유 때문에 그런 것인지 따졌다고 했다. 그랬더니 국장은 그렇다고 하면서 지금 상황에서는 장관도 어찌할 수 없다는 답변을 했다는 것이다. 이 이야기는 체념하려던 내 결심을 더욱 굳혀 주었다. 종교적인 이유에 나도 해당되기 때문이다.

동료 R이 다녀간 다음 날 새벽 충분히 주목할 만한 내용의 꿈을 꾸었다. 꿈은 두 부분으로 구성되어 있는데 여기서는 전반부만 소개하려고 한다. 나머지 절반은 이 이야기와 상관없기 때문이다.

> 꿈속에서 R이 삼촌이 되어 나타난다. 나는 R에게 깊은 애정을 느낀다. R의 모습이 약간 변한 듯이 보인다. 얼굴이 좀 길쭉해진 것 같고 턱을 둘러싼 누르스름한 수염이 유난히 눈에 띈다.

이 꿈을 해석하면 이렇다.

'R이 삼촌이 되어 나타난다.' – 내게 삼촌은 요제프 삼촌뿐이다. 그런데 이 삼촌에게는 슬픈 사연이 있다. 그분은 30여 년 전에 사업을 하다가 법을 어기게 되어 형벌을 받았다. 당시 상심하신 아버지는 요제프 삼촌이 결코 나쁜 사람은 아니라고 하면서 다만 생각이 좀 모자란다고 입버릇처럼 말했다. 따라서 R이 요제프 삼촌이라면 나는 R이 삼촌처럼 생각이 좀 모자라는 사람이라고 말하고 싶은 것이다. 그러나 생각해 보면 얼마나 불쾌하고 믿을 수 없는 이야기인가(실제로는 R도 그렇지 않지만 삼촌 또한 모자란 사람은 아니었다)! 또한 내가 꿈에서 본 얼굴은 삼촌의 얼굴과 같았다. 그러나 R의 수염은 원래 진한 흑발이었고 지금은 나이가 들어서 거의 회색빛에 가까웠다. 그런데도 꿈에서 본 얼굴은 R의 얼굴이기도 하고 동시에 삼촌의 얼굴이기도 했다. 그러므로 내가 R을 삼촌처럼 생각이 모자란 사람이라고 여기고 있다는 것은 명백하다.

스스로 인정하고 싶지 않은 이런 생각을 왜 꿈에서는 만들어 낸 것일까? 사실 나는 마음속으로 교수가 되고 싶었던 것이고 꿈에서도 그러한 나의 소망을 충족하고자 한 것이다. R은 유대인이기 때문에 임용이 지연되고 있는 것인데 그렇다면 나도 역시 그 사유에 해당된다. 또한 범법자였던 삼촌이 꿈에 등장한 것은 며칠 전 만났던 다른 동료 N과 나누었던 대화 때문이다. N 역시 교수 임용 추천을 받고 있었지만 어떤 여자의 고발로 법정까지 갔던 일 때문에 임용이 지연되는 것 같다고 말했다. 그러면서 N은 나에게 그런 문제가 없으니 임용될 가능성이 있는 것처럼 말했다. 그러므로 꿈은 나에게 교수로 임용될 가능성이 남아 있다고 위안을 하려고 R과 N이 임용되지 못한 이유를 나와는 상관없는 다른 쪽에서 찾으려 한 것이다. 그래서 R을 범법자며 생각이 모자라는 바보로 만든 것이다. 꿈은 교육부 고위 관리가 R에게 말한 불쾌한 상황을 용케 빠져나가게 한 것이다.

이와 동시에 이 꿈은 왜곡되어 나타나고 있다. 실제로 R은 생각이 모자란 사람은 아니다. 더구나 R는 내가 좋아하는 소중한 사람이다. 그러나 나는 요제프 삼촌에게 다감한 마음을 가진 적이 없다. 그런데도 꿈은 R을 생각이 모자란 사람으로 이야기하고 있으며, 삼촌에게는 애정을 느끼는 것으로 표현하고 있다. 왜 그렇게 된 것일까?

이것은 나의 소망이 충족되었음을 기뻐하는 동시에 동료 R을 바보나 범죄자로 전락시킨 것에 대한 죄책감 때문이다. 이 죄책감이 꿈의 내용을 왜곡시킨 것이다. 이와 같이 꿈은 의도적이며 위장하는 방법을 통해서 내용을 왜곡시킨다. 내가 이런 위장을 깨닫지 못하도록 꿈은 애정의 감정을 이입시킨다.

이렇게 소망 충족을 알아볼 수 없도록 꿈이 위장되어 있는 경우는 반드시 소망에 저항하는 어떤 요인이 있기 마련이다. 이 저항 때문에 소망은 왜곡되어서 밖으로 표현될 수 없게 된다. 이런 사례는 사회 생활에서도 찾아볼 수 있다. 두 사람 중 한 사람은 권력자이고 나머지 한 사람은 그 권력을 고려해야 하는 위치에 있을 경우 두 번째 사람은 자신의 심리적 활동을 왜곡시키거나 위장한다. 우리가 다른 사람에게 보여 주는 예의 범절 역시 대개는 그런 위장에 속한다.

만찬을 준비하는 꿈

꿈에는 비밀스러운 의미가 있으며 이 의미가 소망 충족이라는 것을 증명하기 위해 몇 개의 꿈을 더 분석하고자 한다. 먼저 소망을 충족시켜 주지 않는 꿈의 예를 들면서 나를 비판한 여성 환자의 꿈을 살펴보기로 하자.

저는 만찬을 열려고 했어요. 그런데 마침 집에는 약간의 훈제 연어 말고는 준비된 것이 전혀 없었어요. 그래서 시장에 가야겠다고 생각하는데, 마침 일요일 오후라 상점 문이 모두 닫혔다는 기억이 나지 뭐예요. 할 수 없이 물건을 배달해 주는 가게에 전화를 걸려고 수화기를 들었어요. 그런데 전화마저 고장 난 거 있죠. 그래서 만찬을 열려는 소망을 포기할 수밖에 없었어요.

이 꿈은 전날의 사건으로 인해 생겨났다. 환자의 남편은 정육점 주인으로 아주 우직하고 성실한 사람이다. 전날 남편은 살이 너무 쪘기 때문에 몸무게를 줄이기 위해 다이어트를 시작하겠다고 말했다. 엄격하게 다이어트를 하기 위해 앞으로는 만찬 초대에 응하지 않겠다는 것이다.

남편은 환자의 여자 친구 중 한 명을 자주 칭찬했다. 환자는 마음속으로는 그 친구에게 질투심을 느끼고 있었다. 하지만 다행히도 그 친구는 비쩍 마른 편인데 남편은 마른 체형보다는 약간 살이 찐 체형의 여성을 좋아했다. 그런데 환자가 친구를 찾아갔을 때 친구는 살이 찌고 싶다는 소망을 드러내며 말했다.

"언제 초대할 거예요? 댁의 훈제 연어 요리는 언제나 정말 맛있어요."

이제 꿈의 의미를 분명하게 알 수 있었다. 나는 환자에게 이렇게 말했다.

"당신은 식사에 초대해 달라는 말을 들으면서 이렇게 생각했을 것입니다. '물론 내가 당신을 초대하면, 당신은 우리 집에서 많이 먹고 살이 쪄서 더욱 우리 남편의 마음에 들겠지. 그럴 바에는 차라리 만찬을 열지 않는 편이 더 나아.' 그래서 꿈에서 당신은 만찬을 열수 없다고 말하는 것입니다. 당신의 친구가 살찌는 것을 도와주고 싶지 않다는 것이죠. 당신은 친구가 살이 쪄서 남편의 마음에 드는 것을 보고 싶지 않았던 것이죠. 이는 당신의 소망을 충족시키는 것입니다. 당신은 모임에 초대받으면 살이 찐다는 것을 알고 있었어요. 몸무게를 줄이고자 만찬 초대에 응하지 않겠다는 남편의 계획도 잘 알고 있었고요."

어떻게 꿈속에서 훈제 연어에 대해 생각하게 되었느냐는 질문에 환자는 "훈제 연어는 그 친구가 좋아하는 음식이에요."라고 대답했다. 친구를 초대하고 싶지 않은 소망 때문에 꿈은 만찬을 열려는 소망을 포기하게 한다. 환자는 결국 꿈을 통해 자신의 소망을 충족한 것이다.

조카 카를의 죽음을 바라는 꿈

꿈은 소망을 충족시킨다는 나의 생각을 반박하기 위해 약간 모호한 꿈을 예로 든 젊은 여성 환자가 있었다.

지금 우리 언니에게는 외아들 카를밖에 없다는 것을 선생님도 기억하실 거예요. 큰 아이 오토은 제가 언니 집에 같이 살고 있었을 때 잃었어요. 저는 오토을 아주 귀여워했어요. 사실 제가 키운거나 다름없거든요. 작은 아이도 좋아하긴 했지만, 죽은 오토만큼은 아니에요.

그런데 어젯밤 카를이 죽어서 제 앞에 누워 있는 꿈을 꾸었어요. 그 애가 손을 합장한 채 작은 관 속에 누워 있고, 주변에는 촛불이 켜져 있었어요. 오토가 죽었을 때와 똑같았어요. 오토가 죽었을 때 저는 정말 큰 충격을 받았어요. 선생님, 어떻게 된 일인지 좀 말씀해 주세요. 선생님은 저를 잘 알고 계시잖아요. 언니의 하나밖에 없는 아들이 죽기를 바랄 만큼 제가 나쁜 사람인가요? 아니면 제가 그토록 귀여워했던 오토보다 차라리 카를이 죽었으면 하고 바라는 것일까요?

나는 꿈을 꾼 젊은 여성 환자가 어떻게 살아 왔는지 잘 알고 있었다. 그래서 그 꿈을 무난하게 해석할 수 있었다. 어린 시절에 고아가 된 그 환자는 나이 차이가 많이 나는 언니 집에서 자랐다. 어느 날 언니 집을 드나드는 친구들과 방문객들 중에서 한 남자를 만났다. 환자는 그 남자에게 깊은 인상을 받고 그 남자를 사랑하게 되었다. 환자는 그 남자와 결혼하려고 했으나 무산되었다. 언니의 반대 때문이었는데 그 이유는 정확하게 밝혀지지 않았다. 환자가 사랑하는 남자는 그 이후 언니 집에 발길을 끊었다.

환자는 자신이 그동안 애정을 쏟았던 오토가 세상을 떠난 지 얼마 안 되어 언니 집에서 나왔다. 하지만 그 남자에게 품었던 연정만큼은 없어지지 않았다. 환자는 자존심 때문에 그 남자를 잊어버리고 새로운 남자를 사귀겠다고 마음먹었다. 그러나 환자는 다른 구혼자에게는 도저히 사랑을 느낄 수가 없었다.

그 남자는 글을 쓰는 사람이었는데 그 남자가 강연을 하면 환자는 항상 강연회에 참석하곤 했었다. 꿈 이야기를 들려준 날은 연주회가 열릴 예정이었다. 그 전날 환자는 사랑하는 사람이 그 연주회에 올 거라는 이야기를 이미 들어서 알고 있었고 환자 또한 그곳에 갈 예정이라고 말했다. 나는 환자에게 오토의 죽음 후 어떤 사건이 일어났느냐고 물었다. 환자는 지체 없이 대답했다.

"그 남자가 오랫동안 발길을 끊은 후 처음으로 언니 집을 찾아왔어요. 저는 오토의 관 옆에서 그 남자를 다시 만났어요."

내가 예상한 대로였다. 나는 꿈을 이렇게 해석했다.

"이제 또 다른 조카애가 죽는다면, 그때와 같은 일이 되풀이 될 겁니다. 당신은 언니 집에서 하루를 보내고, 틀림없이 그 남자는 문상하기 위해 다시 찾아올 겁니다. 당신은 그때와 똑같은 상황에서 그 남자를 만나게 되겠지요. 꿈은 당신이 마음속에서 억누르려고 애쓰지만 간절히 바라는 만남의 소망을 충족하고 있습니다. 나는 당신이 오늘 열리는 연주회의 입장권을 가방 안에 가지고 있다는 것을 알고 있습니다. 당신은 오늘 일어날 만남을 꿈에서 몇 시간 앞당긴 셈입니다."

환자가 소망을 은폐하기 위해 그 소망이 억제되는 상황, 즉 슬픔으로 가득 차서 사랑을 생각할 수도 없는 상황을 선택한 것이 분명했다. 많은 사람들은 조카가 죽는 상황 속에서 연인을 만나고자 하는 열망을 생각하지 않기 때문이다. 그러나 끔찍이 사랑했던 첫 조카의 관 옆에서조차 오랫동안 그리워하고 사랑하는 감정을 억제하지 못했을 가능성도 충분히 있다. 꿈은 왜곡되어 나타났으나 실상은 소망을 충족시키기 위한 것이었다. 환자는 조카의 죽음을 소망하지 않았다고 강조하지만 꿈속에는 다른 의도가 숨겨져 있었고 이것이 꿈을 왜곡시켰다.

경찰에게 체포되는 꿈

이 꿈 이야기는 어느 교양 있는 법학자가 들려준 것이다. 그 사람은 내가 모든 꿈이 소망 충족이라고 하는 이론을 너무 성급하게 일반화시키는 것을 말리려고 이 이야기를 들려주었다.

나는 어떤 부인의 팔을 잡고 우리 집에 가는 꿈을 꾸었습니다. 집 앞에는 문이 달혀 있는 마차가 한 대 기다리고 있었습니다. 마차에서 한 신사가 내려서 내게로 걸어왔습니다. 그 신사는 경찰이라고 자신의 신분을 밝히면서 함께 갈 것을 요구했습니다. 나는 일을 정리할 시간을 달라고 겨우 부탁했지요. 당신은 체포되는 것이 내 소망이라고 믿으십니까?

나는 물론 아니라고 말할 수밖에 없었다. 내가 물었다.

"혹시 당신이 어떤 죄명으로 체포되었는지 아십니까?"

"네, 영아 살해 때문이라고 생각합니다."

"영아 살해라고요? 이 범죄는 갓난아기를 낳은 어머니만이 저지를 수 있다는 것을 알고 계시죠?"

"맞습니다."

"그렇다면 어떤 상황에서 그런 꿈을 꾸게 되었습니까? 전날 저녁 무슨 일이 있었지요?"

"그것은 이야기하고 싶지 않습니다. 말하기 난처한 일입니다."

"그러나 나는 꼭 알아야 합니다. 그렇지 않으면 꿈의 해석을 포기할 수밖에 없습니다."

"그렇다면 할 수 없군요. 나는 그날 밤 집에 있지 않고 어떤 부인과 함께 지냈습니다. 그 부인은 내게 아주 소중한 사람입니다. 아침에 깨어나 우리는 다시 관계를 가졌습니다. 나는 잠시 잠이 들었고 그리고 당신이 알고 있는 꿈을 꾼 것입니다."

"결혼한 부인입니까?"

"네."

"당신은 그 부인과의 사이에 아이를 원하십니까?"

"아닙니다. 그렇게 되는 날에는 우리 관계가 다 알려질 겁니다."

"그렇다면 정상적인 성교를 하지 않으셨겠군요?"

"사정하기 전에 그만 두도록 조심하고 있었습니다."

"당신이 그날 밤 이 방법을 여러 번 사용했으며, 아침에 한 번 더 반복된 후 약간 불안한 생각이 들었다고 추정해도 되겠습니까?"

"그럴 겁니다."

"그렇다면 당신이 꾼 꿈의 의미는 소망의 충족입니다. 꿈을 통해 당신은 아이를 만들지 않기를 원했습니다. 꿈에서 아이를 살해하고 안도의 숨을 내쉬고 싶었던 것입니다."

이 사례에서 꿈을 꾼 사람은 자신의 은밀한 사생활을 꺼내지 않으려고 했다. 밝히고 싶지 않은 이야기기 때문이다. 이렇게 밝히고 싶지 않은 심리적인 요인이 꿈을 왜곡시킨다.

마조히스트의 꿈

소망이 거부되는 꿈이나, 꿈에서 원하지 않는 일이 일어나기 때문에 내 이론을 정면으로 반박하는 듯 보이는 꿈들이 있다. 이런 꿈들은 쉽게 발견할 수 있는데 '소망 반대 꿈'이라고 말하고 싶다. 소망 반대 꿈의 요인은 크게 두 가지로 볼 수 있다. 첫 번째는 내 말이 틀리기를 바라는 소망이다. 환자들이 진료 중에 내 말이 틀렸다고 생각하면 대부분 그런 내용의 꿈을 꾸게 된다.

소망 반대 꿈의 또 다른 동기는 너무 잘 아는 것이어서 자칫 지나치기 쉽다. 많은 사람들의 성적 성향에는 마조히즘(신체 또는 정신의 학대를 받음으로써 성적 만족을 느끼는 심리)적 요소가 존재한다. 이는 공격적인 사디즘(다른 사람의 신체나 정신에 학대를 가해서 성적 만족을 느끼는 심리)적 요소가 뒤바뀌어 생기는 것이다.

자신의 육체에 가해지는 고통이 아니라 정신적인 굴욕과 고통에서 쾌락을 찾는 사람들을 관념적 마조히스트라고 부른다. 이러한 사람들이 꾸는 소망 충족의 꿈은 그 사람들의 소망 충족, 즉 마조히스트적인 성적 욕망의 충족을 뜻한다. 이러한 꿈은 소망을 충족하고자 하지만 왜곡되어 나타난다. 어린 시절 형에게 동성애를 느끼고 형을 몹시 괴롭혔던 한 남성이 성격이 완전히 바뀐 후 꾼 꿈을 들 수 있다. 그 남성의 꿈은 모두 세 부분으로 나뉘어진다.

형이 자신을 괴롭힌다.

동성애자 두 명이 서로에게 추파를 던진다.

자신이 미래를 위해 경영하던 기업을 형이 팔아 버린다.

그 남성은 몹시 괴로워하면서 꿈에서 깨어났는데, 그 꿈은 아래와 같은 의미로 해석할 수 있다. '형은 어린 시절 나로 인해 많은 고통을 겪었다. 형이 나의 기업을 팔아버린 것은 나에게 주는 당연한 벌이다.'

나는 불쾌한 내용의 꿈 역시 소망 충족을 의미함을 여러 가지 사례를 통해 설득력 있게 보여 주려고 했다. 불쾌한 내용의 꿈을 해석하는 과정에서 말하기 싫은 주제에 부딪히는 것은 당연하다. 이는 그 주제를 다루지 못하게 하거나 말하지 못하게 하는 혐오감 때문이다. 또한 불쾌한 꿈에는 다른 사람에게 절대로 알리고 싶지 않은 소망이나 심지어 자기 자신에게조차 알리고 싶지 않은 소망이 있기 마련이다. 문제는 불쾌한 꿈에는 소망을 혐오하고 억압하려는 의도가 있기 때문에 이런 꿈들이 왜곡되고 또한 그 소망도 알아볼 수 없게 위장된다는 점이다. 우리가 행하는 일종의 검열을 통해 꿈은 왜곡되는 것이다. 따라서 '꿈은 억압되고 억제된 소망의 위장된 충족이다.'라고 말할 수 있다.

불쾌한 내용의 꿈에서 불안한 꿈은 특수한 부류라고 할 수 있다.

꿈에 대해 전문적이지 않은 사람들은 불안한 꿈 역시 소망 충족을 의미한다는 말을 가장 받아들이기 힘들 것이다. 불안한 꿈을 해석하려면 신경증적인 불안에 대한 이해가 필요하다. 그러나 꿈 내용을 해석해 보면 불안의 심리적 요인을 겉으로 드러난 꿈의 내용으로 규명할 수 없다는 것을 알게 된다. 똑같은 상황에 처해 있는데도 왜 더 심하게 불안감에 휩싸이고 고통을 겪는지 납득할 수 없을 것이다. 그렇다면 불안한 꿈과 신경증적인 공포증은 잠재되었다가 떠오르는 형상과 결부되어 있을 뿐, 근원은 다른 데 있다고 하겠다.

나는 다른 논문에서 신경증적인 불안이 성생활에서 비롯되며 원래 목적에서 벗어나 사용하지 못하는 리비도를 나타내는 것임을 주장한 바 있다. 그 이후 이 주장은 어느 정도 신뢰받을 수 있었고 그런 측면에서 볼 때 불안한 꿈은 성적인 내용의 꿈이라고 추론할 수 있다. 꿈의 이론을 더욱 상세하게 밝히면서 불안한 꿈의 조건과 꿈이 소망 충족이라는 이론의 조화 가능성을 한 번 더 이야기하고자 한다.

제 **3** 부
꿈의 출처

Die Traumdeutung

제3부 꿈의 출처

꿈은 어떤 재료를 사용하며 그 재료는 어디에서 생겨난 것인가? 이 질문에 대한 대답이 꿈의 출처가 된다. 제3부에서는 어린 시절과 연관된 기억에 대해서 설명하며, 전형적이라고 말할 수 있는 꿈과 오이디푸스 왕 이야기를 통해 인간의 무의식 속에 들어 있는 본능에 대해서 설명한다.

꿈의 출처는 크게 세 가지로 살필 수 있다. 첫째, 꿈은 최근에 일어났던 일을 뚜렷이 기억하며 간직한다. 둘째, 꿈은 중요하고 본질적인 부분이 아니라 중요하지 않거나 주변적인 것을 잘 기억하기 때문에 깨어 있을 때와는 다른 기준에 따라 재료를 선택한다. 셋째, 꿈은 어린 시절에 받았던 인상을 마음대로 불러올 수 있으며 잊었다고 생각한 사소하고 하찮은 일까지 모두 사용한다. 결국 꿈의 출처는 최근의 기억과 어린 시절의 기억을 포함하는 모든 경험과 기억이라고 할 수 있다.

이렇게 경험과 기억을 다양하게 엮어서 만들어 내는 꿈 중에서도 전형적인 꿈이 몇 가지 있다. 그중에서도 부모나 형제와 같이 소중한 사람이 죽는 꿈은 꿈의 출처로서 대단히 중요한 의미가 있다. 즉 이들은 어린 시절부터 나의 무의식을 끊임없이 자극해 왔기 때문인데, 성이 같은 부모의 죽음을 통해 자신과 성이 다른 부모를 얻고자 하는 오이디푸스 왕 이야기는 꿈의 출처를 상징적으로 보여 주는 매우 중요한 의미를 갖는다.

프로이트는 오이디푸스 왕 이야기를 통해 무의식의 세계만이 아니라 문명의 기원과 종교의 기원도 설명한다. 문명과 종교에 대해서 자세히 다루지는 않지만 프로이트가 오이디푸스 왕 이야기를 통해 많은 것을 설명하려 한다는 점에서 오이디푸스 욕구는 프로이트의 정신 분석학에서 매우 중요한 개념 중 하나라고 할 수 있다.

1. 꿈은 어린 시절과 연관되어 있다

프로이트는 꿈의 재료와 그 출처에 대해서 최근의 기억과 어린 시절의 기억, 그리고 신체적인 자극으로 크게 분류해서 다루고 있다. 그 가운데 프로이트는 꿈이 어린 시절과 특별하게 연관되어 있다고 주장하면서 자신의 직접적인 체험을 바탕으로 이를 증명한다. 어린 시절의 경험이 꿈의 출처로서 중요하다는 사실은 프로이트가 꿈을 분석하고 해석하는 과정에서 알아낸 것으로, 프로이트는 어린 시절의 경험이 사람의 성격 형성에 영향을 미칠 뿐만 아니라 신경증 등의 요인으로도 작용한다고 말한다.

꿈이 어린 시절과 연관되어 있다는 주장은 프로이트의 무의식 이론과 성 본능 이론을 밑받침하는 근거로도 작용한다. 꿈이 어린 시절과 연관을 맺는 과정에는 최근의 동기가 연결 고리의 역할을 한다. 최근에 일어났던 일들이 어린 시절의 기억과 경험을 자극함으로써 꿈으로 나타난다는 것이다. 즉 어린 시절의 기억과 경험은 사라지는 것이 아니라 기억의 저 깊은 곳에 무의식으로 가라앉아 있다. 그리고 이것이 어떤 계기를 통해 드러나면서 꿈으로 나타나는 것이다.

꿈을 해석하는 과정에서 겉으로 보이는 꿈의 내용을 훨씬 뛰어넘는 잠재적인 꿈을 발견한 이후, 꿈이 드러내는 수수께끼와 모순을 충분히 해결하고 싶은 욕구가 생겨난다. 또한 아직 해명하지 못한 꿈의 기억에 대한 세 가지 특성을 잊지 않고 있다.

첫째, 꿈은 최근 며칠 동안의 인상과 기억을 뚜렷하게 반영한다.

둘째, 꿈은 중요하고 본질적인 것이 아니라 부수적이고 눈에 띄지 않는 것을 기억한다. 그런 까닭에 꿈은 깨어 있을 때의 기억과는 다른 원칙에 따라 재료를 선택한다. 셋째, 꿈은 까마득한 어린 시절의 인상을 마음대로 사용할 수 있으며, 오래 전에 잊었다고 생각한 어린 시절의 작은 일까지 끄집어낸다. 물론 연구자들은 꿈이 재료를 선택하는 이런 특성을 겉으로 보이는 꿈의 내용에서 관찰했다.

하지만 잠재적인 꿈을 생각하면 꿈은 어린 시절과 연관되어 있다는 것을 알 수 있다. 나에게도 어린 시절의 기억이 꿈에 나타나는 경우가 많이 있다. 아버지에게 "아무짝에도 쓸모없다."라는 핀잔을 들었던 경험이 어른이 된 이후에, 소변을 가리지 못하는 아버지 앞에 변기를 대 줌으로써 자신이 쓸모 있는 사람이라는 것을 증명해 보이는 꿈을 꾸게 한다. 또한 기독교인에게 힘없이 당하기만 했던 아버지의 무기력했던 모습이 강하고 용맹한 한니발을 좋아하게 만들었으며, 늙은 농부의 아낙과 시인이 해 주었던 몇 마디 예언의 말들이 나에게 명예욕을 부추기는 계기를 만들어 주었다.

그러나 어린 시절의 인상과 기억이 문제가 된다는 사실은 어떻게 입증할 수 있는가? 사실 그렇게 증명할 수 있도록 조건이 맞아떨어지는 꿈은 아주 드물다. 하지만 몇 가지 사례는 좋은 증거가 된다.

기억하지 못했던 오래전 꿈

모리가 들려준 한 남자의 이야기는 꿈이 어린 시절과 연관되어 있다는 것을 잘 보여 준다. 남자는 20년간이나 고향을 떠나 있었다. 어느 날 남자는 고향으로 향하려던 전날 밤에 아주 낯선 마을에서 낯선 사람을 만나는 꿈을 꾼다. 남자는 그 마을의 거리에 대해서도, 그 낯선 사람에 대해서도 알 수가 없었다. 남자는 고향에 도착하고 난 후에야 그 낯선 마을이 실제로 고향 근처에 있는 곳임을 확인할 수 있었다. 꿈에서 본 낯선 사람 역시 세상을 떠난 아버지의 친구였다. 아버지의 친구는 아직도 고향에 살고 있었다.

꿈을 꾼 사람은 어린 시절에 이웃 마을에 가 보고 아버지의 친구를 보았지만 잊어버리고 있다가 고향을 방문하기 전날 꿈속에서 기억해 낸 것이다. 자신도 기억하지 못하는 어린 시절의 인상을 꿈에서 다시 끄집어낼 수 있는 것은 가능한가? 여기에 긍정의 대답을 해 줄 또 다른 사람이 있다.

내 강의를 듣는 수강생의 꿈이다. 수강생은 자신의 꿈이 왜곡되지 않는다고 자랑하곤 했다. 수강생은 열한 살 때까지 보모의 방에서 보모와 함께 잠을 잤다. 그런데 꿈속에서 보모의 침대에 자신의 옛날 가정교사가 누워 있는 것을 보았다. 수강생은 보모의 침대에 왜 자신의 가정교사가 누워 있는지 의아해하며 형에게 꿈 이야기를 했다. 형은 그 이야기를 듣자마자 빙그레 웃었다. 꿈이 맞는다는 것이다. 그 당시 형의 나이는 여섯 살이었기 때문에 형은 그때의 상황을 잘 기억하고 있었다. 보모와 가정교사는 서로 사랑하고 있었는데 밀회의 장소로 적당한 곳이 없자 어린아이들이 있음에도 불구하고 보모의 방에서 사랑의 행각을 벌였던 것이다. 형에게는 맥주를 먹여 취하게 만들었지만 당시 세 살이던 남자는 자신들의 행위를 방해하지 않았기 때문에 그대로 두었던 것이다.

한편 어린 시절 꾼 꿈이 어른이 된 이후에도 반복해서 나타나는 경우가 있다. 30대의 어떤 의사가 이야기한 꿈이다. 그 의사는 어렸을 때부터 지금에 이르기까지 가끔 노란 사자가 나타나는 꿈을 꾼다. 꿈이 반복되다 보니 노란 사자에 대해서는 사소한 것까지 표현해 낼 정도였다. 그런데 어느 날 이 사자가 실제로 눈앞에 나타났다. 실제 사자가 아니라 장난감 사자였다. 그 장난감은 사기로 만들어져 있었다. 어머니는 이 장난감 사자에 대해 이야기해 주었다. 의사가 어릴 때 가장 좋아한 장난감이었다는 것이다. 본인도 기억하지 못하는 장난감이 꿈속에서 여러 번 나타난 것이다. 마치 장난감이 자신을 잊어버리지 말고 계속 기억해 달라고 요청하는 것처럼 말이다.

소변에 대한 꿈

침대에서 오줌을 싸는 것과 자존심 사이에는 밀접한 관계가 있다. 이 점은 신경증 환자의 정신 분석에서도 자주 나타난다. 내가 일곱 살이었던 어느 날 밤 오줌을 쌌던 기억이 있다. 그 무렵 우리 집에는 부모님이 계실 때는 부모님 침실에서 용변을 보아서는 안 된다는 금기가 있었다. 그런데 그날 밤 나는 그 금기를 어겼다. 내가 부모님의 침실로 들어갔을 때 방 안은 컴컴했지만 어디선가 작은 소리가 났다. 이상한 움직임이 느껴졌다. 부모님이 성교를 하고 있었다. 어린 나는 그 상황을 알아챌 수 없었다. 나는 그저 부모님 곁에 서 있었다. 누군가가 실내에 들어온 것을 알아챈 아버지가 어둠 속에서 나를 쳐다보았다. 나는 방 안에 선 채로 바지에 오줌을 싸 버렸다. 어머니의 품에 안겨서 쌌는지도 모르지만 정확히 확인할 길이 없다. 이를 본 아버지는 나의 어이없는 행동을 비웃으며 말했다.

"이 녀석은 아무짝에도 쓸모없어."

그 말은 틀림없이 내 자존심에 큰 모욕을 주었을 것이다.

성인이 된 후에 나는 기차역에 있는 꿈을 자주 꾸었다. 기차역에서 한쪽 눈이 보이지 않는 남자가 성기를 꺼내 놓고 소변을 보고 있다. 꿈속에서 내가 하는 일은 그 남자의 성기 앞에 변기를 대 주는 일이다. 그 남자는 누구일까? 내가 일곱 살 때 오줌 싼 것을 보고

"이 녀석은 아무짝에도 쓸모없어."라고 말했던 나의 아버지다. 아버지는 실제로 왼쪽 눈에 녹내장이 있었는데 꿈에서 애꾸눈으로 나타난 것이다. 나는 꿈속에서 아버지에게 이렇게 말하고 있는 것 같다.

"보세요, 아버지. 아버지는 앞도 못 보고 소변도 못 가리지만 나는 쓸모 있는 사람이 되었어요. 지금 아버지를 보살펴 드리고 있잖아요. 제가 정말 쓸모없는 사람인가요?"

나는 어른이 되어서야 비로소 어린 시절에 아버지에게 받은 모욕을 꿈속에서 복수했던 것이다.

유대인과 한니발

김나지움(독일 등의 중고등학교) 시절 한니발은 내가 숭배하던 영웅이었다. 그런데 조금 더 자라서 반유대인 움직임과 관련해서 내 눈에 비친 이 유대인 한니발 사령관의 모습은 한층 더 위대하게 보였다. 나의 소년 시절 한니발과 로마는 강인한 유대인의 기질과 가톨릭 교회 제도 사이의 대립을 상징했다. 그래서 로마를 여행하는 꿈은 이런 다른 몇 가지의 소망을 은폐하는 구실을 하는 것이다.

그런데 영웅에 대한 이런 열망은 희한하게도 아버지의 당당하지 못한 모습에서 생겨난 것이다. 내가 열두 살 무렵 아버지는 나를 데리고 산책을 다니셨다. 아버지는 산책 중에 자신의 생각을 들려주시곤 했다. 한번은 내가 자신보다 좋은 시대에 태어났다는 것을 알려주려고 이야기를 꺼내셨다.

"내가 젊었을 때의 일이다. 토요일이었을 거야. 나는 옷을 멋지게 차려 입고 새로 산 털모자까지 쓴 채로 시내 중심가를 산책하고 있었지. 그때 한 기독교인이 달려들더니 갑자기 내 모자를 진흙탕에 내던지면서 소리쳤단다. '이 유대인아, 인도에서 내려서지 못해!'"

"그래서 아버지는 어떻게 하셨어요?"

"나는 그 사람의 말대로 차도로 내려가 모자를 주워들었어."

아버지는 태연하게 대답했다. 하지만 그 대답은 내 손을 잡고 가는 건장하고 키 큰 남자에게 어울리지 않았다. 아버지의 무기력한 모습이었다. 나는 못내 불만스러운 이런 상황을 내 감정에 들어맞는 다른 상황으로 대치했다. 제단에서 한니발의 아버지가 한니발에게 로마에 대한 복수를 맹세하게 한 장면이 그것이다. 그 이후 한니발은 내 환상에서 중요한 자리를 차지했다.

나폴레옹은 알프스를 넘어 한니발의 뒤를 따른다. 나폴레옹이 이렇게 영웅을 숭배하게 된 배경은 나폴레옹이 태어난 후 삼 년 동안 한 살 연상의 소년과 싸우기도 하고 다투기도 하면서 함께 자라난 성장 배경에서 찾을 수 있다. 힘이 약한 소년이 품게 되는 어린 시절의 강해지고 싶은 소망이라고 할 수 있다. 이처럼 꿈을 깊이 분석해 보면 어린 시절에 겪은 체험이 잠재적 꿈의 출처로 중요한 역할을 한다는 사실을 쉽게 알 수 있다.

꿈에서 어린 시절의 사건은 암시의 형태로 나타난다. 그래서 꿈에서 나타나는 이런 암시를 해석해야 어린 시절을 밝힐 수 있다. 어린 시절을 밝히는 일이 쉬운 것만은 아니다. 오래된 일이어서 우리는 어린 시절에 일어난 사건을 기억하지 못한다. 일반적으로 꿈에서 어린 시절의 체험을 추적해 가는 것은 정신 분석을 하는 과정에서 이루어지게 된다. 어른이 되어서 꾸는 잠재적인 꿈을 해석하기 위해서는 어린 시절의 체험을 살펴보아야 한다.

어린 시절의 체험

꿈을 분석해 보면 꿈을 자극하고 꿈을 통해 충족되는 소망조차 어린 시절의 체험에서 유래한다는 것을 확인할 수 있다. 놀랍게도 어린아이는 그때의 충동과 더불어 꿈속에서 계속 살아 있다.

친구 R이 내 삼촌이라고 생각되었던 꿈을 조금 더 분석해 보자. 그 꿈을 통해 내가 객원 교수라는 명예욕에 병적으로 사로잡힌 것임이 증명된다. 그렇다면 그 명예욕은 어디서 생겨난 것일까? 어린 시절 종종 들었던 이야기 때문일지도 모른다. 내가 태어났을 때 어떤 늙은 농부의 아낙이 어머니에게 세상에서 위대한 인물이 될 아이라는 예언을 했다는 것이다. 하지만 그런 예언은 쉽게 들을 수 있다. 기대에 부푼 어머니와 늙은 농부의 아낙은 세상 곳곳에 얼마든지 있기 때문이다. 그런 예언을 한다고 해서 예언하는 사람에게 손해가 될 일도 없을 것이다. 내 명예욕은 여기에서 비롯된 것일까?

내 명예욕이 생겨난 다른 일화가 있다. 청소년 시기의 이야기다. 이 이야기가 내 꿈을 설명하기에는 더 적합해 보인다. 이때 받은 인상이 기억에서 잘 지워지지 않는다. 열한두 살 무렵 부모님은 프라터 공원의 한 음식점으로 나를 자주 데려가셨다. 어느 날 저녁이었다. 테이블 사이를 돌아다니며 제목을 주면 얼마 안 되는 돈을 받고 즉석에서 시를 짓는 한 남자가 우리 눈에 띄었다. 나는 그 시인을 자리로 데려오라는 부모님의 심부름을 하게 되었다. 시인은 나에게 고마움을 표하며 내가 말을 꺼내기도 전에 나를 위해 몇 줄의 시를 지어 주었다. 그리고 훗날 내가 장관이 될 것이라고 예언했다.

나는 이 시인의 예언에서 받은 인상을 아직도 기억하고 있다. 당시는 시민 내각의 시대였고 유대인 소년들은 누구나 열심히 공부하면 장관이 될 수 있다고 생각했다. 그래서 나는 꿈을 통해 음울한 현재에서 벗어나 희망에 부풀었던 그 시절로 돌아가게 된 것이다. 늙은 농부의 아낙과 시인이 나에게 말해 준 '당시의 소망'을 충족하고 있다는 것을 깨닫게 된 것이다.

꿈을 자극하는 소망은 현재의 것이지만 동시에 꿈을 강화시키는 원인은 먼 옛날 어린 시절의 기억인 경우도 있다. 나는 로마에 가 보고 싶다는 생각을 오래 전부터 해 왔다. 그러나 실제로는 몸이 좋지 않아서 여행을 하지는 못했다. 그 때문에 이러한 바람을 꿈을 통해 충족시킬 수밖에 없었다. 한번은 꿈속에서 기차의 차창을 통해 천사의 다리와 티베르 강을 바라보는 꿈을 꾸었다. 기차가 움직이기 시작했고 나는 아직 로마 시내에 발을 내딛지 못했기 때문에 아쉬웠다. 그런데 이 꿈의 풍경은 꿈꾸기 전날 어떤 환자의 화실에서 본 유명한 동판화에서 따온 것이었다.

또 한번은 꿈에서 누군가 나를 언덕 위로 데려갔다. 그 언덕 위에서 안개에 반쯤 뒤덮인 로마를 볼 수 있었다. 언덕에서 로마 시내까지는 꽤 먼 거리였는데도 앞이 매우 뚜렷이 보여서 놀라웠다. 그 꿈의 내용은 내가 묘사한 것보다 훨씬 풍부하고 섬세했다. 내가 안개 속에서 보았던 도시는 뤼벡(프로이트가 당시 살고 있던 도시)이었고 언덕은 글라이헨베르크를 본 뜬 것이다.

세 번째 꿈에서 나는 로마 시내에 있었다. 그러나 실망스럽게도 나는 도시의 정경을 볼 수가 없었다. 시커먼 물이 흐르는 작은 강이 보일 뿐이다. 강 한편에는 검은 바위가 있고 다른 쪽에는 흰색 꽃이 피어 있다. 나는 아는 사람을 발견하고 다가가 시내로 가는 길을 물어보기로 결심한다. 이 꿈에서 내가 알아낸 것은 내가 가 보지도 않은 도시를 꿈에서 보려고 헛고생을 했다는 사실이다. 꿈에서 본 풍경들을 분석하면 강 옆의 검은 바위는 테른 계곡을 상기시키며, 흰색 꽃은 라벤나라는 도시를 암시한다. 내가 가 본 곳을 통해 로마에 가 보고 싶다는 어린 시절의 소망을 강화시킨 것이다.

그 후 나는 로마에 다시 가는 네 번째 꿈을 꾸었다. 길모퉁이에 붙은 독일어로 쓰여진 수많은 광고를 보고 놀라는 꿈이다. 전날 나는 친구에게 독일인 여행객들에게 프라하는 편안하게 머물 수 있는 곳이 아니라는 편지를 썼다. 그래서 프라하보다는 로마에서 만나는 게 좋겠다는 의견과 함께 프라하에서 독일어가 지금보다 많이 사용되었으면 좋겠다고 프라하에 대한 관심을 표현했다. 이러한 관심은 대학 시절에 비롯되었으나, 슬라브 사람들이 많이 모여 사는 작은 마을에서 태어난 나는 어린 시절에 틀림없이 체코어를 이해했을 것이다. 일곱 살 때 외웠던 체코어 동시를 지금도 암송할 수 있다. 따라서 이 꿈도 역시 내가 어린 시절에 받았던 인상들이 복잡하게 얽혀 있다고 하겠다.

어린 시절의 체험과 최근의 동기

최근의 동기와 오랫동안 잊고 있던 어린 시절의 체험이 동시에 꿈의 원인으로 등장하는 다음의 사례를 이야기하면서 이 장을 끝마치려고 한다.

나는 여행 중이었다. 몸은 지치고 배가 고픈 상태로 숙소로 돌아와 잠을 잤다. 피곤에 지친 몸으로 다음과 같은 소망이 나타난 꿈을 꾸었다.

나는 음식을 얻기 위해 부엌으로 간다. 부엌에는 세 명의 여인이 있다. 한 여인은 여관 주인이다. 그 여인은 손에 무엇인가를 굴리고 있다. 경단을 빚는 것 같다. 나는 그 여인이 무엇을 하는지 정확하게 알고 싶었다. 여인은 기다리라고 말한다. 나는 더 이상 기다릴 수 없었기 때문에 기분이 상해 부엌에서 나온다. 부엌에서 나온 후 외투를 입었는데 그 외투는 처음 입어 본 외투로 길이가 길었다. 외투를 벗으려고 하다가 옷깃에 털이 달려 있는 것을 발견하고 조금 놀란다.

외투에는 긴 줄무늬와 터키 양식의 그림이 그려져 있다. 그때 긴 얼굴과 뾰족한 턱수염을 가진 사람이 다가온다. 그 사람은 내가 입은 외투가 자신의 것이라며 외투를 입지 말라고 한다. 나는 그 사람에게 터키 양식으로 수가 놓아진 옷을 보여 준다. 그 사람은 "터키 양식의 그림이나 줄무늬가 당신과 무슨 관련이 있습니까?"라고 물으며 핀잔을 준다. 핀잔을 들었지만 그 사람과 나는 친해진다.

이 꿈을 분석하면서 열세 살 쯤에 읽은 소설이 떠올랐다. 제목과 작가 이름은 기억나지 않지만 마지막 부분은 확실히 생각난다. 주인공은 결국 미치고 세 여인의 이름을 계속해서 불러댄다. 세 여인은 운명을 다스리는 여신이라는 것이 머리에 떠올랐다. 꿈속에서 나타난 세 여인 중 한 사람, 즉 여관 주인은 생명을 주고 최초의 영양분을 주는 어머니라는 것을 알 수 있다. 여성의 가슴은 사랑과 굶주림이 만나는 곳이다. 여성의 아름다움을 숭배하는 한 남성이 갓난아이 때 젖을 먹여 주던 아름다운 유모와 어린 시절을 좀 더 누리지 못한 것을 안타까워했다는 일화가 있다.

꿈에 나오는 여인은 경단을 빚듯이 손바닥을 비빈다. 운명의 여신이 하는 일치고는 특이한 행동이다. 이 행동을 이해하기 위해서 여섯 살 때 어머니에게 처음 공부를 배우던 때의 기억을 설명할 필요가 있다. 어머니는 인간이 흙으로 만들어졌으니 죽으면 다시 흙으로 돌아가야 한다는 말씀을 하셨다. 나는 그 말을 믿을 수가 없었고 어머니의 말을 받아들이려 하지 않았다. 그러자 어머니는 손바닥을 비벼서 거무스레한 때 부스러기를 보여 주셨다. 나는 그 부스러기가 인간을 빚은 흙 부스러기와 같다는 것을 눈으로 직접 확인하고 무척 놀랐다. 그 후에 다음과 같은 말을 들었다. "너는 죽어서 자연으로 돌아간다"(셰익스피어의 《헨리 4세》 중에서).

실제로 내가 부엌에서 만나려고 했던 사람은 어머니다. 어린 시절

나는 배가 고프면 종종 그렇게 부엌을 찾아갔다. 그러면 어머니는 아궁이 옆에서 점심 식사가 준비될 때까지 기다리라고 훈계했고 나는 더 이상 기다릴 수 없어서 부엌을 나왔다.

부엌을 나오면서 꿈 이야기는 내용이 바뀐다. 나는 부엌을 나와 외투를 입는다. 외투는 성교 도구를 의미한다. 또한 외투는 쉽게 드러낼 수 없는 은밀한 행동을 상징한다. 대학교에서 다른 사람의 글을 표절했던 사람이 떠오른다. 그 사람은 표절 때문에 고소당한 적이 있었다. 그래서 그 사람은 꿈에서 외투 도둑으로 나타나고 있다. 실제로 대학 강의실에 한동안 외투 도둑이 나타난 적이 있었다. 내가 외투를 입어 보았다는 것은 내가 외투 도둑으로 누명을 썼다는 이야기다. 하지만 이는 터무니없는 일이다. 나는 매우 행복한 학창 시절을 보냈다. 꿈이었기에 외투 도둑으로 누명을 쓰는 것이 가능했을 것이다. 마침내 나를 지도해 주시던 고마운 플라이슐(플라이슐은 육류를 의미하는 플라이쉬를 연상시킨다) 교수와 연구실이 생각났다.

이렇게 나는 복잡하게 뒤엉킨 사고의 갈래들을 계속 추적해서 분석했다. 외투를 입지 못하게 했던 그 남자는 긴 얼굴과 뾰족한 턱수염을 갖고 있었다. 그 남자는 과거에 아내에게 터키 옷감을 팔던 상인과 비슷하게 생겼다. 그 상인의 이름은 포포비치(독일어 포포는 엉덩이를 의미한다)였다. 이름이 우스꽝스러웠다. 그 상인은 악수하면서 자신의 이름을 말하고는 창피해서 얼굴을 붉혔다. 이름을 가지고 놀리는 것은 어린아이들이나 하는 짓궂은 장난이다. 그런데 내가 그런 장난을 즐긴다면 그것은 보복 행위라고 할 수 있다. 나도 어린 시절에 내 이름을 가지고 하던 그런 야유에 괴로워했던 경험이 있기 때문이다.

앞에서 떠오른 유모와 좀 더 있을 기회를 놓쳐서 아쉬워했다는 남성의 일화는 내가 너무 소극적으로 구는 바람에 좋은 물건을 살 기회를 놓쳤다는 것과 연관이 있다. 그리고 배고픔이 꿈에 불어넣는 사고는 이런 것이다. '부당한 일을 저지르는 한이 있더라도 가질 수 있는 것은 하나도 놓치지 말고 가져야 한다. 기회를 놓쳐서는 안 된다. 인생은 짧고 죽음은 피할 수 없다.' 여기에는 물론 성적인 의도도 들어 있다. 그러나 욕망은 어떤 경우에도 멈추려하지 않기 때문에 '순간을 즐기라.'라고 하는 생각은 검열을 두려워해서 꿈 뒤에 숨을 수밖에 없다.

2. 전형적인 꿈이 있다

　사람들이 자주 꾸는 꿈이 있으며 이 가운데에는 일정한 해석이 가능한 꿈이 있다. 이렇게 꿈의 해석이 가능한 까닭은 그 출처가 정해져 있기 때문이다. 이러한 꿈을 가리켜 전형적인 꿈이라고 하며, 대표적으로 벌거벗고 당황하는 꿈, 소중한 사람이 죽는 꿈, 시험 꿈 등을 들 수 있다. 이 꿈들은 해석이 비교적 쉽다는 장점을 가지고 있다. 대부분의 꿈은 꿈꾼 사람에 따라 꿈의 내용이 다르게 나타나는데 그에 반해 전형적인 꿈은 대부분 비슷한 내용을 가지고 있다. 또한 전형적인 꿈은 꿈을 해석하는 데 있어서도 중요한 의미를 갖는다. 벌거벗고 당황하는 꿈은 우리에게 에덴의 모습을 생각나게 하고, 소중한 사람이 죽는 꿈은 오이디푸스 왕 이야기를 생각나게 하며, 시험 꿈은 학창 시절의 어려움을 떠올리게 하기 때문에 그러하다.

　프로이트는 여기에서 전형적인 꿈을 풍부하게 제시하지 않았지만 다른 장에서 많은 꿈을 제시하고 있다. 대표적인 꿈으로 하늘을 날거나 떠다니는 꿈, 높은 곳에서 떨어지는 꿈, 수영하는 꿈이 있다. 이러한 꿈들도 전형적인 꿈으로 분류할 수 있으므로 원래 장에는 포함되어 있지 않지만 함께 실었다.

　꿈을 꾼 당사자가 꿈 내용에 드러나지 않은 무의식적 사고를 알려주지 않으면, 우리는 그 사람의 꿈을 해석할 수 없다. 그렇기 때문에 실제로 꿈을 분류하려고 해도 해석이 되지 않아 이용할 수 없는 경우가 많다. 그러나 자신의 꿈 세계를 다른 사람들이 이해할 수 없도록 왜곡시켜 꾸는 꿈과는 반대로, 거의 누구나 비슷하게 꾸는 꿈도 많이 있다. 그러한 비슷한 꿈들은 모든 사람에게 비슷한 의미를 갖는다. 이를 가리켜 우리는 전형적인 꿈이라고 말한다. 이러한 전형적인 꿈은 누구한테나 비슷하게 나타나며 비슷한 일들 때문에 생겨난다. 그렇기 때문에 꿈이 어떻게 생겨났는지 출처를 밝히기가 쉽다는 점에서 이러한 꿈들은 특별한 관심을 불러일으킨다.

벌거벗고 당황하는 꿈

우리는 종종 낯선 사람들 앞에서 옷을 벗거나 흐트러진 옷차림을 하고 있는 꿈을 꾸기도 한다. 꿈에서 수치심과 당혹감을 느끼고 도망치거나 숨으려 하지만 꼼짝할 수 없으며 난처한 상황을 바꿀 수도 없다. 이 꿈은 이런 상황과 결합되어야만 전형적인 꿈이 된다. 그 밖에 이런저런 다른 것들과 결합하거나 다른 내용이 첨가될 수 있다. 대개의 경우 자신의 벗은 몸을 감추려 하지만 끝내 뜻을 이루지 못하고 부끄러움과 곤혹스러움을 느끼게 된다. 나는 독자들의 대부분이 꿈에서 이와 같은 상황에 놓였던 경험이 있으리라고 생각한다.

꿈에서 옷을 어느 정도 벗었는지는 별로 중요하지 않다. 내의만 입고 있었다거나 치마만 입었다는 말은 사실상 정확하지 않다. 대부분의 경우 옷을 벗은 모습은 분명하지 않아서 "나는 내의만 입고 있었거나 치마만 입었지요."와 같이 둘 중의 하나를 선택하는 형태로 나타난다.

일반적으로 꿈속에서는 수치심을 느낄 정도로 심하게 흐트러진 옷차림은 아니다. 군인의 경우 벌거벗는 대신 흔히 규정에 어긋나는 복장으로 대치된다. "나는 칼을 차지 않고 길을 가다가 장교들이 다가오는 것을 보았다."라든가 혹은 "옷에 휘장을 달지 않았다."라든가, "체크무늬가 있는 사복을 입고 있었다."와 같은 식이다.

꿈꾸는 사람이 부끄러움을 느끼게 되는 경우에 함께 있는 사람들의 대부분은 언제나 낯선 사람들이다. 전형적인 꿈에서는 꿈꾸는 사람을 매우 당황하게 만드는 복장에 시선이 집중되거나 그로 인해 비난받는 일은 일어나지 않는다. 이와는 반대로 사람들은 무관심하거나 또는 엄숙한 표정을 짓는다.

꿈꾼 사람은 부끄러움 때문에 당황하며, 낯선 사람들은 무관심하기 때문에 무표정하다. 꿈꾸는 사람의 감정을 생각한다면 낯선 사람들이 놀라서 바라보거나 비웃거나 또는 노여워해야 마땅할 것이다. 그러나 불쾌한 측면은 소망 충족에 의해 제거되고 당혹감은 어떤 다른 힘에 의해서 남아 있다. 그 결과 불쾌감과 당혹감은 서로 일치되지 않는다. 소망 충족에 의해서 부분적으로 꿈은 왜곡되며 그렇게 해서 꿈은 올바르게 이해되지 않는다.

이와 같이 왜곡된 꿈은 안데르센의 동화 〈벌거벗은 임금님〉에서도 잘 나타난다. 이 동화는 임금님을 위해 훌륭한 옷을 짓는 두 명의 사기꾼에 관한 이야기다. 사기꾼들은 그 옷이 착하고 성실한 사람들의 눈에만 보인다고 말한다. 보이지 않는 옷을 입은 임금님은 외출을 하고, 백성들은 사람의 마음을 시험하는 옷의 위력에 놀라 임금님이 벌거벗은 것을 모르는 척한다. 그런데 이것이 지금 말하려는 꿈의 상황과 같다. 사기꾼은 꿈이고 임금님은 꿈꾸는 사람 자신이다. 꿈에서 도덕적인 경향은 억압되어 금지된 소망(벌거벗고 싶은 욕망)이 꿈의 내용을 이룬다.

신경증 환자들을 분석하는 과정에서 이런 꿈들이 등장하는 배경에는 어린 시절의 기억이 작용하고 있다는 것을 알 수 있었다. 우리가 옷을 다 입지 않고서 가족과 보모, 하녀와 방문객들 앞에 나설 수 있는 때는 오로지 어린 시절뿐이다. 그때는 부끄러워하지 않았다. 대부분의 아이들은 나이가 조금 더 들어서도 옷을 벗고 수치심을 느끼는 것이 아니라 오히려 즐거워한다. 아이들은 웃으며 뛰어 다니고 자신의 몸을 두드린다. 그러면 옆에 있는 어머니나 누군가가 아이들을 나무라면서 "쉿, 그것은 창피한 일이야. 그러면 안 돼."라고 말한다. 이와 같은 어릴 때의 경험이 벌거벗고 당황하는 꿈을 만들어 낸다.

벌거벗고 당황하는 모습은 자연스럽게 극복되어야 하며 만약 당황하게 되어 문제가 생긴다면 이는 편집증이나 노출증의 모습으로 신경증을 일으킬 수 있다. 편집증은 자신이 옷을 갈아입는 것을 누군가가 볼 것에 두려워하며 항상 불안해하는 증상을 말하며, 노출증은 자신이 벗은 모습을 상황에 상관없이 보여 주고 싶어 하는 증상을 말한다. 편집증과 노출증이 생기지 않도록 꿈은 어느 정도 소망을 충족시키며 드러내어 준다.

훗날 되돌아보면 수치심을 모르는 어린 시절은 낙원처럼 보인다. 낙원은 개개인의 어린 시절에 대한 집단적 환상이다. 그렇기 때문에 인간은 낙원에서 벌거벗고 있으며, 그러면서도 서로에게 부끄러워하지 않는다. 그러다가 이윽고 수치심과 두려움에 눈을 뜨는 순간이 온다. 인간은 낙원에서 추방되어 성생활과 문화생활을 시작하는 것이다. 꿈은 밤마다 우리를 어린 시절의 낙원으로 데려갈 수 있다. 어린 시절에 받은 인상들이 꿈의 내용을 형성한다. 꿈이 되풀이되면서 소망이 충족된다. 따라서 벌거벗는 꿈은 일종의 노출 꿈이다.

노출 꿈의 핵심은 자기 자신의 모습과 흐트러진 옷차림이다. 자신의 모습은 어린 시절이 아니라 현재의 모습으로 나타나고, 흐트러진 옷차림은 뒤에 옷을 입은 많은 기억들과 겹쳐지거나 꿈의 검열로 인해 모호한 형태로 드러난다. 여기에 노출한 사람을 부끄럽게 만드는 사람들이 등장한다. 하지만 어린 시절 실제로 자신의 노출 광경을 본 사람들이 꿈에 다시 등장하는 사례는 지금까지 한 번도 없었다.

꿈은 결코 단순한 회상이 아니다. 기이하게도 어린 시절 우리의 성적 관심을 끌었던 인물들은 꿈과 히스테리, 강박 신경증에는 모습을 드러내지 않는다. 편집증에는 낯익은 구경꾼이 등장한다. 간혹 편집증은 낯익은 구경꾼의 모습이 보이지 않는데도 그 사람들이 그 자리에 있다고 믿는다. 그러나 꿈에서는 낯익은 사람이 아니라 많은 낯선 사람들이 등장한다. 낯선 사람들은 눈앞에서 벌어지는 구경거리에 관심이 없다. 이들은 몸을 노출시킨 사람의 소망이 만들어 낸 대립물이다. 꿈꾼 사람은 당황하는데 낯선 사람들은 무관심하다. 꿈꾼 사람은 이런 대립적인 위치에 있는 사람을 원한다.

또한 꿈속의 낯선 사람들은 다른 관계에서도 자주 등장한다. 그 사람들은 언제나 꿈꾸는 사람이 소망하는 대립물로서 '비밀'을 의미한다. 편집증에서 낯선 사람들에 어떤 의미가 있는지 살펴보면 이 대립물에 어떤 의미가 있는지도 잘 드러난다. 편집증에서 당사자는 혼자 있지 않고 누군가 지켜보는 사람이 있다. 목격자는 이상하게도 분명치 않은 낯선 사람들이다.

소중한 사람이 죽는 꿈

전형적이라고 부를 수 있는 또 다른 꿈은 친척이나 부모, 형제자매, 자녀 등 소중한 사람이 죽는 꿈이다. 이 꿈은 두 부류로 구분해야 한다. 하나는 전혀 슬픔을 느끼지 않아 깨어난 후 자신의 무정함에 놀라고 의아하게 여기는 꿈이다. 그리고 다른 하나는 죽음을 몹시 비통해하며 자는 동안 격렬하게 울음을 터뜨리는 꿈이다.

첫 번째 부류의 꿈은 전형적인 꿈이 아니다. 이런 꿈을 전형적으로 다루어야 할 아무런 이유가 없다. 그러한 꿈은 표현하는 내용과는 다른 의미를 지니고 있으며, 다른 소망을 은폐하기 위한 사명을 띠고 있는 것이다. 지극히 개인적인 이유로 이런 꿈을 꾸는 경우가 많기 때문이다. 언니의 외아들이 죽어 관 속에 누워 있는 광경을 보는 꿈이 그런 경우다. 이모가 어린 조카의 죽음을 바라지는 않는다. 여기에는 다만 오랫동안 보지 못했던 사랑하는 사람을 다시 만나고 싶은 소망이 은폐되어 있을 뿐이다. 과거에도 이와 비슷하게 다른 조카의 죽음으로 인해 그 사람과 다시 만난 적이 있기 때문이다. 꿈의 실제 내용을 이루는 이러한 소망은 슬퍼할 이유를 제공하지 않는다. 그 때문에 꿈속에서 전혀 슬픔을 느끼지 못하는 것이다. 여기에서도 꿈속에서 느끼는 감정은 겉으로 드러난 꿈 내용이 아니라 잠재적인 꿈 내용에 속한다는 것을 알 수 있다. 꿈속의 감정은 드러난 꿈의 내용과는 달리 꿈의 사고 과정에서는 왜곡되지 않는다.

사랑하는 사람의 죽음 앞에서 비통한 감정을 느끼는 꿈은 이와 다르다. 이 꿈은 내용이 말하는 대로 관계된 사람이 죽었으면 하는 소망을 의미한다. 소중한 사람이 죽는 꿈은 매우 전형적인 꿈이다. 부모의 사랑을 빼앗아 가는 형제를 경쟁자로 생각해서 그 형제가 죽기를 바라는 아이의 소망이 꿈으로 나타나기도 한다. 그렇다고 누군가가 부모나 형제자매가 죽는 꿈을 꾸었다고 해서 지금 그 사람들이 죽기를 원한다는 증거로 이용해서는 안 된다. 꿈의 이론은 그렇게 많은 것을 포괄하는 개념이 아니다. 단지 그 사람이 언젠가 어렸을 때 부모나 형제자매의 죽음을 바란 적이 있었다고 추론하는 정도가 맞을 것이다. 어린아이들이 자신의 형제자매와 맺고 있는 관계에 주목할 필요가 있다.

나는 세 살 6개월 된 한스라는 아이의 공포증을 분석한 적이 있다. 한스는 여동생이 태어난 직후 소리쳤다.

"나는 동생이 싫어요!"

일 년 반 후 신경증에 걸린 한스는 어머니가 동생을 목욕시킬 때 동생을 욕조에 빠뜨려서 죽여 버렸으면 좋겠다는 자신의 소망을 솔직하게 털어놓았다. 그러나 마음속에 있는 욕망과 달리 한스는 여동생을 사랑하고 잘 보살펴 주는 행동을 했다.

어린아이는 갑자기 태어난 동생과 같은 낯선 존재로 인해 자신이 받게 될 피해를 정확히 계산할 수 있다. 나와 친분이 있는 어떤 부인은 현재 네 살 아래의 여동생과 절친하게 지내고 있다. 그런데 그 부인은 어린 시절 자신에게 동생이 생겼다는 소식을 들었을 때 이렇게 말했다고 한다.

"그래도 동생에게 내 빨간 모자는 주지 않을 거야."

어린아이가 미처 깨닫기 전에 적대적인 감정이 이미 마음속 깊이 자리 잡은 것이다. 나는 세 살이 안 된 여자 아이가 요람 속에 있는 젖먹이를 목 조르려고 한 일을 알고 있다. 그 여자 아이는 새로 태어난 아기가 자신에게 전혀 득이 되지 않는다는 사실을 알아챈 것이다. 그런데 이 어린 젖먹이 동생이 실제로 사라져 버렸고, 여자 아이는 다시 집안의 귀여움을 독차지했다. 그러나 곧 새로운 동생이 태어났다. 이 여자 아이가 다시 귀여움을 독차지하기 위해서 새로운 경쟁자가 그 전의 경쟁자처럼 되었으면 좋겠다고 바라는 것이 잘못일까? 물론 정상적인 상황에서 갓 태어난 아기에 대한 질투심은 단순히 나이 차이에서 오는 결과다. 만약 나이 차이가 많이 나는 경우라면 손위 여자 아이는 연약한 신생아를 보고 보호해야 한다는 모성적 본능을 먼저 느낀다. 그러나 어린 시절 형제자매에 대한 적대감은 어른들이 알아챈 것보다 훨씬 자주 일어난다.

예를 들자면 내가 아는 여성 환자들은 형제자매에 대한 적대감이 커지면서 거의 모두 형제자매가 죽는 꿈을 꾸었다. 물론 예외도 있었지만 꿈을 다시 해석한 결과 여기서도 일종의 규칙을 발견할 수 있었다. 나는 언젠가 심리 분석 도중에 이런 경우에 대해서 어떤 부인에게 설명해 주었다. 그 부인의 증상을 볼 때 형제자매와의 관계에서 문제가 발생했다고 생각했기 때문이다. 그러나 놀랍게도 부인은 그런 꿈을 한 번도 꾼 적이 없다고 말했다. 그러나 이와 관련이 없어 보이는 다른 꿈이 갑자기 그 부인의 머리를 스쳤다. 부인이 네 살 때 꾼 꿈으로 당시 그 부인은 형제 중 막내였다.

한 무리의 어린아이들이 풀밭에서 뛰어놀고 있었다. 모두 자신의 언니, 오빠, 사촌 형제들이었다. 그런데 갑자기 그들에게 날개가 생기더니 하늘 위로 날아가 버렸다.

이후로도 그 꿈은 계속되었다. 부인은 꿈의 의미를 전혀 짐작하지 못했지만, 이 꿈이 검열의 영향을 거의 받지 않은 거의 원래 모습 그대로의 형제자매들이 죽는 꿈이라는 사실을 쉽게 알 수 있다. 나는 이 꿈을 다음과 같이 분석한다. 아마 어린아이들 가운데 한 명이 죽었을 때 당시 네 살이었던 부인은 어른들에게 물었을 것이다.
"어린아이들이 죽으면 어떻게 되나요?"
그리고 부인은 어린아이들이 죽으면 날개를 단 천사가 된다는 이야기를 들었을 것이다. 이런 설명을 듣고 난 다음 형제들이 모두 천사처럼 날개를 달고 날아가 버리는 꿈을 꾼 것이다. 여러 명의 아이들 중에서 꿈을 꾼 여자 아이만 혼자 남는 것을 생각해 보라! 어린아이들이 초원에서 뛰어놀다 날아가는 것이 나비를 암시한다고 생각하면 거의 틀리지 않는다. 고대 사람들이 나비의 날개로 영혼을 만들려고 생각했던 것처럼 사고의 흐름이 이러한 생각으로 아이를 유도한 것처럼 보인다.

어린아이는 죽음에 대한 두려움을 잘 알지 못한다. 그래서 죽음이라는 낱말을 가지고 무서운 장난을 치고, 다른 아이에게 다음과 같이 위협하기도 한다.

"너 한번만 더 그러면 프란츠처럼 죽을 거야."

이 말을 들은 어머니는 소름이 돋는다. 어머니는 세상에 태어난 인간의 반 이상이 어린 시절을 넘기지 못하고 죽는다는 사실을 잘 알고 있기 때문이다. 여덟 살까지만 해도 어린아이는 자연사 박물관을 구경한 다음 집에 돌아와서 어머니에게 이렇게 말한다.

"엄마, 난 엄마가 너무 좋아요. 그래서 이 다음에 엄마가 죽으면 늘 엄마를 볼 수 있게 엄마를 박제해서 방 안에 놓아 둘 거예요!"

죽음에 대한 어린아이의 생각은 이렇게 어른과는 다르다. 더구나 죽음을 앞두고 고통스러워하는 모습을 보지 못한 어린아이에게 죽음은 '떠난다' 혹은 살아 있는 사람을 더 이상 방해하지 않는다는 의미밖에 없다.

형제자매가 죽는 꿈과는 달리 부모가 죽는 꿈에서 죽는 쪽은 주로 꿈꾸는 사람의 성별과 같은 쪽이다. 다시 말해서 대부분 남성은 아버지의 죽음을, 여성은 어머니의 죽음을 꿈꾼다. 이것이 꼭 일반적인 규칙이라고 볼 수는 없지만 대부분 이런 경우가 많다.

즉 인간은 어느 한쪽의 성을 좋아하는 경향을 일찍부터 갖는다. 때문에 소년은 아버지를, 소녀는 어머니를 사랑의 경쟁자로 보고 이 경쟁자를 제거하면 자신에게 유리할 것이라고 생각한다.

이런 생각을 끔찍하다고 비난하기 전에 부모와 자식 사이의 현실적 관계에 주목할 필요가 있다. 부모와 자식 관계에는 적대감을 불러일으키는 동기가 한 가지 이상 숨어 있다. 먼저 아버지와 아들의 관계를 자세히 살펴보자. 예로부터 내려오는 신화와 전설에는 아버지의 권력과 권력의 냉혹함에 대한 부정적인 이야기가 많다. 어미 돼지가 낳은 새끼들을 수돼지가 먹어 치우듯이 크로노스는 자신의 아이들을 뱃속에 삼키고, 제우스는 아버지를 내쫓고 그 자리를 차지한다. 고대의 가족 안에서 아버지가 절대적인 권력을 휘두를수록 아들은 아버지에게 적대적인 감정을 가지고, 아버지의 죽음을 앞당겨 직접 가족을 지배하고 싶어 했을 것이다.

지금 사회에서도 아버지는 아들에게 스스로 결정하고 자신을 키울 수 있는 수단을 주지 않아, 아버지에 대한 적개심이 자연스레 싹트도록 하는 경우가 많다. 죽어가는 환자를 돌보는 의사들은 아버지가 죽어서 슬퍼하기보다는 아버지의 간섭에서 벗어나 마침내 자유를 얻게 되어 기뻐하는 아들의 모습을 자주 보게 된다. 그런데도 오늘날의 아버지들은 거의 골동품이 되어 버린 가장으로서의 권리를 움켜쥐기 위해 무척이나 애를 쓰고 있다. 그래서 입센처럼 예로부터 전해 오는 부자지간의 투쟁을 소재로 작품을 쓰는 작가들은 거의 모두 성공을 확신할 수 있었다.

성에 대한 선호는 부모에게 먼저 나타난다. 아버지는 자연스럽게 어린 딸을 귀여워하고 어머니는 아들 편을 들게 된다. 어린아이들은 부모의 사랑을 즉시 눈치 채고 이런 사랑에 반대하는 부모에게 반항한다. 어린아이가 어른에게 사랑받는다는 것은 자신의 욕구를 충족시킬 뿐 아니라, 모든 일을 자기 뜻대로 할 수 있음을 의미한다. 그래서 어린아이는 자신의 욕구 충족을 위해 어느 한쪽 부모를 선택하는 경우가 있다. 이때 어린아이는 자신의 성적 충동에 따라 부모를 선택하며, 자신의 부모에게 받은 자극을 그대로 되풀이하는 행동을 한다.

그러나 어린아이에게 나타나는 애정의 징후에 대해서 부모는 그냥 지나치기 쉽다. 그중 몇 가지는 어린 시절이 지나간 다음에도 눈에 띨 수 있다. 내가 아는 여덟 살 소녀는 항상 어머니가 식탁에서 자리를 뜨면 자신이 어머니의 후계자라고 말한다.

"이제 내가 엄마야. 카를, 야채 더 먹을래? 좀 더 먹으렴."

그리고 아주 똑똑하고 발랄한 네 살 소녀에게서도 이런 면이 분명하게 나타난다. 그 아이는 솔직하게 말한다.

"엄마는 어디로 가 버릴지 몰라요. 엄마가 가 버리면 그때 아빠는 나와 결혼해야 해요. 내가 아빠의 부인이 될 거예요."

아버지가 여행을 간 사이에 어머니 옆에서 잠을 잘 수 있게 된 소년이 있다. 이 소년은 아버지가 여행에서 돌아온 후 어머니의 옆 자리를 다시 뺏기게 된다면, 사랑하는 어머니의 옆 자리를 차지하기 위해 아버지가 영영 여행에서 돌아오지 않기를 바랄 수도 있다. 이 소년의 소망 충족이 아버지의 죽음이라는 것은 확실하다. 아이들은 죽음을 심각하게 생각하지 않으며, 단지 떠나간 사람이 돌아오지 않는 거라고 여긴다. 할아버지의 죽음을 겪은 아이들은 죽은 사람이 한번 집을 떠나면 다시는 돌아오지 않는다는 것을 경험을 통해 알고 있다.

시험 꿈

졸업 시험을 치르고 졸업한 사람이라면 누구나 시험에 떨어져서 낙제하는 불안한 꿈에 시달렸을 것이다. 박사 학위를 딴 사람들에게 이 꿈은 구두시험에 합격하지 못했다고 비난하는 꿈으로 대치된다. 꿈속에서 이 시험이 오래전의 일이라고 항의해 보아도 소용 없다. 개업한 의사나 대학 강사, 관청의 관리에게도 예외가 아니다. 우리에게는 어린 시절 잘못을 저지르고 벌을 받았던 수많은 기억들이 있다. 학창 시절의 중요한 고비였던 이 기억들이 엄중한 시험이라는

'심판의 날'을 계기로 우리 안에서 활발하게 되살아난다.

신경증 환자들의 시험에 대한 공포도 이러한 어린 시절의 두려움을 통해 강화된다. 학교를 졸업하고 어른이 된 이후 이제 더 이상 우리를 징계하는 사람은 옛날의 부모님이나 가정교사가 아니다. 책임감이라는 가혹한 고리가 우리를 엮어 맨다. 무엇인가를 잘못해서 또는 제대로 해내지 못해서 벌을 받을 것이라고 예상될 때마다, 책임의 압박을 느낄 때마다, 우리는 졸업 시험이나 박사 학위 구두시험을 치르는 꿈을 꾼다. 그 시험에서 자신감에 넘쳐 겁먹지 않는 사람이 어디 있을까?

내가 시험을 치르는 꿈을 깊이 해명할 수 있게 된 것은 경험 많은 동료인 빌헬름 슈테켈 덕분이었다. 빌헬름 슈테켈은 졸업 시험을 치르는 꿈은 시험에 합격한 사람들만 꾼다고 지적했다. 시험에 떨어진 사람들은 시험 꿈을 꾸지 않는다는 것이다. 따라서 시험을 치르는 꿈은 심한 불안이 사실은 잘못된 것이라는, 결과를 통해 이미 반박되었던 내용을 과거에서 찾는 일이라고 할 수 있다. 이는 깨어 있는 동안의 심리적 장치가 꿈의 내용을 오해하게 하는 뚜렷한 사례일 것이다. 나는 이미 박사가 되었다고 격분하며 항의하는 꿈의 내용은 사실 꿈이 선사하는 위로라고 할 수 있다. 그러나 우리가 꿈의 탓으로 돌리는 이 불안은 낮의 잔재에서 온 것이다.

내 경우도 그렇지만 다른 사람의 경우에도 이 설명은 정확하게 맞아떨어졌다. 예를 들어 나는 박사 학위 구두시험을 치를 때 법의학 과목에서 낙방했다. 이 과목은 한 번도 꿈에서 나를 괴롭힌 적이 없었던 반면 식물학이나 동물학, 화학 시험을 치르는 꿈은 아주 자주 꾸었다. 이 과목들은 자신이 없어 불안한 마음으로 시험에 임했지만, 운이 좋았던지 아니면 시험관의 호의 때문이었는지는 몰라도 무사히 시험에 통과한 과목들이다. 고등학교 때는 당시 훌륭한 성적으로 합격했던 역사 과목의 시험을 치르는 꿈을 늘 꾸었다. 그러나 그것은 단지 내 존경하는 은사가 내가 제출한 답안지에서 세 문제 가운데 두 번째 문제를 너무 고집하지 말라고 암시하기 위해 손톱으로 지운 자국을 알아보았기 때문이었다.

내 환자 중에 고등학교 졸업 시험을 포기했다가 후에 다시 치러 합격했지만, 장교 시험에는 떨어져 끝내 장교가 되지 못한 사람이 있다. 그 사람은 졸업 시험을 치르는 꿈은 자주 꾸지만 낙방한 장교 시험을 치르는 꿈은 한 번도 꾸지 않았다고 이야기했다. 시험을 치르는 꿈에서는 자신 있는 과목을 시험 치를 때의 상황이 나타난다.

시험을 치르는 꿈은 벌써 나이가 들 만큼 들었고 인생을 그렇게 많이 살았음에도 여전히 어린아이 같은 짓을 하고 있다는 자신에 대한 비난이 들어 있다. 반반 섞인 자기 비난과 위로가 시험 꿈의 잠재적인 내용과 서로 맞아떨어진다고 할 수 있다. 졸업 시험을 치르는 꿈을 최초로 분석한 슈테켈은 이 꿈이 성적인 시험 및 성숙과 관계가 있다는 견해를 지지했다. 나는 이것이 사실이라는 점을 여러 차례 확인할 수 있었다.

그 밖의 전형적인 꿈

하늘을 날거나 떠다니는 꿈, 높은 곳에서 떨어지는 꿈, 수영하는 꿈 등은 전형적인 꿈에 속한다. 이 꿈들은 어떤 의미를 가지고 있을까? 이러한 꿈들이 나타나는 모습은 제각각이지만 신기하게도 꿈이 생기는 원인은 모두 같다.

정신 분석을 통해서 알게 된 것은 이런 꿈들 역시 어린 시절 습관적으로 했던 행동을 생각해 내고 그 기억을 반복한다는 것이다. 다시 말해서 이런 꿈들은 어린아이들이 예전에 매우 좋아하던 놀이와 관계가 깊다. 삼촌은 두 발로 아이를 높이 안아 비행기를 태워 준다. 그러고는 아이를 무릎에 올려놓고 받쳐 주지 않는 척하면서 떨어뜨리는 놀이를 한다. 이런 놀이를 하면 아이들은 환호성을 지르면서 계속 하자고 조른다. 특히 조금 무섭거나 어지러우면 더욱 좋아한다. 그 후 몇 년이 지난 다음 그 놀이는 꿈속에 다시 나타난다. 그러나 꿈에는 아이를 받쳐 주는 삼촌의 손이 사라지고, 스스로 자유롭게 하늘을 날아다니거나 떨어진다. 그 이후에 서커스 곡예를 보고 나면 기억이 새로워지고 꿈에서 능수능란하게 서커스 곡예를 할 수 있다.

또한 놀이가 성적 감각을 일깨우는 경우도 흔히 있다. 어린 시절의 '쫓아다니기 놀이'는 날고 떨어지며 어지러움이 드는 등의 꿈으로 나타난다. 예전에 그런 놀이를 하면서 느꼈던 즐거움이 꿈속에서는 불안으로 바뀐다. 실제로도 어린아이들이 쫓아다니기 놀이를 할 때 싸움과 울음으로 끝나는 것이 거의 대부분이다.

어린아이들이 상하나 좌우로 흔드는 놀이를 좋아한다는 것은 잘 알려져 있다. 냉정한 꿈 실험가 몰리 볼드가 떠다니는 꿈을 에로스(끊임없이 삶을 활성화시키는 삶의 본능)의 관점에서 해석하는 것을 지지했다는 점은 놀랄만한 사실이다. 몰리 볼드는 에로스가 떠다니는 꿈의 가장 중요한 동기라고 지적한다. 그 근거로 떠다니는 꿈은 육체의 에너지가 충만할 때 그리고 발기를 하거나 몽정을 할 때 꾸는 경우가 많다는 것이다.

추락하는 꿈은 불안을 의미하는 경우가 많다. 여성들에게서 나타나는 이 꿈은 해석하기가 쉽다. 여성들은 성욕을 자극하는 유혹에 굴복할 때 추락을 상징적으로 사용한다. 이 점에는 거의 예외가 없다. 추락하는 꿈이 어린 시절의 어떤 행동 때문에 생겨나는지는 정확하게 밝혀지지 않았다. 그것은 아마도 어린 시절에 떨어져 본 경험 때문일 것이다. 어린아이들은 거의 모두 떨어져 본 경험이 있다.

어린아이가 쓰러지면 누군가 들어 올리고 껴안아 준다. 예를 들어 어린아이가 밤에 침대에서 떨어지면 보모가 안아 올리고 침대에 눕힌다.

사람들은 수영하는 꿈을 꾸기도 한다. 파도를 가르며 나아가며 즐거움을 느낀다. 수영하는 꿈을 자주 꾸는 사람들은 대게 어린 시절 침대에 오줌을 싸던 사람들이다. 그 사람들은 오래전 포기했던 쾌감을 꿈에서 재현한다. 불이 타는 꿈은 밤에 오줌을 싸지 않으려면 불장난을 하지 말라는 가르침 때문에 생겨난다. 즉 어린 시절 야뇨증에 대한 두려움이 생기고 이에 대한 반작용으로 불이 타는 꿈을 꾸는 것이다.

여러 사람들에게 동일한 내용의 꿈이 자주 반복되는 것을 전형적인 꿈이라고 이해한다면, 그러한 꿈들은 얼마든지 더 열거할 수 있을 것이다. 그런 사례로 좁은 골목길을 걸어가거나 늘어선 방들을 가로질러 가는 꿈, 밤에 도둑이 드는 꿈, 사나운 짐승에게 쫓기거나 칼이나 창으로 위협받는 꿈 등이 있다.

이런 전형적인 꿈 가운데 소중한 사람이 죽는 꿈은 자신의 아버지를 죽이고 어머니와 결혼하는 오이디푸스 왕 이야기와 연결된다.

3. 꿈에서 오이디푸스 왕 이야기는 중요한 의미를 가진다

《오이디푸스 왕》은 그리스의 비극 작가 소포클레스가 쓴 작품이다. 소포클레스는 고대 그리스 신화를 바탕으로 이 작품을 썼다. 작품 속의 오이디푸스는 자신의 아버지를 죽이고 자신의 어머니와 결혼할 운명을 타고 났으며, 이를 피하고자 하지만 결국은 그 운명대로 자신도 모르는 상태에서 아버지를 죽이고, 어머니를 아내로 맞아 왕으로 살아간다. 하지만 나중에 자신이 저지른 죄를 알게 되고 죄책감에 시달리다가 자신의 눈을 뽑고 처참한 삶을 살아간다.

이 이야기는 당시의 그리스인뿐만이 아니라 우리에게도 충격을 준다. 그 이유는 오이디푸스 왕 이야기에 무엇인가 우리 운명과도 같은 힘이 들어 있음을 느끼기 때문이다. 실제로 우리도 어머니에게 성적 자극을 느끼며, 아버지에게 증오심을 느낀 경험이 있다.

물론 이러한 경험은 어린 시절에 생겨났던 것으로 어린 시절의 소망에 불과할지도 모른다. 어른이 되면서 우리는 어머니에 대한 성적 자극을 간직하지 않으며, 아버지에 대한 질투심도 잊어버린다. '오이디푸스 욕구'를 계속 간직하게 된다면 아마도 우리는 신경증 환자가 되어 버릴 것이다. 그럼에도 불구하고 오이디푸스 욕구가 완전히 사라졌다고는 볼 수 없다. 우리의 드러나지 않은 본능 가운데 이러한 욕구가 내재해 있기 때문이다. 오이디푸스 욕구는 인간에게 전형적으로 나타나는 의미 있는 욕구다.

프로이트는 이 오이디푸스 욕구에 강한 의미를 부여했다. 모든 인간은 어린 시절 오이디푸스 욕구를 갖게 되며 누구나 한번쯤 이 욕구를 경험한다고 한다. 그리고 오이디푸스 욕구를 극복해야 심리적 안정을 찾을 수 있다고 한다. 이 장에서는 오이디푸스 왕 이야기가 어떤 것인지 그리고 어떤 의미를 지니고 있으며 오이디푸스 욕구는 어떻게 극복될 수 있는지를 살펴볼 것이다.

지금까지의 수많은 경험에 따르면 어른이 되어 신경증을 앓게 되는 어린아이들의 정신생활에서 부모는 중대한 역할을 한다. 어린 시절에 형성된 부모 가운데 어느 한쪽에 대한 사랑과 다른 한쪽에 대한 증오심은 뒷날 신경증 증상에서 아주 중요한 심리적 자극의 재료가 된다.

그러나 나는 신경증 환자들이 다른 정상적인 사람들과 확실히 구분된다고 생각하지는 않는다. 부모를 향한 애정 어린 소망이나 적대적인 소망은 대다수의 어린아이들에게도 나타난다. 다만 신경증 환자의 경우에는 정도가 더 심하고 뚜렷하기 때문에 눈에 더 잘 띈다고 할 수 있다.

이러한 내용을 뒷받침하는 재료로 예로부터 내려오는 오이디푸스 왕 이야기가 있다. 이 이야기는 강력하고 보편타당한 영향력을 가진 것으로 판단된다. 오이디푸스 욕구는 어린 시절 누구나 경험할 수 있다는 전제 조건이 보편타당성을 가질 때 더욱 강력한 의미를 지니게 된다.

오이디푸스 왕 이야기

오이디푸스 왕 이야기는 아버지를 죽이고 어머니의 사랑을 독차지하고 싶은 어린아이의 심리와 연결되어 있다. 즉 부모 중 어느 한쪽을 성적으로 좋아하는 경향이 일찍부터 눈을 떠 소년은 아버지를, 소녀는 어머니를 사랑의 경쟁자로 보고 이 경쟁자를 제거하면 자신에게 유리하다고 생각하는 것이다.

오이디푸스는 테베의 왕 라이오스와 왕비 요카스테의 아들로, 태어나기도 전에 아버지를 살해할 것이라는 신탁이 내려졌기 때문에 출생 즉시 버려진다. 그러나 오이디푸스는 다행히 목숨을 건지고 다른 나라에서 왕자로 성장한다. 그러던 어느 날 자신의 출생에 의심이 들어 직접 신탁을 듣는다. 신탁은 오이디푸스가 아버지를 살해하고 어머니와 결혼할 것이기 때문에 고향을 떠나라고 충고한다.

오이디푸스는 고향이라고 여기는 곳을 떠나 길을 가던 중 우연히 아버지 라이오스를 만난다. 두 사람 사이에 뜻하지 않게 싸움이 벌어지고, 오이디푸스는 그만 성급하게 라이오스를 죽이고 만다. 그후 오이디푸스는 테베에 이르러 길을 막는 스핑크스의 수수께끼를 푼다. 테베 사람들은 감사의 표시로 오이디푸스를 왕으로 선출하고, 요카스테는 오이디푸스의 왕비가 된다. 오이디푸스는 오랫동안 위엄 있게 나라를 통치하며, 자신이 누구인지 모르는 어머니와의 사이에 딸 둘과 아들 둘을 낳는다. 그러나 나라 안에 흑사병이 돌자 테베 사람들은 또다시 신탁을 하게 된다. 소포클레스의 비극 《오이디푸스 왕》은 여기에서 시작된다. 전령은 라이오스의 살해범이 나라 안에서 추방되면 흑사병이 수그러들 것이라는 소식을 전한다.

이 이야기는 오이디푸스가 라이오스의 살해범이며 살해된 라이오스와 왕비 요카스테의 아들이라는 사실이 폭로되는 과정으로 이어진다. 이 과정은 한발 한발 긴장이 고조되며 동시에 교묘하게 지연되면서 서서히 폭로되는데, 이는 마치 정신 분석 작업과 비교될 수 있다. 정신 분석 작업도 정신세계를 하나씩 찾아 들어가면서 정신세계의 신비감이 서서히 드러나게 되는데 그 과정은 천천히 하나씩 이루어지며 매우 정교하게 진행된다. 한편 자신도 알지 못하는 사이에 저지른 자신의 만행에 충격을 받은 오이디푸스는 스스로 눈을 멀게 하고 고향을 떠난다. 신탁의 예언이 실현된 것이다.

《오이디푸스 왕》은 말하자면 인간 운명에 대한 비극이다. 《오이디푸스 왕》이 당시 그리스인들 못지않게 현대인들에게도 충격을 주는 이유는 운명과 인간의 의지 사이의 대립을 다루고 있기 때문만은 아니다. 그보다는 다른 비극들은 나름대로 거부할 수 있지만 이 이야기에는 운명의 힘을 인정하게 만드는 그 무언가가 있기 때문이다. 소재 자체에서 오이디푸스의 운명이 우리의 운명이 될 수도 있고, 출생 전의 신탁이 우리에게도 똑같이 내릴 수 있기 때문이다. 우리는 모두 어머니에게 최초의 성적 자극을, 아버지에게 최초의 증오심과 시기심을 품는 운명을 짊어지고 있는지도 모른다. 우리의 꿈은 그것이 사실이라고 우리를 설득시킨다. 아버지 라이오스를 살해하고 어머니 요카스테와 결혼한 오이디푸스 왕은 어린 시절의 소망 충족이다.

그러나 우리는 신경증 환자가 되지 않는 한, 오이디푸스와 다르게 우리의 성적 자극을 어머니에게서 분리시키고 아버지에 대한 질투심을 잊어버릴 수 있다. 우리는 어린 시절의 원시적 소망을 충족한 인물인 아버지 앞에서 마음속의 소망을 억압한다. 그러나 우리가 얼마나 이 소망을 마음속에 간직하고 있는가를 안다면 놀라지 않을 수 없다.

오이디푸스 왕 이야기의 현실적 적용

어른이 되어서도 오이디푸스 왕 이야기와 같은 꿈은 이어진다. 어떤 남성의 꿈도 오이디푸스 왕 이야기가 변형되어 나타난 것이다.

그 사람은 다른 남자와 결혼하려는 숙녀와 은밀히 만난다. 그리고 그 숙녀와 은밀히 만난 사실이 다른 남자에게 발각되어 그 남자 대신 자신이 결혼하게 되지 않을까 걱정한다. 그 숙녀는 그 남자에게 매우 다정하게 대하고 매달려 키스한다.

꿈을 꾼 사람은 꿈에서는 다른 남자와 결혼하려는 숙녀와 만나지만 실제로는 가정이 있는 부인과 은밀히 만난다. 그런데 친구 사이인 부인의 남편의 아리송한 말에 부인과 자신과의 관계를 눈치 챈 것이 아닌가 생각한다. 게다가 실제로는 또 다른 문제가 있다. 부인의 남편은 중병에 걸려 있으며 목숨이 위태로운 상태다. 부인은 남편의 갑작스러운 죽음을 각오하고 있고, 꿈을 꾼 당사자는 젊은 부인의 남편이 죽은 후 그 부인과의 결혼을 진지하게 고려 중이다. 이러한 상황 때문에 꿈꾼 사람은 오이디푸스와 같은 상황에 처해 있다.

그 사람의 소망은 부인과 결혼하기 위해 부인의 남편을 죽일 수 있으며, 꿈은 이러한 소망을 위선적으로 왜곡시켜 표현한다. 그 부인이 다른 남자의 아내라는 사실을 다른 사람이 그 부인과 결혼하려는 것으로 대치한다. 이것은 자신의 은밀한 의도와 맞아떨어진다. 부인의 남편에 대한 적대적인 소망은 어린 시절 아버지와의 기억에서 비롯된 노골적인 증오가 변형된 것으로서 이런 변형을 통해 자신의 욕망을 숨기고 있는 것이다.

위대한 비극 셰익스피어의 《햄릿》도 《오이디푸스 왕》과 같은 토대를 갖고 있다. 그러나 같은 재료를 전혀 다르게 취급한다. 《오이디푸스 왕》에서는 토대가 되는 소망이 꿈에서처럼 폭로되고 현실화되는데 반해 《햄릿》에서는 억압된다. 《햄릿》은 자신에게 주어진 복수의임무를 자꾸 지연시키는 햄릿의 우유부단한 망설임에 토대를 두고있다. 그러면 햄릿은 왜 아버지의 혼백이 맡긴 임무를 실행하지 못하고 있는 것일까?

햄릿은 무엇이든지 다 할 수 있다. 다만 자신의 아버지를 제거하고아버지 대신 어머니를 차지한 남자에게 복수하는 일만은 하지 못한다. 이 남자는 어린 시절 억압된 자신의 소망을 충족시킨 사람이다.햄릿에게 복수할 것을 촉구하는 혐오감은 자기 비난, 다시 말해서징벌해야 할 죄인보다 자신이 더 나을 것이 전혀 없다고 꾸짖는 양심의 가책이 뒤바뀐 것이다. 셰익스피어는 부친이 죽은 직후, 즉 아버지에 대한 슬픔이 절실할 무렵 《햄릿》을 썼다고 한다. 따라서 우리는 셰익스피어가 아버지와 관련이 있는 어린 시절의 감정이 새삼 새로워졌을 때 이 작품을 썼다고 추정할 수 있다.

이처럼 어린 시절의 소망은 《햄릿》과 같은 작품의 주요 주제가 되고 있으며, 햄릿은 아버지를 배반해야 하는 죄책감에서 죽느냐 사느냐의 문제로 고민하게 된다. 아버지를 배반하지 못하는 양심을 가진햄릿의 고민은 오이디푸스 욕구를 다르게 표현한 것이다. 이 욕구는작품에서만 나타나는 것이 아니라 많은 사람들의 꿈에서도 나타난다. 예컨대 외도를 하는 남성이 정부의 남편이 죽었으면 하는 소망을 갖는 것이 그것이다. 이것은 오랜 세월에 걸쳐 인류의 내면에서 일어난 세속적인 억압의 발전을 그대로 보여 준다. 오이디푸스 욕구가 문화적·시간적 차이에 따라서 새롭게 적용된 것으로 볼 수 있다.

오이디푸스 왕 이야기와 신경증의 관계

꿈은 신경증 환자의 치료에 도움을 준다. 신경증 환자의 꿈은 오이디푸스 왕 이야기로 쉽게 해석할 수 있기 때문이다. 항상 그런 것은 아니지만 의사로서 내가 성인 신경증 환자들의 정신 분석을 할 때에는 이러한 확신이 든다. 신경증 환자의 꿈을 살펴보기 전에 그 꿈을 소망의 꿈으로 해석해야 한다는 사실을 미리 알아 두어야 한다.

어느 날 나는 어떤 부인을 만났다. 그 부인은 어찌나 많이 울었던지 얼굴이 퉁퉁 부어 있었다. 부인은 슬픔이 가득 찬 얼굴로 친척들이 자신을 소름 끼쳐 하기 때문에 다시는 만나고 싶지 않다고 말했다. 그러고는 네 살 때 꾼 꿈 이야기를 했다. 부인은 그 꿈의 의미가 무엇인지 모르겠다고 했다.

살쾡이 아니면 여우인 듯 보이는 한 마리의 짐승이 지붕 위를 걸어다닌다. 그때 무엇인가 밑으로 떨어진다. 아마 밑으로 떨어진 것은 자신일지도 모른다. 그 후에 사람들은 죽은 어머니를 집 밖으로 옮기고 부인은 슬피 운다.

나는 이 꿈이 어머니의 죽음을 바랐던 어린 시절 부인의 소망을 나타내며, 친척들이 부인을 소름 끼쳐 할 거라는 생각은 바로 이 꿈 때문이라고 말했다. 부인은 이 말을 들은 후 곧 꿈의 내용을 풀 수 있는 단서를 제공했다. 부인은 어린 시절 부랑자에게 '살쾡이 눈'이라는 욕설을 들은 적이 있었다. 그리고 부인의 어머니는 부인이 세 살 때 지붕에서 떨어진 벽돌에 머리를 맞아 많은 피를 흘렸다.

예전에 나는 여러 종류의 심리 상태를 거치는 젊은 아가씨를 관찰할 기회가 있었다. 그 아가씨는 처음에 제정신을 잃을 정도로 분노에 휩싸였다. 그 아가씨는 자신의 어머니에게 심한 혐오감을 드러냈으며, 어머니가 자신의 침대에 가까이 다가오기만 하면 어머니를 때리고 욕설을 내뱉었다. 그러나 나이 차이가 많이 나는 자신의 언니에게는 반대로 다정하고 온순했다. 그 이후 그 아가씨는 정신은 맑지만 무감각하고 잠을 이루지 못하는 상태가 계속되었다. 나는 이때부터 그 아가씨를 치료했고 꿈을 분석하기 시작했다.

그 아가씨의 꿈에는 어떤 식으로든 어머니의 죽음을 나타내는 것들이 많았다. 어느 노부인의 장례식에 참석하기도 하고, 자신과 언니가 상복 차림으로 식탁에 앉아 있는 꿈을 꾸기도 했다. 이후에 그

아가씨의 병세가 조금씩 나아지면서 히스테리 공포증이 나타났다. 그 아가씨는 행여 자신의 어머니에게 무슨 일이 일어날까 두려워했다. 그 아가씨는 어디에 있든지 곧장 집으로 달려가 어머니가 살아 있다는 사실을 확인해야 했다.

내 경험에 비추어 볼 때 이 경우는 의미하는 바가 아주 많다. 이 경우는 자극하는 하나의 영상에 대한 정신의 반응이 다양하게 나타난 것이다. 평소에 그 아가씨는 분노를 억누르고 있었는데 분노의 억압이 평소의 마음을 심리적으로 억압하고 있었다. 그 상태에서는 항상 어머니에 대한 무의식적인 적대감이 매우 강하게 나타났다. 그 후 그 아가씨의 상태가 안정되면서부터 흥분이 억제되고 검열이 지배력을 갖게 되면서 마음속에 있던 어머니에 대한 적대감이 현실에서는 실현되지 못하고 꿈속에서 어머니의 죽음으로 나타났다. 차츰 그 아가씨가 정상을 되찾아가면서 히스테리 공포증과 방어 현상이 일어나 예전과는 달리 어머니를 지나치게 염려했다. 히스테리에 걸린 아가씨들이 왜 어머니에게 지나친 애정을 쏟는지는 이를 통해 알 수 있다.

또 한번은 어떤 젊은 남자의 무의식의 정신세계를 깊이 들여다볼 기회가 있었다. 그 남자는 심각한 강박 신경증에 걸려서 폐인이 되다시피 했으며, 자신이 지나가는 사람들을 모두 죽일지도 모른다는 생각 때문에 밖에 나가지 못했다. 그리고 시내에서 살인 사건이 발생하면 고발당하는 경우를 대비해서 항상 알리바이를 준비하는데 시간을 보냈다. 그러나 그 남자는 교양을 갖춘 도덕적인 젊은이였다.

나는 정신 분석을 통해서 젊은이가 가진 강박 신경증의 원인을 밝혀낼 수 있었다. 그것은 바로 지나치게 엄격한 아버지에 대한 살해 충동이었다. 놀랍게도 젊은이의 살해 충동은 일곱 살 때 의식적으로 나타났지만, 그 충동의 시작은 그보다 훨씬 더 어린 시절이었다. 아버지가 병에 걸려 세상을 뜬 후 젊은이가 서른 살 되던 해에 강박성 비난 증상이 나타났으며, 이것은 공포증의 형태로 다른 사람에게 대치되었다. 만약 자신이 아버지를 낭떠러지에서 밀어 버리고 싶다는 생각을 가진 사람이라면, 남들의 목숨도 함부로 대할 것이라고 믿는 것은 당연하다. 그 남자는 자신이 아버지의 목숨을 함부로 대했던 것처럼 남들의 목숨도 그렇게 대할까 두려워 방에만 틀어박혀 지냈던 것이다.

오이디푸스 왕 이야기는 전형적인 두 가지 꿈에 대한 환상을 반영한다. 그것은 어머니와 성 관계를 맺는 꿈과 아버지가 죽는 꿈이다. 그러나 어른들은 이런 꿈에 거부감을 느끼기 때문에 공포와 자기 징벌이라는 내용이 이야기 속에 들어간 것이다. 또한 오이디푸스 욕구는 억압된 소망을 의미하기 때문에 꿈의 검열과 왜곡을 거치게 된다. 그러나 꿈이 이런 검열을 행한다 하더라도 억압된 소망은 불안감과 강박증을 초래할 수 있다. 여성의 경우 자신의 어머니가 죽었으면 하는 소망을 깨어 있을 때에는 표현할 수가 없기 때문에 왜곡시켜서 꿈에 등장시키며, 이때 그 여성은 어머니에 대한 죄책감으로 불안감에 시달릴 수 있다. 남성의 경우 자신의 아버지를 죽일지도 모른다는 강박증으로 인해 매일 집안에 틀어박혀 있을 수도 있다.

이러한 불안감과 강박증을 해결하는 방법은 사람의 마음에 숨겨져 있는 오이디푸스 욕구를 자연스럽게 극복하는 길밖에 없다. 이와 같이 오이디푸스 왕 이야기는 꿈의 해석에서뿐만 아니라 신경증 치료에서도 중요한 의미를 가진다.

제**4**부 꿈의 작업

Die Traumdeutung

제4부 꿈의 작업

꿈은 크게 두 가지로 구분된다. 즉 드러난 외현적 꿈과 드러나지는 않았지만 그 꿈을 꾸게 만든 원인인 잠재적 꿈이다. 프로이트 이전에는 주로 외현적 꿈을 해석했다. 그러나 프로이트는 외현적 꿈으로 꿈꾼 사람의 정신세계를 파악하는 데에는 한계가 있으며 외현적 꿈을 만들어 낸 잠재적 꿈을 추적해야 그 사람의 정신세계, 즉 심리적인 상황을 알아낼 수 있음을 지적했다. 그래서 프로이트는 꿈의 이면에 있는 진정한 동기인 잠재적 꿈을 해석해 꿈꾼 사람의 정신세계를 파악하려고 했다. 이렇게 잠재된 꿈을 통해 드러난 정신세계를 프로이트는 무의식의 세계라고 불렀다.

꿈이 하는 일을 꿈의 작업이라고 하며, 꿈의 작업은 꿈을 해석하는 정신 분석의 반대 과정이라고 할 수 있다. 꿈은 고유한 자신만의 작업을 통해 무의식의 세계를 의식의 세계로 드러내고자 한다. 즉 잠재적 꿈의 내용을 수정하고 가공해서 외현적 꿈으로 표현하는 작업을 한다. 꿈의 작업에는 크게 압축, 대치, 시각화, 상징화 과정이 있다. 프로이트는 《꿈의 해석》의 상당 부분을 꿈의 작업을 설명하는 데에 할애하고 있는데 그 이유는 꿈의 작업을 제대로 파악해야 꿈의 해석이 제대로 이루어질 수 있다고 보았기 때문이다.

한편 꿈이 작업하는 과정에서 드러내는 내용 중에는 성 이야기, 감정적인 이야기, 부조리한 이야기가 있다. 이러한 꿈의 여러 모습들 역시 꿈의 작업과 밀접하게 관련되어 있다. 제4부는 이런 꿈의 작업 과정과 그 속에서 드러나는 내용과 의미 등에 대해 여섯 개의 장으로 나눠서 다룬다.

1. 꿈은 과거의 체험을 압축한다

겉으로 드러나는 꿈과 꿈이 생각하고 있는 잠재적 세계를 비교해 보면 그 차이는 참으로 크다. 외현적 꿈은 영상으로 처리되어 간단하게 나타날 수 있지만 그 안에 담겨 있는 생각들은 무한하다. 이는 마치 영화가 영상으로 주인공의 삶을 두 시간 동안 표현하고 있지만 실제로는 주인공의 일생을 다루고 있는 것에 비유할 수 있을 것이다. 이렇게 꿈은 압축을 통해 꿈이 말하고자 하는 바를 표현한다.

꿈이 과거의 기억을 압축하지 못한다면 아마도 그 꿈은 해석 대상으로서의 꿈이라는 의미를 잃어버릴지도 모른다. 모든 것을 다 펼쳐 놓아야 의미 있는 것은 아니다. 중요한 요점만을 정리해 압축했을 때 그 의미를 제대로 전달할 수 있다. 더구나 우리가 밤새 꿈을 꾸는 것도 아니며, 꿈꾸는 동안 우리의 생각 모두를 옮긴다는 것은 불가능하다.

그래서 꿈은 과거의 길고 복잡했던 삶의 과정을 시나 연극, 소설처럼 간단하게 축소하기도 하며, 부부 사이나 모녀 사이에 있었던 삶의 우여곡절을 '풍뎅이의 죽음'이라는 한 장면으로 줄이기도 하고, '빵빵한'이라는 한 낱말을 사용해서 '능력 있는', '여성의 가슴', '벨소리'라는 세 가지 의미를 함께 표현하거나, 음절을 분해하고 합성해서 새로운 말을 만들어 내기도 한다. 이런 방법들은 모두 꿈이 과거의 체험을 압축하는 꿈의 작업에 해당한다.

우리는 앞에서 외현적인 꿈 내용이 아니라 잠재적인 꿈 내용을 토대로 꿈을 해석해 왔다. 이제 우리에게는 과거에는 없었던 새로운 과제가 주어진다. 즉 잠재적 꿈과 외현적 꿈의 관계를 조사하고 어

떤 과정을 통해 잠재적 꿈이 외현적 꿈을 만들어 내는지를 추적해야
한다.

꿈의 사고와 꿈의 내용은 하나의 내용을 두 개의 다른 언어로 묘
사하는 것과 같다. 더 정확하게 말하면 꿈의 내용은 꿈의 사고를 다
른 표현 방식으로 옮겨 놓은 것처럼 보인다. 따라서 우리는 원본과
비교하고 번역해서 다른 표현 방식이 의미하는 기호와 결합 법칙을
알아내야 한다. 꿈의 내용은 마치 상형 문자로 쓴 것과 같아서 기호
하나하나를 꿈의 사고가 말하고자 하는 언어로 옮겨 놓아야 한다.
꿈은 마치 그림 퀴즈와 같다. 우리 이전에 꿈을 해석한 사람들은 그
림 퀴즈의 수수께끼를 회화적 구성으로만 보는 오류에 빠져서 꿈을
불합리하고 무가치한 것으로 여겼다. 그러나 전체와 세세한 부분들
을 불합리하게 보지 않고 꼼꼼하게 살펴보며 각각의 모습이 지니는
의미와 낱말 등을 보충하려고 노력한다면 그림 퀴즈를 풀듯이 꿈을
해석할 수 있을 것이다.

꿈의 내용과 꿈의 사고를 비교해 보면, 엄청나게 큰 규모의 '압축
작업'이 일어난다는 것을 깨닫게 된다. 꿈의 사고가 지닌 크기와 풍
부한 내용에 비해 꿈의 내용은 짧고 간결하며 빈약하다. 일반적으로
사람들은 밖으로 드러난 꿈의 사고를 완벽한 재료라고 생각해서 일
어난 압축의 정도를 과소평가한다. 그러나 꿈의 해석 작업을 끈기
있게 계속하면 꿈의 내용 이면에 있는 새로운 사고들을 밝혀낼 수

있다. 하지만 앞에서 꿈을 완벽하게 해석했다고 자신 있게 주장할 수 없다고 말했듯이 빈틈없이 만족스럽다고 생각하는 경우조차 꿈은 다른 의미를 지니고 있을 수 있다.

그렇다면 이러한 압축은 어떻게 이루어지는가? 압축은 생략을 통해 일어난다고 보아야 한다. 꿈은 꿈의 사고를 충실하게 번역한 것도 그대로 투영시킨 것도 아니며, 지극히 불완전하고 결함이 많은 묘사라고 할 수 있다. 꿈의 사고 중 일부만이 꿈의 내용에 이르게 된다면 이런 취사선택을 결정하는 조건은 무엇일까?

이 점을 해명하기 위해서는 꿈의 내용에 있는 요소를 주목해야 한다. 꿈의 내용에 있는 각 요소는 꿈의 사고 속에서 중복되어 결정되며, 꿈의 사고 속에서 여러 번 표현되는 것이다. 여기서 하나의 꿈의 요소는 여러 개의 꿈의 사고에서 결정되고, 하나의 꿈의 사고는 여러 개의 꿈의 요소에 의해 표현된다. 그러나 주민들 가운데 구역별로 대의원을 뽑듯이, 한 무리의 꿈의 사고가 꿈의 내용을 결정하고 나면 이어서 다시 또 한 무리의 꿈의 사고가 꿈의 내용을 결정하는 것은 아니다. 그보다는 후보자 명단을 놓고 선거하는 것처럼 전체 꿈의 사고가 어떤 식으로든 가공된 다음에 그중 가장 많은 지지를 받는 요소들이 꿈의 내용으로 들어간다.

꿈이 과거의 체험을 압축하는 이유는 꿈이 말과 글이 아니라 그림과 영상이기 때문이다. 꿈의 압축 작업은 꿈에 등장하는 사람이나 물건의 명칭이나 말을 선택할 때 가장 명백하게 드러난다. 일반적으로 꿈은 언어를 사물처럼 다룰 때가 많다. 사물은 볼 수도 있고 만질 수도 있다. 그래서 꿈은 언어를 그림과 영상으로 꾸며낸다. 꿈에서 언어는 그림과 영상으로 꾸며지기 때문에 때때로 꿈의 의미가 선명하게 나타나지 않는 것처럼 여겨진다. 언어가 없이 그림과 영상으로 꾸며지는 꿈에서 희극적이고 기묘한 낱말들이 만들어지는 경우도 많다.

아름다운 꿈

이 꿈은 나에게 치료받는 폐쇄 공포증 환자가 꾼 꿈이다. 이 꿈에는 꿈의 내용과 꿈의 사고가 매우 교묘하게 뒤엉켜 있다.

환자는 여러 사람들과 마차를 타고 X거리에 간다. 그곳에는 아담한 요릿집이 있다. 사실은 아담한 요릿집은 아니다. 요릿집 안에서는 연극이 공연된다. 환자는 구경꾼이 되기도 하고 배우가 되기도 한다. 연극이 끝나고 시내에 갈 때에는 옷을 갈아입고 나간다. 배우들 중 일부는 1층으로, 나머지는 2층으로 가라는 이야기를 듣는다. 그때 싸움이 벌어진다. 위층 사람들은 아래층 사람들이 꾸물거려서 내려갈 수 없다고 화를 낸다. 환자의 형은 위층에 있고 환자는 아래층에 있다. 환자는 독촉하지 말라며 형에게 대든다. 사실은 이미 도착했을 때부터 아래층 사람과 위층 사람으로 구분되어 있었다. 사람들의 싸움은 이미 예정되어 있었는지 모른다. 그 사람들과 싸운 후에 환자는 X거리에서 시내 쪽으로 통하는 언덕을 혼자 올라간다. 올라가는 것이 너무 어렵고 힘들어 꼼짝달싹하지 못할 지경이 되었다. 나이든 신사 한 명이 환자와 함께 걸으면서 이탈리아 왕을 비난한다. 언덕 끝에 이르자 걷기가 훨씬 편해진다.

환자의 꿈을 분석하면 다음과 같다. 환자는 최근 한 여배우와 깊이 사귀고 있었다. 그 여배우는 X거리에서 살았다. X거리에는 요릿집이 없다. 환자는 여배우와 함께 여름 한때를 보낸 적이 있었는데 근처의 한 호텔에 묵었다(묵었다는 단어에는 '위에서 내려오다.'라는 의미도 있다). 호텔을 떠나면서 환자는 마부에게 이런 말을 했다.

"벌레가 나오지 않아서 정말 다행이었소."

벌레는 환자가 두려워하는 대상 중 하나였다.

"어떻게 이런 곳에 묵으셨습니까? 이곳은 호텔이 아니라 사실 여관이라고 해야 할 곳이죠."

환자는 여관이라는 말에서 즉시 울란트(민요풍의 서정시로 유명한 독일의 시인)의 이런 시구가 떠올랐다.

아주 자상한 여관 주인이 있었네.

얼마 전 나는 그 여관에 묵었지.

이 시에서 여관 주인은 사실 '사과나무'를 상징한다. 그래서 의식의 흐름은 자연스럽게 다음으로 이어진다. 그 여배우는 매우 아름다운 아담한 가슴을 가지고 있었는데 마치 사과를 연상시켰다.

파우스트 : (젊은 아가씨와 춤을 추며)

언젠가 아름다운 꿈을 꾸었다네.

꿈속에서 한 그루의 사과나무를 보았지.

아름다운 사과 두 개가 반짝이며 유혹했다네.

나는 사과가 탐이 나서 나무에 올라갔다네.

아름다운 아가씨 :

그대들이야 사과를 탐했지,

에덴 동산에서부터.

나의 정원에도 사과가 있어.

나는 기쁨으로 설레인다네.

―괴테의 《파우스트》 제1막 21장

환자가 힘들게 올라가며 느낀 호흡 곤란은 몇 년 전 자신이 겪었던 증상 중 하나다. 그런데 여기서는 다른 것을 묘사하려는 목적에 사용되고 있다. 처음은 힘들었지만 언덕의 끝에 가서는 쉬워졌다고 묘사하는 꿈의 내용은 알퐁소 도데가 쓴 소설 《사포》의 첫 부분을 생각나게 한다.

《사포》에서 한 젊은이가 애인을 안고 계단을 올라간다. 처음에는 새털처럼 가벼웠지만 올라갈수록 무거워진다. 이 광경을 묘사하면서 알퐁소 도데는 신분이 낮고 의심스러운 과거를 지닌 여인을 진지하게 사랑하지 말라고 경고한다. 나는 이것이 환자가 얼마 전 사귀다 헤어진 그 여배우와의 관계를 상징한다고 해석했다. 그러자 환자는 전날 저녁에 본 '빈의 변두리'라는 제목의 연극과 내용이 일치한다고 말했다. 그 연극은 한 소녀가 화류계에 발을 들여 놓고 신분이 높은 남성들과 관계를 맺으면서 출세를 하지만 결국 서서히 몰락한다는 내용이었다. '빈의 변두리'라는 연극은 그 환자가 몇 년 전에 본 '계단에서 계단으로'라는 연극을 생각나게 했다. 그 연극의 광고 전단에는 많은 계단이 그려져 있었다.

꿈을 꾼 사람은 꿈 이야기를 하면서 형이 위층에, 자신이 아래층에 있다고 말하기를 꺼렸다. 이는 형과 자신의 사회적 지위를 말하는 것이다. 우리는 재산이나 지위가 없어지면 아래로 추락한다는 표현을 쓴다. 그리고 이 관계는 실제 상황이 바뀐 셈이다. 실제로는 형이 사회적 지위를 상실했고 환자는 유지했기 때문이다.

꿈을 꾼 사람은 형과의 싸움 이후에 언덕을 혼자 올라가다가 한 남자를 만난다. 이탈리아 왕을 비난하는 이 남자는 신분이 낮은 사람이었다가 상류 사회로 뚫고 들어가는 것을 암시한다. 이것은 마치 《사포》에서 남자가 성 관계를 맺고 있는 여인을 안고 올라가는 것과 비슷하다. 이러한 암시를 통해 꿈의 결말 부분에서 환자가 편안함을 느낀다는 것을 보여 준다. 이렇게 꿈은 환자가 겪은 많은 내용을 압축해서 보여 준다.

풍뎅이 꿈

꿈이 형성될 때 압축이 이루어진다는 것은 어떤 중년 부인의 꿈에서도 잘 나타난다. 이 부인의 심한 불안 상태는 성적인 사고 재료와 관련을 맺고 있다.

부인은 상자 속에 떡갈잎 풍뎅이 두 마리가 들어 있다는 생각이 났다. 그대로 두면 숨이 막혀 죽을 거라는 생각에 놓아주려고 한다. 상자를 열어 보니 풍뎅이들은 축 늘어져 있었다. 풍뎅이 한 마리가 열려 있는 창문을 통해 날아간다. 다른 한 마리는 날아가다가 문틈에 끼어 죽는다. 풍뎅이가 날아갈 때 누군가가 문을 닫으라고 부인에게 요구한 것 같다(풍뎅이의 죽음은 혐오감을 표현한다).

이 꿈을 분석하면 다음과 같다.

부인의 남편은 여행 중이다. 저녁에 열네 살 된 딸아이가 나방이 자신의 물 컵 속에 빠져있다고 말하고서는 잠이 든다. 부인은 나방을 꺼내는 것을 잊어버리고 아침에 나방이 죽은 것을 보고 안쓰러워한다. 부인이 전날 저녁에 읽은 책에 개구쟁이 소년들이 고양이를 끓는 물 속에 집어넣어 버둥거리게 만드는 장면이 생각한다. '동물 학대'라는 주제가 계속 떠오른다. 부인의 딸은 몇 년 전 피서지에서 동물을 학대한 적이 있었다. 그 당시에 딸은 나비를 채집하고 있었기 때문에 나비를 죽이기 위해 극약인 비소를 달라고 졸랐다. 어떤 때는 나방이 핀에 꽂힌 채 방 안을 날아다니기도 했고, 딸은 번데기로 자라게 하기 위해 상자 속에 넣어둔 애벌레를 굶겨 죽인 적도 있었다. 더 어렸을 때 딸은 '풍뎅이'와 나비의 날개를 뜯어내곤 했다. 지금 그 애는 온순한 아이가 되었다. 이제는 이런 잔인한 행위를 보면 기겁을 할 것이다.

딸이 나비 채집을 했던 해, 그 지방은 '떡갈잎 풍뎅이'로 극심한 피해를 겪었다. 어린아이들은 풍뎅이를 잡아 무참하게 짓이겨 죽였다. 당시 부인은 떡갈잎 풍뎅이의 날개를 떼어 버리고 몸통을 먹는 사람도 보았다. 부인은 5월에 태어났는데 떡갈잎 풍뎅이는 5월과 관련이 있었다.

얼마 전 부인은 큰딸이 모파상의 금지된 책을 읽은 것 때문에 자책했다. 그런 책은 젊은 아가씨에게는 독약과 같은 것이라 할 수 있다. 어린 딸이 달라고 조르던 '비소'는 알퐁소 도데의 소설 《태수》에 나오는 늙은 공작의 젊음을 되돌려 주는 묘약인 '비소 환약'을 상기시킨다.

부인은 여행을 떠난 남편의 안부를 몹시 걱정한다. 여행을 떠난 남편에게 무슨 일이 벌어질지 모른다는 두려움은 낮 동안에 여러 가지 환상으로 나타난다. 얼마 전 정신 분석 도중 부인은 자신이 남편의 늙어감을 한탄하고 있다는 사실을 깨달은 적이 있었다. 꿈꾸기 며칠 전에는 일하다 말고 남편에게 "목을 매어 버리세요!"라고 소리치고 깜짝 놀란 일이 있었다. 이 말에는 남편의 성기가 발기하지 않은 것에 대한 원망이 들어 있었다. 부인은 어딘가에서 목을 매달 때 성기가 강하게 발기한다는 글을 읽은 적이 있었다. '목을 매어 버리세요!'라는 말에는 '어떻게 해서든 발기하세요!'라는 의미가 들어 있는 것이다. 풍뎅이를 으깨어 효력이 강한 흥분제를 만든다는 것은 부인도 알고 있었다. 대부분의 꿈 내용은 이런 의미를 암시한다.

이 부부에게는 '창문'을 열고 닫는 것이 부부 싸움의 원인이었다. 부인은 창문을 열어 놓고 자는 것을 좋아하지만, 남편은 닫고 자는 것을 좋아한다. '무기력'이라는 것은 부인이 그즈음 하소연하던 주요 증상이었다.

전화기 꿈

꿈의 압축 작업은 말과 명칭을 선택할 때 가장 잘 드러난다. 일반적으로 꿈은 언어를 사물처럼 다룰 때가 많다. 그런 경우 사물을 만들어서 형상을 그리듯이 언어를 조합한다. 그 결과 꿈에는 희극적이고 기묘한 낱말들이 만들어진다.

어떤 사람이 저녁 늦게 한 젊은이를 찾아왔다. 그 사람은 명함을 건네주기 위해 벨을 누른다. 젊은이는 그날 밤 꿈을 꾸었다.

한 일꾼이 전화기를 수리하기 위해 저녁 늦게까지 기다리고 있었다. 그런데 그 일꾼이 가고 난 다음에도 고장 난 전화는 계속 벨이 울린다. 연속적으로는 아니지만 가끔 한 번씩 울린다. 하인이 그 일꾼을 다시 데려왔다. 그 일꾼이 말한다.

"보통 때는 빵빵한(원저에는 'tutelrein'이라는 만든 말인데 필자가 이해를 돕기 위해 바꾸었다) 사람들이 이런 일도 하나 처리할 줄 모르다니, 참 이상한 일이군."

이 젊은이는 아버지와 함께 살았던 어린 시절 잠결에 물 컵을 바닥에 쏟은 적이 있었다. 전화선이 물에 젖었고, 벨이 계속 울리는 바람에 아버지는 잠을 제대로 잘 수가 없었다. 벨이 계속 울리는 것은 물에 젖어서 일어난 일이기 때문에 '한 번씩 울리는 소리'는 물방울이 떨어지는 소리를 묘사하는 말이다. 그러나 '빵빵한'이란 낱말은 세 가지로 분해되어 꿈에서 표현된 세 가지 재료를 가리킨다. 첫 번째는 '능력 있는'의 의미를 가리킨다. 두 번째는 '여성의 가슴'을 표현하는 속어다. 세 번째는 '벨 소리'를 연상시킨다.

이와 같이 음절을 분해하고 합성해 보면 꿈의 내용이 드러내는 의미 체계를 발견할 수 있다. 이름과 철자를 가지고 하는 놀이에도 그 놀이 이상의 의미가 들어 있는 경우가 있다. 에밀 졸라의 《창작》이라는 소설의 내용은 내가 말하는 꿈의 사고와 유사한 점이 있다. 이 소설에서 에밀 졸라는 자신과 가족의 행복을 하나의 이야기 형식으로 그린다. 이 소설에는 예술가가 등장하는데 그 예술가는 작가 자신을 묘사하고 있다. 소설에 등장하는 예술가의 이름은 산도즈(Sandoz)다. 이름이 생긴 과정을 이렇게 추정할 수 있다. '졸라(Zola)'를 거꾸로 쓰면 '알로즈(Aloz)'라는 단어가 된다. 에밀 졸라는 거꾸로 쓴 단어가 노골적이라는 생각이 들어서 알로즈(Aloz)의 첫음절 'Al'을 알렉산더(Alexsander)라는 이름의 세 번째 음절 산드(sand)로 바꿨다. 그 결과 산도즈(Sandoz)라는 이름이 탄생한 것이다.

꿈에서의 낱말 결합은 편집증의 낱말 결합과 아주 비슷하며 이것은 히스테리나 강박 관념에서도 찾아볼 수 있다. 낱말을 물건처럼 다루고 새로운 낱말이나 구절을 만드는 어린아이들의 말 꾸미기는 신경증과 꿈에도 유사하게 나타난다. 꿈에서 엉뚱하게 만들어 낸 낱말을 분석하면 꿈의 작업에서 어떻게 압축하는지를 알아낼 수 있다.

2. 꿈은 중요한 것을 사소한 것으로 대치한다

다른 사람에게 부당한 일을 당했을 때 직접 표현하지 못하고 아무런 죄도 없는 길거리의 깡통을 걷어차는 경우가 있다. 이것은 우리가 다른 사람을 깡통으로 대치한 것이라고 볼 수 있다. 이처럼 우리가 현실에서 할 수 없는 일을 다른 일로 대치하듯이 꿈에서도 도덕적인 억압 등의 이유로 소망을 드러내지 못하는 경우 다른 것으로 바뀌어 나타나는데, 프로이트는 이를 '꿈의 대치'라고 불렀다.

프로이트 이론을 소개하고 있는 국내의 책들 중에는 이 대치라는 용어를 '전위'라고도 쓰는 경우가 있는데 전위라는 말이 쉽게 다가오지 않는 듯해서 여기서는 대치라는 용어를 사용했다.

꿈의 작업에서 가장 중요한 개념 두 가지를 고르라고 한다면 하나는 꿈의 압축이고 다른 하나는 꿈의 대치다. 프로이트가 죽은 후 꿈의 대치에 관한 이론을 확장해서 프로이트의 딸인 안나 프로이트가 '방어 기제'라는 개념을 만들어 냈다. 방어 기제는 심리학에서 매우 중요한 개념으로 무의식의 세계에서도 일종의 도덕적 방어 기능이 수행된다는 것을 말한다. 이렇게 꿈에서도 현실처럼 마음속에 있는 욕망이나 소망이 그대로 표현되기에는 부적절하다고 생각되면 그것을 다른 이미지나 형상으로 대치한다.

꿈의 압축 사례를 수집하는 동안 중요한 다른 관계가 우리의 주의를 끌었다. 우리는 꿈의 내용에서 중요한 역할을 하는 요소들이 꿈의 사고에서도 중요한 역할을 하는 것은 아니라는 점을 관찰할 수 있었다. 꿈의 사고에서 중요한 내용을 이루는 것이 반드시 꿈의 내용에 표현될 필요는 없다. 꿈의 중심은 꿈의 사고와는 다르며 그 내용 역시 꿈의 사고와는 다른 요소들로 이루어져 있다.

앞에서 말한 사포 꿈에서는 올라가고 내려가는 것, 위에 있고 아래에 있는 것이 중심을 이룬다. 그러나 꿈은 낮은 신분의 사람과의 성 관계에서 발생하는 위험을 다루고 있다. 따라서 꿈의 사고에 있는 여러 요소들 중 단 하나만이 부당하게 확대되어 꿈의 내용에 이른 것으로 보인다. 동물 학대와 성 관계를 주제로 하는 떡갈잎 풍뎅이 꿈도 이와 유사하다. 꿈의 내용에 동물 학대에 대해서는 나오지만 성적인 것에 대해서는 언급하지 않고 다른 식으로 결합되어 있다. 즉 관계에서 이탈해 낯선 것으로 변형된다. 따라서 이런 꿈들은 대치되었다는 인상을 준다.

하지만 꿈의 사고에서 많은 관심을 가지고 강조한 중요한 요소들이 꿈의 형성 과정에서는 무가치한 것으로 다루어질 수 있다. 그리고 꿈의 사고에서는 무가치한 요소들이 꿈에서는 가치 있는 것으로 그 자리를 대신한다. 그래서 처음에는 꿈을 만드는 심리적 요인이 강하게 작용하는 것이 아니라 많은 요소들이 작용해서 그중에서 선택하는 것이 아닌가 하는 인상을 받을 수 있다. 그러나 이렇게 가정한다면 꿈의 형성 과정을 깊이 이해할 수가 없다. 중복되는 결정과 고유한 가치라는 두 요인이 꿈의 선택에서 다르게 작용한다는 것은 믿을 수 없기 때문이다. 그렇다면 이것은 왜 그런 것인가?

정신 분석에서 밝혀낸 꿈의 사고 중에는 꿈의 핵심과 동떨어지고 어떤 목적을 위해 인위적으로 삽입한 듯이 보이는 요소들이 많이 있다. 그런 것들의 목적은 쉽게 드러난다. 꿈의 내용과 꿈의 사고 사이를 결합시켜 주는 데에 그 목적이 있는 것이다. 물론 때로는 그 결합이 부자연스럽고 무리인 경우도 있다. 따라서 우리는 꿈을 선택하는 중복되는 결정이 항상 꿈을 만드는 첫 번째 요인이 아니며 어떤 심리적인 힘이 그런 결과를 만들었다는 결론에 이르렀다. 그렇다고 하더라도 꿈의 사고에 있는 요소들이 행하는 중복되는 결정이 중요하다는 점은 분명하다.

이제 꿈의 작업에서 심리적 힘이 표출된다는 점은 명백하다. 이 심리적 힘은 심리적으로 중요한 성분(요소)들을 약화시키고 '중복되는 결정'을 통해 중요하지 않은 성분들이 꿈의 내용을 만들 수 있게 가치를 부여한다. 그러므로 꿈의 형성 과정에서 각 요소들은 심리적인 강도가 다른 것으로 옮겨지고 대치되며, 그 결과는 꿈의 내용과 꿈의 사고 사이의 차이로 나타난다. 이 과정이야말로 꿈의 작업에서 본질적인 부분이며 '꿈의 대치'라는 이름에 걸맞다. 꿈의 대치와 꿈의 압축은 꿈을 만드는 두 명의 공장장이라고 볼 수 있다.

이러한 대치의 결과는 꿈의 내용과 꿈의 사고의 핵심을 다르게 만들며 무의식에서 일어난 꿈의 소망을 왜곡해서 묘사한다. 그러면 꿈은 왜 이렇게 왜곡하면서 대치하는 것일까? 그 까닭은 우리가 꿈의 왜곡에서 이미 말했듯이 사고 활동을 하는 어떤 심리적인 장치가 다른 장치를 검열하기 때문이다. 꿈의 대치는 이런 왜곡을 위한 주요 수단 중 하나다. '그것에 의해 이득을 보는 쪽이 그것을 행한다.'라는 격언이 바로 그 이유에 해당된다. 우리는 꿈의 대치가 검열의 영향을 받아, 즉 내적 심리의 방어를 통해 이루어진다고 말할 수 있다.

대치와 압축 그리고 중복되는 결정의 요인들이 꿈의 형성에서 어떤 방식으로 서로 뒤섞이고 작용하는지, 그 가운데 어느 것이 상위 요인이고 부차적인 요인이지에 대해서는 뒤에 다시 살펴보기로 하자. 여기서는 꿈에 이르기 위한 두 번째 조건이 '검열의 저항에서 벗어나는 것'이라는 점만 밝히고자 한다.

대치를 보여 주는 다양한 꿈

앞서 말한 나의 환자가 꾼 사포 꿈이나 떡갈잎 풍뎅이 꿈은 이런 대치를 보여 주는 대표적인 사례다. 한편 이러한 사례들과는 정반대로 이르마의 꿈은 꿈의 내용에 들어 있는 요소들이 꿈의 사고에서 차지하는 자리를 대치하는 것이 아니라 그대로 차지했다고 할 수 있다. 이르마의 꿈에서는 이르마의 고통이 나의 잘못이 아니라는 꿈의 사고가 꿈의 내용에서도 중요한 자리를 차지하고 그대로 나타나기 때문이다.

그러나 대부분의 경우 꿈은 중요한 것을 중요하지 않은 것으로, 또는 중요한 것을 감추고 암시하는 형태로 대치한다. 다음의 일화는 대치에 어떤 의미가 있는지를 잘 보여 준다.

"어떤 마을에 한 대장장이가 살고 있었다. 그 대장장이는 사형에 처할 만한 중대한 범법 행위를 했다. 법원은 대장장이에게 그 죗값을 반드시 치러야 한다는 판결을 내렸다. 그런데 그 대장장이는 그 마을에 살고 있는 유일한 대장장이로 없어서는 안 될 사람이었다. 반면에 양복장이들은 세 명이나 있었기 때문에 대장장이를 대신해서 양복장이 중 한 사람을 교수형에 처했다."

자원 봉사 꿈

다음의 예에서도 꿈의 대치를 보여 준다. 다만 이 꿈에서는 꿈이 다른 것으로 대치되는 것이 아니라 암시의 형태로 대치된다. 이러한 대치가 꿈의 왜곡을 만드는 것은 당연하다고 하겠다. 이는 꿈이 검열을 한다는 것을 동시에 보여 준다. 검열은 드러내길 꺼려하는 부분을 편집하고 삭제해서 읽을 수 없게 만든다.

꿈을 꾼 사람은 명망이 높을 뿐만 아니라 세련된 교양을 갖춘 쉰 살의 어머니다. 꿈을 꾼 당시에 부인의 아들 중 한 명이 전쟁에 나가 있었다. 이 꿈 이야기에서는 불쾌하게 여겨지는 부분이 중얼거림으로 처리되며 삭제되고 있다. 삭제된 부분은 성 이야기를 꺼내야 할 곤란한 부분이다.

부인은 제1육군병원에 가서 정문의 호위병에게 병원에서 봉사하고 싶으니 병원장을 만나게 해달라고 말한다. 이 말을 하면서 봉사라는 낱말을 강조한다. 하사관은 자원 봉사라는 것을 즉시 깨닫는다. 하사관은 부인의 나이가 많기 때문에 잠시 망설인 후 통과시킨다. 그러나 부인은 병원장실이 아닌 어둠침침한 큰 방에 이른다. 방 안에는 많은 장교와 군의관들이 긴 탁자를 중심으로 서 있거나 앉아 있다. 부인은 계급이 높은 한 군의관을 붙잡고 봉사하고 싶다고 자신의 뜻을 알린다. 부인이 몇 마디도 하기 전에 군의관은 부인이 무슨 말을 할 것인지 이해한다. 부인이 꿈속에서 하는 말은 이렇다.

"저를 비롯한 수많은 부인들과 젊은 아가씨들은 사병이든 장교든 관계없이 모든 군인들을 기꺼이……."

꿈에서 다른 부분들은 중얼거림으로 이어진다. 군의관은 부인의 허리를 팔로 안으며 말한다.

"부인, 실제로 이렇게 되는 경우를 한 번 생각해 보십시오……."

부인은 다 똑같은 사람들이라고 생각하면서 군의관의 팔을 뿌리치고는 대답한다.

"맙소사, 저는 나이 든 사람이라 그런 일은 아마 전혀 없을 거예요. 게다가 규칙을 지켜야 해요. 나이 제한 말입니다. 나이 든 부인이 그렇게 젊은 사람과…… 그것은 끔찍한 일이에요."

군의관은 말한다.

"무슨 말인지 잘 알겠습니다."

옆에 서 있던 몇몇 장교가 큰 소리로 웃는다.

그들 중에는 젊은 시절 부인에게 구혼한 사람도 있었다. 부인은 꿈의 결말을 짓기 위해 부인이 잘 알고 있는 병원장에게 데려다 달라고 부탁을 한다. 그런데 막상 병원장의 이름을 모른다는 생각에 부인은 몹시 당황한다. 그런데도 군의관은 아주 정중하고 예의 바르게 곧장 위층으로 통하는 좁은 계단으로 가서 3층으로 올라가라고 알려 준다. 계단을 올라가는 부인의 귓가에 어느 장교의 말이 들려온다.

"부인은 나이와는 상관없이 굉장한 결심을 한 거야. 전원 차렷!"

부인은 자신의 의무를 다한다는 생각으로 끝없이 이어지는 계단을 올라간다. 이 꿈은 내용을 바꾸어 몇 주일 동안 두 번 더 반복된다.

이 꿈을 통해 부인은 자신의 아들이 전쟁터에서 풀려나서 집으로 돌아오기를 갈망했다는 것을 알 수 있다. 아들을 위해 자신이 할 수 있는 일이라면 어떤 일이든지 하고 싶었던 것이다. 하지만 섣불리 내뱉을 수 있는 말은 아니었다. 그래서 이 말은 억압되고 만다. 억압된 말들은 중얼거림으로 나타나게 된다. 부인은 꿈을 통해 아들의 제대를 소망하지만 이 꿈은 억압된 채로 왜곡되어 나타난다. 암시의 형태로 대치된 것이다.

3. 꿈은 생각을 시각적으로 표현한다

꿈은 생각을 논리적으로 풀어낼 수가 없다. 그 이유는 꿈이 어떤 영상을 보여 주는 것이지 의식의 흐름을 묘사하는 것이 아니기 때문이다. 비유하자면 영화처럼 표현한다는 것이다. 그러나 프로이트가 살았던 19세기 후반과 20세기 초반에는 영화가 그리 보편화되지 않았다. 그래서 프로이트는 꿈의 묘사를 회화나 조형물에 비유해서 설명한다. 프로이트는 꿈이 문학 작품처럼 묘사하는 것이 아니라 그림이나 조각처럼 시각적으로 묘사한다고 말한다. 왜냐하면 꿈은 언어로 꿈의 사고를 표현하는 것이 아니라 언어의 대치물인 조형물로 표현하기 때문이다.

이렇게 꿈이 꿈의 사고를 시각화하기 때문에 꿈이 꿈의 사고를 드러내는 데에는 한계가 있다. 꿈은 수학적인 계산도 할 수 없을 뿐만 아니라 어떤 문제에 대해서 둘 중 하나를 선택하지도 못하며, 대립과 모순을 표현하지도 못한다. 따라서 꿈은 꿈의 사고가 가진 많은 사건이나 내용들을 제대로 드러내지 못하고 은폐하거나 왜곡시킨다.

이 장에서는 꿈이 꿈의 사고를 시각적으로 표현하는 과정과 수단에 대해 다루면서 어떤 작업을 하지 못해서 왜곡하거나 은폐하는지를 살펴보게 될 것이다.

꿈에는 꿈의 사고가 제기하는 논리적인 관계를 묘사할 수 있는 수단이 없다. 꿈은 '만일~라면', '~이기 때문에', '~이거나'와 같은 문장을 고려하지 않고 꿈의 사고에 있는 실질적인 내용만 받아들여 가공한다. 꿈에 이렇게 표현 능력이 없는 것은 꿈을 만들어 내는 심

리적 재료 때문이다. 이는 언어를 이용하는 시와 비교해서 회화와
조각 같은 조형 예술이 그런 제한을 받는 것과 같다.

여기서 꿈이 논리적 관계의 묘사를 포기한다는 말에 이의를 제기
하는 사람이 있을 것이다. 깨어 있을 때처럼 증명하고 반박하고 비
교하는 꿈이 없지는 않다. 그러나 이 경우에도 겉으로 그렇게 보일
뿐이다. 꿈에서의 그런 내용들을 분석해 보면 그 내용들이 모두 꿈
에서의 지적인 활동을 묘사한 것이 아니라 꿈의 재료라는 사실을 알
게 된다. 꿈에서의 생각하는 활동은 '꿈의 사고들 사이의 상호 관계'
가 아니라 꿈의 사고가 말하는 '내용'이다. 꿈속의 대화가 꿈의 재료
인 기억 속에 있던 대화를 그대로 쓰거나 약간 수정해서 모방하고
있다는 사실을 확인하기는 쉽다. 꿈에서의 대화는 흔히 꿈의 사고
속에 있는 사건의 암시에 지나지 않는다. 꿈의 의미는 전혀 다르다.

먼저 꿈은 묘사하기 어려운 재료들을 총괄해서 한 상황이나 한 사
건으로 통합함으로써 전체적으로 보여 준다. 꿈은 '논리적 관계'를
'동시에 존재하는 것'으로 묘사한다. 이것은 마치 라파엘로(이탈리아
의 화가이며 건축가)의 벽화처럼 한자리에 함께 모여 있었던 적이 없는
철학자나 시인들을 모두 아테네 회당이나 파르나스산의 그림에 함
께 그려 넣는 방식과 비슷하다. 꿈은 이런 묘사 방법을 세세한 부분
까지 활용한다. 꿈에서 두 개의 요소가 나란히 나타나면 꿈의 사고
에서 그것은 긴밀한 관계가 있다는 것을 의미한다.

불우했던 가정환경의 꿈

원인과 결과의 묘사에서는 원인은 서막으로, 결과는 중심 꿈으로 표현한다. 언젠가 어느 여성 환자가 이런 원인과 결과의 묘사를 시각적으로 나타내는 좋은 사례를 내게 제공했다. 나는 이 꿈을 처음부터 끝까지 소개할 생각이다. 꿈은 짧은 서막과 비교적 장황한 꿈 부분으로 이루어져 있다. 장황한 꿈 부분은 집약이 되어 있어서 실제로는 장황해 보이지 않으며, '꽃을 통해서'라는 제목을 붙일 수 있다. 이 내용은 나중에 소개할 생각이며 여기서는 꿈의 서막을 소개하고자 한다. 서막의 내용은 다음과 같다.

환자는 부엌에 가서 두 하녀에게 많지도 않은 음식을 아직까지 요리하지 않았다고 나무란다. 이때 부엌에는 말리기 위해 엎어 놓은 많은 조잡한 식기들이 보인다. 식기들은 차곡차곡 높이 쌓여 있다. 두 하녀는 물을 긷기 위해서 강처럼 보이는 곳으로 가야 한다. 물이 집 옆 아니면 마당까지 흘러온다.

그 다음 이어지는 중심 꿈은 이렇게 시작한다.

환자는 높은 곳에서 특이하게 생긴 난간을 넘어 아래로 내려간다.

환자는 옷이 어디에도 걸리지 않아서 기뻐한다.

서막은 꿈을 꾼 여성 환자의 친정집과 관계가 있다. 부엌에서 두 하녀에게 한 말은 환자가 자신의 어머니로부터 종종 들었던 말이다. 높이 쌓여 있는 조잡한 식기들은 같은 건물 안에 있었던 작은 그릇 가게에서 비롯된 것이다. 그릇 가게는 비좁고 답답했다. 또한 환자는 어릴 때에 하녀와 함께 물을 길러 가곤 했다. 홍수가 날 때는 강변에 위치한 집이 위험해 보였다. 환자의 어린 시절 가정환경이 꿈속에 나타나고 있다. 이 꿈에는 홍수가 났을 때 병에 걸려 세상을 뜬 친정아버지에 대한 암시가 들어 있다. 꿈의 드러나지 않은 이면에는 자신이 비좁고 썩 유쾌하지 못한 환경에서 자라났다는 생각을 나타낸다.

이어지는 꿈은 이 생각을 극복해서 명문가라는 소망 충족을 통해 변화되었다는 것을 보여 준다. 난간을 넘어 아래로 내려갔으며 어디에도 걸리지 않아 기뻐하는 모습은 소망 충족을 말해 준다. 원래 꿈의 사고는 환자가 불우했던 가정환경 속에서 자랐기 때문에 자신의 인생이 그렇고 그렇다고 생각하고 있음을 보여 준다.

장례식 전날 밤의 꿈

꿈은 둘 중의 하나라는 양자택일을 전혀 표현할 수 없다. 그래서 어느 한 가지를 보여 주지 않고 둘을 함께 선택해서 꿈에서는 두 가지가 동시에 나타난다. 다시 말하면 두 가지를 하나의 관계로 표현한다. 이르마의 꿈에 그런 전형적인 사례가 들어 있다. 여기서 잠재적 꿈의 사고는 이렇다.

'이르마의 고통이 계속되는 것은 내 탓이 아니야. 내 책임은 없어. 나의 처방을 이르마가 거부하거나, 아니면 내가 해결할 수 없는 상황 속에 이르마가 처해 있기 때문이야. 그것도 아니라면 이르마의 고통은 히스테리 때문에 아니라 신체 기관에서 온 것이야.'

그러나 꿈은 서로 다른 이런 대안들을 한꺼번에 제시해서 원인이 한 가지가 아니라 여러 가지인 것처럼 보여 준다. 심지어는 꿈의 소망에서 비롯된 다른 해결책까지 덧붙인다. 이는 원인을 여러 가지로 분산시킴으로써 더욱 편안함을 느끼게 한다는 장점이 있을 수 있으나 정확하게 어떤 원인인지를 가리지 못한다는 단점이 있다.

정원 아니면 거실이었다는 식으로 양자택일을 해야 하는 경우 꿈의 사고는 '그리고'라는 단순히 늘어선 관계로 나타난다.

내 아버지의 장례식이 있기 전날 밤 나는 꿈에서 인쇄된 종이를 보았다. 포스터 아니면 광고였으며 역 대합실에 붙어 있는 금연 폿

말 같은 것이었다. 이런 문구가 씌어 있었다.

두 눈을 감으시기 바랍니다
　　　　　또는
한쪽 눈을 감으시기 바랍니다

이런 경우 나는 다음과 같은 형식으로 묘사하곤 한다.

두
　　　　눈을　　　감으시기 바랍니다
한쪽

　두 개의 낱말은 각기 독특한 의미를 가지고 있어서 꿈을 해석할 때 각기 다른 방향으로 생각하게 한다. 나는 아버지의 죽음이 슬펐지만 장례식 절차에 대한 아버지의 평소 생각을 잘 알고 있었기 때문에 소박하게 장례식을 치르기로 결정했다. 그러나 다른 가족들은 소박하게 장례식을 치르는 것이 지나치게 청교도적이라면서 아버지의 생각과는 다른 의견을 갖고 있었다. 가족들은 조문객들에게 부끄럽다고 생각했다. 그래서 꿈의 한 문구가 '한쪽 눈을 감으시기 바랍니다.'라고 관대하게 봐달라고 부탁하는 것이다. 이 꿈 이야기에서 양자택일이 의미하는 바를 파악하는 것은 비교적 쉽다. 꿈이 작업을 할 때 꿈의 생각을 단순화시켜서 나타냈으며 중요한 생각 두 가지가 선명하게 부각된 것이다. 그러나 꿈에서는 '또는'이나 '아니요'가 등장하는 경우가 없으며 그러기에 꿈에서 동시에 두 가지로 분할되어 나타나는 것은 묘사하기 힘든 양자택일을 의미한다.

'꽃을 통해서' 라는 꿈

꿈에서 특히 눈길을 끄는 것은 '대립과 모순'을 꿈이 어떻게 다루느냐 하는 것이다. 꿈에서 대립과 모순은 무시된다. 꿈에는 '아니오' 라는 것이 존재하지 않는다. 꿈은 특히 대립되는 것을 하나로 통일시키거나 한꺼번에 표현하기를 좋아한다. 꿈은 여러 가지 요소를 대립물을 통해 자유롭게 표현한다. 그래서 반대를 표현할 수 있는 요소가 긍정적인 것인지 부정적인 것인지 처음에는 전혀 알 수 없다.

우리가 앞에서 해석한 불우한 가정환경을 의미하는 꿈에서 꿈을 꾼 환자는 난간을 넘어 아래로 내려간다. 그때 그 환자의 손에는 꽃이 핀 나뭇가지가 들려 있다. 이 장면에서 환자는 마치 성모 마리아의 수태고지 그림에 나오는 마리아와 같다(그 환자의 이름도 마리아였다). 그림에는 천사가 백합꽃이 핀 가지를 손에 들고 있는 광경과 하얀 옷을 입은 소녀들이 초록색 나뭇가지로 장식된 거리에서 성체 행렬을 따라 걸어가는 장면이 있다. 꿈속에서 꽃이 핀 나뭇가지는 성적인 순결을 암시하는 것이 확실하다. 나뭇가지는 동백꽃처럼 보이는 붉은 꽃으로 온통 뒤덮여 있으며, 그 환자가 걸어가는 길이 끝날 무렵 꽃이 대부분 떨어진다. 이어서 의심할 바 없는 월경에 대한 암시가 이어진다. 순결한 소녀의 백합꽃은 춘희(뒤마 피스의 《춘희》에 나오는 주인공. 여기서는 창녀를 암시함)에 대한 암시다. 춘희가 언제나 하얀 동백꽃을 달고 있지만 생리가 시작되면 붉은 꽃으로 바꿔 단다는 것은 익히 알려진 사실이다.

비슷한 이야기가 괴테의 《방아 찧는 아낙의 노래》 중 〈소녀의 꽃〉에서도 등장한다. 여기에서 꽃이 핀 가지는 성적인 순결과 동시에 그 반대의 내용도 표현하는 것이다. 순결하게 인생을 헤쳐 나갈 수 있었던 기쁨을 표현하는 꿈은 어린 시절 자신이 성적인 순결을 어기는 여러 가지 죄를 지었다는 정반대의 생각도 몇 군데에서 내비친다. 우리는 꿈을 분석하면서 두 가지 생각의 흐름을 구분할 수 있다. 꿈의 표면에 존재하는 위로하는 생각의 흐름과 더 깊숙이 자리 잡은 비난에 찬 생각의 흐름이다. 이것은 서로 정반대의 생각이다. 그러나 대립되는 생각들은 꿈에서 같은 꿈의 요소에 의해 묘사된다.

유사한 관계를 표현하는 꿈

꿈을 형성하는 구조 중 논리적인 관계들 가운데 유일하게 매우 긍정적으로 받아들여지는 관계가 하나 있다. 그것은 유사, 일치, 근사의 관계, 즉 꿈에서 유례없이 다양한 수단으로 묘사될 수 있는 '마치~처럼'의 관계다. 꿈이 만들어질 때 사용하는 재료들 중 일치되는 내용들이 있는데, 이 일치되는 내용이 저항 검열의 대상이 될 경우 일치되는 내용들은 '마치~처럼'의 관계를 이용한다. 꿈의 압축 과정은 이런 유사 관계의 묘사에 도움을 준다. 꿈은 유사, 일치, 근사의 관계들을 모아서 새롭게 형성한 '통합'을 통해 묘사하기도 한다. 여기서 앞의 것을 '동일시', 뒤의 것을 '혼합 형성'이라고 부를 수 있다.

혼합 형성을 나타내는 꿈들은 많이 있다. 몇 가지 사례를 소개하면 다음과 같다. 여성 환자의 인생 행로를 비유적으로 묘사하는 앞의 꿈에서 환자는 꽃이 핀 나뭇가지를 손에 들고 있다. 꽃이 핀 가지는 순결과 성적인 죄악을 동시에 의미한다. 또한 꽃이 피어 있는 모양은 벚꽃이지만 자세히 들여다보면 꽃 자체는 동백꽃이다. 게다가 전체적으로는 이국적인 식물이라는 인상을 준다. 꽃이 핀 가지는 그 환자의 마음을 즐겁게 만들어 주었던 선물을 암시하는 것 같다. 어린 시절의 '버찌', 어른이 되어서 '동백꽃'에 대한 암시들이 합성되어 나타난다. 꽃이 이국적인 식물의 인상을 준다는 점은 꽃 그림으로 그 여성의 환심을 사려 했으며 많은 여행을 한 어떤 자연 연구자에 대한 암시를 보여 준다.

해수욕장의 '탈의실'과 시골의 '화장실', 그리고 도시 주택가의 '다락방'을 가지고 그 중간에 해당되는 것을 꿈에서 만들어 낸 여성 환자도 있었다. 탈의실과 화장실은 옷을 벗는다는 점에서 즉 몸이 노출된다는 점에서 공통된다. 이 공통점으로 인해 세 번째 장소인 다락방도 역시 노출의 장소라고 추론할 수 있다.

어떤 소녀는 오빠로부터 상어알 젓을 선물하겠다는 약속의 말을 듣는다. 그날 밤 소녀는 오빠의 다리가 검은 상어알로 뒤덮여 있는 꿈을 꾼다. 이 꿈에 대한 해석은 이렇다. 소녀는 오빠가 선물을 하면 자신도 무엇인가를 주어야 한다는 생각을 한다. 도덕적으로 옳지 못한 일을 할지도 모른다는 생각에서 소녀는 '감염'이라는 단어를 떠올린다. 이 감염이라는 단어는 붉은 점으로 다리를 온통 뒤덮었던 어린 시절의 '발진'에 대한 기억을 상기시킨다. 발진에 대한 기억이 오빠에게 받을 상어알 젓과 결합해 오빠의 다리가 검은 상어알로 뒤덮이는 꿈을 꾼 것이다.

페렌치(《꿈의 정신 분석》의 저자)가 보고한 어떤 꿈에서는 '의사'와 '말'에서 합성된 혼합 형성이 '잠옷'까지 이어지고 있다. 이 꿈을 분석해 보니 꿈을 꾼 여인이 어린 시절에 하나의 사건을 경험하게 되는데 그 사건이 의사인 아버지의 잠옷과 연관되어 있었다. 이러한 공통점을 알아낸 후 이어서 말과도 관계가 있음도 알아냈다. 어린 시절 그 여인의 보모는 여인을 말을 키우는 사육장에 자주 데려 갔었다. 그곳에서 여인은 자신의 성적인 호기심을 충족시킬 수 있었다. 결국 의사와 잠옷과 말은 모두 여인의 성적 호기심의 대상이었던 것이다.

젊은이를 공격하는 괴테의 꿈

나는 앞에서 꿈에는 모순이나 반대의 관계 그리고 '아니오'를 표현할 수 있는 수단이 없다고 주장한 바 있다. 여기에서는 이 주장을 반박하려고 한다. 우리가 이미 본 것처럼 반대의 관계라고 생각할 수 있는 경우들 중 일부는 거꾸로 적용하면 꿈에서 동일한 것을 표현하고 있음을 알 수 있다. 우리는 그런 사례들을 이미 여러 번 언급했다. 꿈의 사고에서는 거꾸로와 반대로에 속하는 것들이 사실은 다른 의미로 나타나는 경우가 있다. 이러한 것들은 꿈속에서 재치 있다고까지 말할 수 있는 기묘한 방식으로 묘사된다. 거꾸로인 경우 그 자체로는 꿈의 내용이 되지 못하나 거꾸로 나타난 어떤 이유를 살펴보면 사실은 꿈의 내용 중 근접한 부분이 나중에 거꾸로 되면서 꿈의 재료에 자신을 표현한다.

괴테가 M을 공격하는 내 꿈에 그러한 거꾸로가 포함되어 있다. 꿈에서 괴테가 M이라는 젊은이를 공격한다. 꿈의 사고에 포함되어 있는 실제 현실에서는 내 친구인 저명인사가 무명의 젊은 작가에게 공격을 받았다. 꿈에서 나는 괴테의 사망 연도에서 계산을 시작한다. 현실에서는 진행성 뇌성마비 환자의 출생 연도에서 계산을 시작했다. 꿈의 재료를 결정짓는 사고는 괴테가 미친 사람으로 취급받는 것에 대한 항변으로 드러난다. 꿈은 네가 책을 이해하지 못한다면 어리석은 사람은 '저자가 아니라 거꾸로 바로 너다.'라고 말한다. 게다가 이런 모든 꿈에는 경멸스런 표현과의 관계가 포함되어 있는 듯 보인다. 그 밖에 억압된 동성애적 자극에 의해 생겨난 꿈에서 전도, 즉 반대로 변화하는 것이 얼마나 자주 사용되는지도 주목할 만하다.

전도는 꿈의 작업이 아주 여러 방면으로 활용하고 즐겨 사용하는 묘사 수단 중 하나다. 전도는 꿈의 사고 가운데 특정한 요소가 소망을 충족하도록 도와준다. '그것이 거꾸로라면 얼마나 좋을까!' 이런 생각은 불쾌한 기억에 대해 자신이 반응하는 최상의 표현이다. 그러나 무엇보다 중요한 것은 전도를 통해 꿈의 검열을 파악할 수 있다는 점이다. 검열은 꿈을 이해할 수 없을 정도로 왜곡시킨다. 그러므로 꿈의 의미를 도저히 파악할 수 없을 경우 꿈의 내용 중 어떤 부분을 거꾸로 뒤바꾸어 보면 분명해질 수 있다.

예를 들어 강박 신경증에 걸린 어떤 젊은이의 꿈에서 두려움의 대상이었던 아버지가 죽기를 바라는 어린 시절의 소망에 대한 기억이 이런 문구 뒤에 숨어 있다. '너무 늦게 귀가한다고 아버지가 자신을 나무란다.'

그러나 정신 분석 치료와 꿈꾼 사람의 연상을 통해 이 꿈이 발생하게 된 맥락을 살펴보면 원래 표현하고자 했던 것은 '자신이 아버지에게 화가 나 있다.'라는 것과 자신이 생각하기에 아버지가 항상 너무 일찍, 즉 너무 빨리 귀가했다는 것임을 알 수 있다. 그 젊은이는 아버지가 아예 집에 오지 않았으면 하고 바랐을 것이다. 이것은 아버지가 죽기를 바라는 소망과 같은 의미다. 꿈을 꾼 사람은 어린 시절에 아버지가 오래 집을 비운 사이 다른 사람을 성희롱했는데 "아버지가 돌아오면 보자."라는 위협과 함께 벌을 받았던 것이다.

여성의 성기를 보는 꿈

꿈에서 단순한 듯 보이는 꿈은 종종 꿈 내용의 일부를 아주 정교한 방법으로 은폐한 것이다. 그래서 때때로 어떤 꿈은 흐릿하게 나타나기도 한다. 이것은 꿈이 스스로를 은폐하고 있다는 것을 보여준다. 예를 들어 꿈을 꾼 사람이 꿈의 이 부분이 흐릿하다고 말해서 그 부분을 분석해 보면, 그 사람이 용변 후 뒤를 닦는 사람을 엿보았다는 어린 시절의 기억을 찾아낼 수 있다. 자세하게 살펴볼 가치가 충분한 또 다른 사례도 있다.

어떤 젊은이가 어린 시절을 기억나게 하는 무척 선명한 꿈을 꾸었다. 젊은이는 저녁에 피서지 호텔에서 객실 번호를 착각해서 그만 중년 부인과 두 딸이 잠자리에 들기 전 옷을 벗고 있는 방으로 들어간다. 그리고 이어지는 꿈에서 몇 개의 틈이 보였고 그 사이로 보았더니 그 안은 비어 있었다. 그런데 갑자기 마지막에서 웬 남자가 방 안에 나타나 자신을 방 밖으로 몰아내려 한다. 젊은이는 그 남자와 싸운다. 꿈에서 깨어나 젊은이는 꿈이 분명 무엇인가를 암시하고 있다고 생각해서 그 암시하는 내용을 찾으려고 노력했으나 찾을 수가 없었다. 그러다 마침내 찾는 내용은 꿈이 무엇인가를 숨기는 곳에 있다는 생각이 들었다. 그 젊은이는 빈방에 대해 생각했다. 문틈으로 들여다 본 빈방은 잠자리에 드는 여인들의 성기다. '방이 비어 있었다.'라는 구절은 여성 성기의 특징을 나타낸다. 그 무렵 그 젊은이는 여성의 성기를 무척 보고 싶어 했으며, 여성에게도 남성의 성기가 달려 있을지도 모른다는 어린아이와 같은 생각을 갖고 있었다.

어린 시절의 기억을 비슷한 형태로 표현한 다른 남자의 꿈도 있다.

나는 K와 함께 폴크스가르텐 레스토랑에 간다.

그 다음 부분은 분명하지 않으면서 잠시 중단된다.

 …… 그 후 나는 사창가에 있다. 주위에 두세 명의 여자가 보이고, 그중 한 명은 속옷 차림이다.

이 꿈은 다음과 같이 분석할 수 있다.

K는 과거 그 남자가 모시던 상사의 딸로, 그 남자가 누이로 생각하고 있는 인물이다. 그 남자는 K와 이야기할 기회가 좀처럼 없었다. 그러나 어쩌다 한번 K와 대화를 나누게 되었는데, 대화 도중 그 남자는 K에게서 성적인 느낌을 받았다. 이 느낌은 마치 "나는 남자고 너는 여자다."라고 말하는 것 같았다. 꿈에서 나온 레스토랑에는 매형의 누이동생과 함께 간 적이 있었다. 또 언젠가는 자신의 누이동생과 형수, 그리고 매형의 누이동생을 입구까지 바래다 준 적이 있었다. 세 여성 모두 남자에게는 관심 밖의 인물들이었다. 다만 그 남자와 누이 관계에 있다고 할 수 있었다. 그리고 그 남자가 사창가에 가는 일은 아주 드물었다. 기껏해야 일생에 두세 번 정도였을 것이다.

해석은 꿈의 모호한 부분, 중단된 곳을 근거로 진행되었다. 그 남자는 어린 시절 호기심에서 몇 번, 두세 살 어린 누이동생의 성기를 자세히 들여다보았다고 고백했다. 며칠 후 꿈에서 암시된 행위를 했던 기억이 실제로 떠올랐다. 어린 누이동생의 성기를 자세히 들여다본 어린 시절의 기억이 되살아난 것이다.

몇 개의 부분으로 이루어지거나 같은 날 꾼 꿈들을 해석할 때 이어지는 여러 개의 꿈은 같은 것을 의미하며, 동일한 자극을 서로 다른 재료로 표현할 수 있다는 것을 잊어서는 안 된다.

4. 꿈은 상징으로 이루어진다

우리가 꾸는 꿈에는 많은 상징들이 들어 있다. 그렇기에 꿈은 말하고자 하는 것을 상징으로 묘사한다고 할 수 있다. 꿈이 상징으로 표현되는 이유는 무엇일까? 우리의 무의식이 의식으로 바뀌기 위해서는 검열을 통과해야 하는데 검열을 통과하자면 금지된 본능, 특히 성 본능과 같은 것을 직접 표현하는 것보다 금지되지 않은 표현법을 사용하는 것이 더 안전하기 때문이다. 그래서 꿈에서 나타나는 상징의 밑바탕에는 대부분 성 이야기가 깔려 있다. 이 장에서는 꿈에 들어 있는 성 이야기를 소개하며 성 이야기를 포함한 전체적인 상징에 대해 주로 다루고 있다.

꿈은 잠재되어 있는 사고를 은폐시켜 다르게 드러내기 위해 상징을 이용한다. 이렇게 사용된 상징 중에는 규칙적이거나 아니면 규칙에 가깝게 동일한 의미를 표현하는 것이 많이 있다. 그렇지만 심리적인 재료가 가진 고유의 본질을 잊어서는 안 된다. 꿈의 내용을 보면 상징을 상징적으로 해석해서는 안 되고 원래 의미대로 해석해야 하는 경우도 종종 있다. 또 어떤 경우에는 꿈꾸는 사람이 특별한 기억을 재료로 삼아 가능한 모든 물건을 성적 상징으로 사용할 수도 있다. 물론 항상 그런 것은 아니다.

꿈이 상징으로 이루어졌다는 점은 꿈의 해석을 어렵게 하는 측면이 있다. 고대 사람들처럼 꿈 해석자의 생각에 의존하는 방법은 학문적인 관점에서 받아들일 수 없다. 자의적인 꿈 해석이라는 비판에서 벗어나기 위해서는 비판적인 눈으로 신중하게 상징을 해명하고 특히 분명한 사례들을 통해 상징을 자세하고 빈틈없이 연구해야 한다. 또한 꿈의 상징은 종종 여러 가지 의미를 표현하기 때문에 중국 문자인 한자처럼 앞뒤의 관계를 밝혀야 비로소 올바르게 파악할 수 있다. 이렇게 상징이 여러 가지 의미를 지니는 이유는 서로 다른 여러 개의 사고와 소망을 하나의 꿈 내용에 묘사하는 꿈의 특성 때문이다.

꿈이 상징으로 이루어져 있다는 것을 보여 주는 사례는 많다. 꿈에 나타난 길쭉한 물건들 예컨대 지팡이나 나무줄기 같은 것은 남성의 성기를 상징한다. 우산도 남성의 성기를 상징한다. 펼치는 것을 발기와 비교할 수 있기 때문이다. 칼이나 단도, 창 같은 길고 날카로운 무기들도 역시 남성의 성기를 상징한다. 깡통, 종이 상자, 나무 상자, 장롱, 난로는 여성의 신체를 상징한다. 또한 동굴과 배, 온갖 종류의 그릇 역시 마찬가지로 여성의 신체를 상징한다.

여성과 남성을 상징하는 것들

꿈에 등장하는 방은 대부분 여성을 의미한다. 입구나 출구가 여러 개로 묘사되면 이러한 해석은 의심의 여지가 없다.

이러한 해석을 가능하게 해 주는 한 가지 예를 들 수 있다. 하숙을 하는 어떤 남성 환자는 한 하녀를 만나 몇 번인지 묻는 꿈을 꾼다. 놀랍게도 그 하녀는 14번이라고 대답한다. 사실 그 환자는 문제의 하녀와 관계를 맺고 있었으며, 자신의 침실에서 수차례 은밀히 만났다. 충분히 납득이 가는 일이지만 하녀는 하숙집 여주인이 자신을 의심할까 염려했으며, 꿈꾸기 전날은 그 환자에게 빈방에서 만나자는 제안을 했다. 꿈에서 하녀의 번호가 14번이었던 반면, 현실에서는 그 방이 14호실이었다. 여성과 방을 동일시하는 이보다 더 명백한 증명은 생각할 수 없다.

남성들의 꿈에서 넥타이는 음경을 상징한다. 넥타이가 길게 늘어져 있고 남성들이 주로 사용하며 마음이 내키는 대로 선택해서 사용할 수 있기 때문이다. 조울병에 걸린 열아홉 살 소녀가 그린 그림에서는 한 남자가 넥타이를 매고 있는데 그 모양은 뱀의 모양이며 소녀를 향하고 있다. 또한 부끄러워하는 남자의 이야기도 있다. 어떤 부인이 목욕탕에 들어선다. 그곳에는 속옷도 채 걸치지 못한 한 신사가 있다. 그 신사는 몹시 부끄러워한다. 즉시 속옷의 앞부분으로 목을 가리고 말한다.

"용서하십시오. 넥타이가 없군요."

모자가 남성의 상징으로 이용됨을 보여 주는 한 사례가 있다. 모자는 가운데 부분이 위로 솟아 있고 양옆은 처진 모양으로 남성의 성기를 상징할 수 있다. 유혹당할지도 모른다는 불안으로 광장 공포증에 걸린 어느 젊은 부인이 꾼 꿈은 이를 말해 준다.

> 한여름에 부인은 이상하게 생긴 밀짚모자를 쓰고 거리를 산책한다. 모자의 가운데 부분은 위쪽으로 말려 올라가고, 양옆은 밑으로 처져 있다. (이 부분에서 더듬거린다) 정확히 말하면 한쪽이 다른 쪽보다 더 처져 있다. 부인은 명랑하고 자신감에 차 있다. 그리고 한 무리의 젊은 장교들 옆을 지나가면서 그 사람들 중 누구도 자신에게 해를 입힐 수 없다고 생각한다.

나는 모자를 남성과 연결시켜 말했다.

"모자는 가운데 부분이 위로 솟아 있고, 양옆은 밑으로 처져 있어요. 마치 남성의 성기와 비슷한 모습이지요."

그리고 이어서 말했다.

"당신은 남편의 성기에 자신감이 있는 것 같아요. 남편의 성기가 그렇게 근사하다면, 당신은 장교들 앞에서 두려워할 필요가 없겠죠. 그 사람들에게 바라는 것도 전혀 없을 거고요. 평상시 실제로 당신은 유혹당한다는 환상이 있었지요. 그래서 보호자 없이는 길을 다닐 수 없었고요."

나는 이렇게 부인의 두려움을 설명해 주었다.

내가 꿈에 대해 설명해 주자 꿈을 꾼 부인은 특이하게도 자신의 말을 번복했다. 부인은 자신이 모자의 양옆이 밑으로 쳐져 있다는 말을 한 적이 없다고 주장했다. 나는 내가 들었던 바를 확신했기 때문에 당황하지 않고 내 주장을 고집했다. 부인은 잠시 침묵했다. 잠시 후 용기를 내어 남편의 한쪽 음낭이 다른 쪽보다 더 쳐져 있다고 고백하고는 그것은 무슨 의미가 있는지 물어보았다. 남성들은 다 그런지도 물었다. 그렇게 해서 모자의 특이한 생김새가 해명되었으며, 부인은 이와 같은 해석을 인정했다.

다음은 경찰관을 남편으로 둔 어느 서민 계층 여인의 꿈이다. 꿈에서 남성의 성기는 인물, 여성의 성기는 풍경을 통해 상징화된다.

……그때 누군가 집 안으로 침입했다. 여인은 공포에 질려 경찰관을 불렀다. 경찰관은 두 명의 불량배와 사이좋게 몇 계단 올라가 교회로 들어갔다. 교회 뒤에는 산이 있다. 산 위쪽은 울창한 숲이 있다. 경찰관은 헬멧을 쓰고 목 앞에 받침 두건을 차고 외투를 입었으며, 갈색의 수염이 턱을 뒤덮고 있었다. 경찰관과 함께 들어간 두 명의 불량배들은 위쪽을 자루 모양으로 묶은 앞치마를 허리에 두르고 있었다. 교회 앞에는 산으로 올라가는 길이 나 있었다. 길의 양옆은 풀과 여러 나무가 자라고 있었다. 풀과 나무는 차츰 무성해지다가, 산 정상에서 우

거진 숲을 이루었다.

위의 꿈에서 계단은 성교를 상징하고, 교회는 여성의 질을 상징하며, 산은 음부를, 숲은 음모를 상징한다. 두건과 외투는 음경을 상징하고, 앞치마는 양쪽 음낭을 상징한다.

소변을 상징하는 꿈

수영하는 꿈을 자주 꾸는 사람들은 대개 어린 시절 곧잘 침대에 오줌을 싸던 사람들이다. 자라면서 침대에서 오줌 싸는 것을 그만두게 되었지만 배설할 때의 기쁨은 쾌감이 되어 꿈으로 다시 나타난다.

페렌치가 헝가리 만화 잡지에서 발견한 짧막한 그림은 소변의 욕구를 상징하고 있으며, 예술가는 이 그림에서 줄기차게 잠을 깨우는 자극과 계속 자고 싶어 하는 수면 욕구 사이의 갈등을 집약해서 표현하고 있다.

우리는 보모가 아이의 울음소리 때문에 잠에서 깨어나는 마지막 그림에 가서야 이 그림이 꿈의 과정을 그리고 있다는 것을 알게 된다. 맨 위의 그림은 잠에서 깨어나게 하는 자극을 알려 준다. 아이는 소변이 마렵다며 보모의 손을 잡으며 도움을 청한다. 그러나 꿈에서는

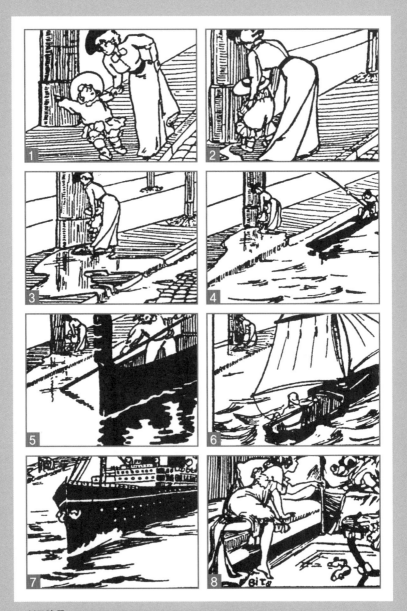

보모의 꿈

침실에서 일어나고 있는 일인데도 마치 산책할 때의 일인 것처럼 상황이 전개된다. 두 번째 그림에서 보모는 아이를 길모퉁이에 세워 놓는다. 아이는 소변을 본다. 그렇게 해서 실제로 보모는 계속 잠을 잘 수 있게 되었다. 그러나 아이의 소변 욕구가 완전히 해결된 것은 아니다. 잠을 깨우는 자극은 계속된다. 아이의 배설 욕구가 점점 심해진 것이다. 아이는 보모가 깨어나서 도와주기를 간절히 원하지만 보살핌을 받지 못해서 큰 소리로 울부짖는다. 그럴수록 꿈은 다 잘 해결되었으니 깨어날 필요가 없다는 확신을 강화시킨다.

동시에 꿈은 잠을 깨우는 배설 욕구를 상징의 차원으로 옮겨 놓는다. 소변을 보는 아이가 내뿜는 물줄기가 점차 불어난다. 네 번째 그림에서 작은 나룻배가 나타나고, 그 뒤를 이어 곤돌라, 돛단배, 마침내 커다란 기선이 등장한다. 한 재치 있는 예술가가 줄기차게 잠을 깨우는 자극과 완강한 수면 욕구 사이의 싸움을 그림을 통해 함축적으로 표현한 것이다.

성교를 상징하는 꿈

앞에서 말한 광장 공포증에 걸린 젊은 부인의 다른 꿈이다. '작은 것'은 성기를 상징하며 '차에 치이는 것'은 성교를 상징한다.

부인의 어머니는 혼자 다닐 수 있어야 한다고 말하며 부인의 딸을 밖으로 내보낸다. 그 후 부인은 어머니와 함께 기차를 타고 간다. 딸아이가 선로 쪽으로 곧장 걸어오는 것을 본다. 딸이 기차에 치인 것이 분명하다. 뼈 으스러지는 소리가 들려온다. 기분은 좋지 않지만, 실제로는 놀라지 않는다. 부인은 뒤쪽에 뭔가 보이지 않을까 해서 기차 차창으로 내다본다. 그러고는 어린아이를 혼자 내보냈다고 어머니를 비난한다.

이 꿈을 완벽하게 해석하기는 쉽지 않다. 때때로 꿈은 연속되는 관계 속에서 완전히 이해될 수 있다. 꿈에서 어떤 상징을 사용하는지 정확하게 알아내기란 쉽지 않다. 부인은 기차 여행을 하는데 이는 정신 병원에서 돌아오는 길을 암시한다. 부인은 그 병원 원장과 사랑에 빠져 있었다. 어머니가 병원으로 부인을 마중 나왔고, 원장은 역에 나와서 작별 인사를 하며 꽃다발을 건네주었다. 부인은 어머니에게 그런 애정 표현의 장면을 보이는 것이 마음에 내키지 않았다. 따라서 꿈에서 어머니는 사랑의 방해꾼으로 나타난다. 사실 부인의 처녀 시절 어머니는 엄격했다. 이어서 떠오르는 생각은 뒤에서 뭔가 보이지 않을까 해서 밖을 내다보는 구절과 관계가 있다.

꿈에서는 기차에 치어 으스러진 딸아이의 시신을 생각해야 당연할 것이다. 그러나 떠오른 생각은 전혀 다른 방향을 가리킨다. 부인은 언젠가 욕실에서 벌거벗은 아버지의 뒷모습을 보았던 기억을 떠올리고, 남녀 사이에 존재하는 성별의 차이에 대해 말한다. 그러면서 남성의 성기는 뒤에서도 볼 수 있는데 여성은 그렇지 않다고 강조한다. 이러한 맥락에서 부인은 스스로 작은 것은 성기이며, 자신의 네 살 난 어린 딸은 자신의 성기라고 해석한다. 부인은 어머니가 자신에게 성기가 없는 것처럼 살기를 요구했다고 비난한다. 그러고는 꿈의 첫 구절에서 이 비난을 발견했다. 즉 어머니는 혼자 다닐 수 있어야 한다며 부인의 어린 딸을 밖으로 내보낸다. 부인의 환상 속에서 혼자 길을 가는 것은 남자가 없는 것, 성적 관계를 맺지 못하는 것을 의미한다. 그런데 부인은 그러고 싶지 않은 것이다. 부인의 진술에 따르면, 부인은 실제로 어린 시절 아버지의 사랑을 독차지했기 때문에 어머니의 질투를 사곤 했다.

부인이 같은 날 밤 꾼 다른 꿈을 통해서 이 꿈을 좀 더 깊이 해석할 수 있다. 부인은 남동생과 자신을 동일시한다. 사실 부인은 어린 시절 사내아이 같았다. 여자 아이로 잘못 태어났다는 소리를 종종 들었다. 작은 것이 성기를 의미한다는 사실은 남동생과의 동일시를 통해 분명하게 나타난다. 어머니는 작은 것을 잘라 버리겠다고 위협한다. 성기를 가지고 장난친 것에 대한 징벌임에 틀림없다. 부인은 어린 시절 자위행위를 했던 것이다. 그때까지 부인은 남동생만이 그런 일을 했다고 기억하고 있었다. 이 두 번째 꿈 내용은 당시에 이미 부인이 남성의 성기에 대해 알고 있었다는 것을 보여 준다. 또한 두 번째 꿈은 여자 아이는 사내아이를 거세해서 만든다는 유아기의 성 이야기를 시사한다.

나는 이것을 유아기의 성 이론이라고 불렀다. 내가 어린아이들의 이러한 생각을 들려주자 부인은 다음과 같은 일화를 알고 있다면서 즉시 그것을 확인해 주었다. 소년이 소녀에게 "잘라냈냐?"라고 묻는다. 그러자 소녀는 "아니, 이미 잘렸어."라고 대답한다. 그러므로 첫 번째 꿈에서 어린 딸, 즉 성기를 멀리 보내는 것은 거세의 위협과도 관계있다. 결국 부인은 어머니가 자신을 사내아이로 낳지 않았다는 사실을 원망한다. 다른 많은 꿈의 출처를 확실하게 알지 않았다면 이 꿈에서 기차에 치이는 것이 성교를 상징한다고 확신할 수 없었을 것이다.

계단이나 사다리를 오르내리는 행위는 성행위의 상징적 표현이다. 계단이 성교를 상징한다는 것을 확인시켜 주는 예가 있다. 얼마 전 한 심리학자가 꿈의 성적인 의미를 과대평가하는 것이 아니냐고 물었다. 그 심리학자는 층계를 오르는 꿈을 자주 꾸는데, 아무리 보아도 드러나지 않은 이면에 성적인 것을 찾을 수 없다고 말했다. 나는 이 이의를 계기로 꿈에 나타나는 계단이나 층계, 사다리에 주목했으며, 그 결과 계단이 확실히 성교의 상징이라는 것을 확인할 수 있었다. 계단과 성교를 비교해 보면 금방 알 수 있다. 계단을 올라갈 때 우리의 맥박은 리듬에 맞춰 빨라지게 된다. 숨이 가빠지면서 높이 올라가게 된다. 내려올 때는 빠르게 뛰던 맥박이 느려지고 숨이 편안해지기 시작한다. 성교의 리듬도 층계를 오르는 것과 비슷하다. 이와 같은 이야기는 꿈꾼 사람의 도움이 없이도 해석이 가능하다.

층계 꿈

다음의 몽정하는 꿈은 동료에게 들은 것이다.

동료는 한 소녀를 잡으려고 계단 아래로 달려 내려간다. 소녀는 내용은 알 수 없지만 못된 짓을 했다. 동료는 소녀에게 벌을 줄 셈이었다. 계단 밑에서 어떤 사람이 소녀를 붙잡아 주었다. 그 사람 덕분에 소녀를 잡을 수 있었다. 소녀를 잡아서 때렸는지는 모르겠다.

갑자기 동료는 계단 한가운데에서 그 소녀와 성행위를 하고 있다. 사실은 진정한 성행위가 아니다. 자신의 성기를 소녀의 성기 외부에 문질렀을 뿐이다. 이때 소녀의 성기와 옆으로 숙인 소녀의 머리가 선명하게 보였다. 동료의 머리 위 왼쪽에는 두 장의 작은 그림이 걸려 있다. 푸른 초원 속의 집이 그려진 풍경화였다. 그중에 작은 그림에는 누군가가 마치 동료에게 생일 선물이라도 준 것처럼 화가가 서명하는 부분에 동료의 이름이 적혀 있었다. 그림 앞에는 쪽지가 한 장 달려 있었다. 쪽지에는 "더 값싼 그림들도 있습니다."라고 적혀 있다. 그 뒤 동료는 계단 중간쯤에 누워 있다. 그리고 축축한 느낌 때문에 깨어난다. 몽정을 한 것이다.

이 꿈을 해석하면 다음과 같다.

꿈을 꾼 사람은 꿈꾸기 전날 서점에 들렀다. 서점에는 몇 개의 그림이 전시되어 있었다. 동료는 마음에 드는 작은 그림 하나를 발견했다. 작은 그림에 다가가 화가의 이름을 살펴보았는데 전혀 모르는 이름이었다.

그날 저녁 동료는 한 모임에 갔는데 그곳에서 보헤미아 출신의 여성과 만났다. 그 여성은 자신이 사생아를 낳았다고 하면서 사생아는 "계단 위에서 만들어졌다."라고 자랑했다. 동료는 흔치 않은 그 사건에 대해 자세히 물었다. 그 여성은 자신의 연인과 성행위를 할 기회가 없었는데 부모님 집으로 가는 도중 흥분한 남자와 계단에서 성교를 했다고 한다.

이렇게 전날과 관련된 일들이 꿈 내용에서 상당히 많이 드러나고 있다. 또한 꿈에서는 어린 시절의 기억을 찾아낼 수 있었다. 동료는 어린 시절 대부분의 시간을 계단에서 보냈다. 동료는 난간에 걸터앉아 미끄럼을 타곤 했는데 그럴 때면 성적 흥분을 느끼곤 했다. 꿈에서도 동료는 무척 빠르게 계단 아래로 달려 내려간다. 계단 하나하나를 밟는 것이 아니라 날아가거나 미끄러져 간다. 꿈의 앞부분은 어린 시절의 체험과 관계되는데, 어린 시절에 겪은 성적 흥분이 나타나고 있다. 꿈을 꾼 사람은 어린 시절 계단 근처에서 이웃집 아이들의 등을 올라타는 놀이를 했는데, 꿈속에서와 비슷한 만족감을 그때 느낀 경험이 있었다.

꿈에서 계단과 계단을 오르는 행위는 거의 대부분 성교를 상징한다. 그 이유는 계단을 오르는 행위와 성행위 모두 모두 율동으로 이루어지기 때문이다. 성행위를 할 때에도 위아래로 몸이 흔들리며 숨이 가쁘다. 계단을 오를 때도 마찬가지다. 위아래로 움직이는 동작인 성행위의 율동이 계단으로 표현되는 가장 뚜렷한 요인이다.

여성들을 상징하는 두 그림에 대해서도 언급할 필요가 있다. 작은 그림에 자신의 이름이 쓰여 있다는 것은 그것이 작은 여성임을 드러내는 상징이다. "더 값싼 그림들도 있습니다."라는 구절은 매춘을 상징하는 듯 보인다.

꿈꾸는 사람이 계단에 누워 있고 축축한 느낌 때문에 깨어나는 마지막 장면은 자위행위를 했던 시절보다 앞선 때를 암시한다. 어린 시절 잠을 잘 때 오줌을 싸면서 느꼈을 쾌감을 생각나게 한다.

배 꿈

현재 서른다섯 살의 한 남자는 네 살 때 꾼 꿈을 잘 기억하고 있다며 이렇게 이야기했다.

　　남자는 세 살 때 아버지를 잃었다. 아버지의 유언장을 맡고 있는 공증인이 커다란 최상품 배 두 개를 가져왔다. 남자는 배 한 개를 먹었고, 나머지 한 개는 거실의 창문틀에 놓아두었다.

잠에서 깨어난 어린 시절의 남자는 꿈이 현실이라고 굳게 믿었다. 창문틀에 놓여 있던 나머지 배를 달라고 어머니를 마냥 졸랐다. 꿈 이야기를 들은 어머니는 웃어넘겼다.

이 꿈을 분석해 보자. 꿈에 나온 공증인은 실제로 쾌활하고 나이가 많은 신사였다. 꿈꾼 남자의 기억에 의하면 공증인은 배를 가져온 적이 있었다. 창문틀은 남자가 꿈에서 본 그대로다. 남자는 배와 창문틀 이외에 별로 떠오르는 생각이 없다고 말했다. 다만 어머니가 최근에 꿈 이야기를 들려주었다는 것을 기억하고 있었다. 꿈에 어머니 머리 위로 새 두 마리가 날아와 앉았고, 어머니는 언제쯤 날아갈까 궁금해 한다. 그러나 날아가지 않고 오히려 한 마리가 어머니의 입속으로 날아 들어와 입을 빨아먹는다.

꿈꾼 사람이 별다르게 떠오르는 생각이 없다고 했기 때문에 우리는 상징의 의미를 파악해서 꿈의 해석을 시도할 수 있다. 두 개의 배는 젖을 먹여 키운 어머니의 유방이다. 사과의 경우도 같은 상징이다. 창문틀은 다른 꿈에서 나온 발코니처럼 가슴의 돌출부다. 꿈에서 깨어난 후 남자가 느끼는 현실감은 당연한 것이다. 실제로 어머니는 남자에게 젖을 먹여 키웠고, 그것도 보통의 경우보다 훨씬 늦게까지 먹였다. 남자는 어머니의 젖을 지금도 먹을 수 있기를 내심 바란다. 꿈을 이렇게 옮겨 놓을 수 있다.

"어머니, 제가 옛날에 먹었던 젖을 다시 주세요."

네 살 난 어린아이의 꿈에서 상징이 중요한 역할을 한다는 사실은 매우 주목할 만하다. 그것은 특이한 일이 아니라 일반적으로 이루어지는 규칙이다. 인간은 꿈을 꾸면서 '처음부터' 상징을 사용한다고 말할 수 있기 때문이다.

현재 스물일곱 살인 한 부인의 기억을 보면 인간이 얼마나 일찍부터 꿈이 아닌 일상생활에서도 상징적인 묘사를 사용하는지 알 수 있다.

부인이 서너 살 때의 일이다. 보모가 부인과 부인의 11개월 된 남동생, 그리고 남동생보다는 나이가 많지만 부인보다는 어린 사촌 여동생을 화장실로 데려간다. 그들은 산책을 가기 전에 화장실에서 소변을 본다. 제일 나이가 많은 부인은 변기에 앉고, 동생들은 요강에 앉는다. 부인은 사촌 여동생에게 묻는다.

"너도 지갑을 가지고 있니? 발터(남동생의 이름)는 작은 소시지가 있어."

사촌 여동생은 자기도 지갑을 가지고 있다고 대답한다. 보모는 그 이야기를 듣고 웃고는 나중에 엄마에게 그 대화 내용을 들려준다. 엄마는 엄하게 야단친다.

이 꿈에서 지갑과 소시지가 무엇을 말하는지는 분명하다. 지갑은 여성의 성기를 말하며 소시지는 남성의 성기를 말한다.

치아 자극 꿈

환자들의 정신을 분석하다 보면 환자들이 치아 자극 꿈 이야기를 자주 하는 것을 발견하게 된다. 하지만 그 꿈에 어떤 의미가 있는지 오랫동안 깨닫지 못했다. 그러한 꿈을 해석할 때마다 늘 아주 심한 저항에 부딪치곤 했다.

오랜 상담 끝에 나는 남성의 경우 사춘기 시절의 자위행위에서 느낀 쾌감이 치아 자극 꿈의 원동력이라는 확신을 갖게 되었다. 여기에서 그러한 꿈의 두 가지 사례를 분석하려고 한다. 그중 하나는 치아 자극 꿈인 동시에 비행하는 꿈이기도 하다. 두 가지 꿈 모두 한 젊은이가 들려준 것이다. 그 젊은이는 심한 동성애 기질을 가지고 있지만 실생활에서는 그런 기질을 잘 드러내지 않고 있다.

젊은이는 관람석에서 오페라를 보고 있다. 젊은이의 옆에는 자신에게 호감을 가지고 있는 L이 앉아 있다. 젊은이도 역시 L과 우정을 유지하고 싶어 한다. 공연 중인데도 젊은이는 갑자기 관람석을 가로질러 반대편 끝까지 날아간다. 그곳에서 자신의 입에 손을 집어넣어 치아 두 개를 뽑아낸다.

이 꿈의 드러나지 않은 이면에는 우정의 실패에 대한 두려움이 숨겨져 있다. 이미 여러 번 우정을 맺으려 노력했다가 좌절하고 내던져졌던 괴로움이 감춰져 있다. 꿈에는 옆에 앉아 공연을 관람하고 있는 젊은이와도 이러한 운명이 되풀이될지도 모른다는 두려움이 숨어 있다. 이 섬세한 성격의 젊은이는 한 친구에게 거절당한 후 그리움에 못 이겨 감각적인 흥분 속에서 두 번 연달아 자위행위를 했다고 부끄러운 고백을 했다. 젊은이의 두 번째 꿈은 이렇다.

젊은이가 알고 있는 대학 교수 두 명이 나 대신 젊은이를 치료한다. 한 사람은 젊은이의 성기에 모종의 처치를 한다. 수술을 해야 된다는 우려 섞인 말을 한다. 또 한 사람은 쇠몽둥이로 젊은이의 입을 때린다. 젊은이의 치아가 한두 개 빠진다. 젊은이는 네 개의 비단 수건으로 묶여 있다.

이 꿈이 성적인 의미를 가지고 있다는 것은 의심의 여지가 없다. 비단 수건은 젊은이가 알고 있는 동성애 남자를 가리킨다. 꿈을 꾼 젊은이는 한 번도 성교를 해 보지 않았다. 남자들과의 성행위도 시도해 본 적이 없다. 젊은이는 사춘기 시절 한때 자주했던 자위행위를 기억하며 성행위를 상상하고 있다.

나는 전형적인 치아 자극 꿈의 흔한 변형, 예를 들어 다른 사람이 꿈꾸는 사람의 치아를 뽑거나 이와 유사한 행동을 하는 것은 대부분 거세의 의미로 해석할 수 있다고 생각한다. 그러나 치아 자극이 어떻게 이런 의미를 갖게 되는지 도무지 이해할 수 없다고 생각될 것이다. 여기에서 나는 성적 억압에서 자주 이용되는 아래에서 위로의 이동을 지적하고 싶다. 히스테리에서는 이를 이용해 본래 성기에서 일어나는 온갖 감각과 의도를 다른 신체 부위에서 실현한다. 무의식적인 사고에서 얼굴이 성기를 상징하는 경우가 그런 이동의 사례다. 언어를 살펴보아도 엉덩이와 뺨은 유래가 같으며, 구강을 감싼 입술과 음순도 연관성이 깊다. 코는 수많은 암시에서 남근과 동일시되며, 양쪽에 털이 있기 때문에 유사성은 더욱 커진다. 그러나 유일하게 성기와 비교할 수 없는 한 가지가 있는데 그것은 바로 치아다. 이러한 일치와 어긋남이 동시에 존재하기 때문에 치아는 성적으로 억압받는 것을 의미한다. 나는 치아 자극의 꿈을 자위행위를 의미하는 꿈이라고 분석한 것에 대해 조금도 의심하지 않는다.

오토 랑크의 치아 자극 꿈

나는 치아 자극 꿈을 해석하는 데 많은 관심을 가지고 있는 동료 오토 랑크에게 다음과 같은 이야기를 들었다. 이 글에서 말하고 있는 사람은 오토 랑크다.

얼마 전에 나는 치과에 간 꿈을 꾸었다. 치과 의사가 어금니의 썩은 곳을 너무 오래 후비는 바람에 치아가 더 이상 쓸 수 없게 망가지고 말았다. 치아를 망가뜨린 다음 치과 의사는 치아를 집게로 뽑는다. 치과 의사는 실제로 치료한 치아는 그것이 아니니까 걱정하지 말라며, 치아를 탁자 위에 내려놓는다. 그러자 치아가 여러 겹으로 부서진다. 나는 호기심 어린 마음으로 몸을 일으켜 치과 의사에게 의학적인 질문을 던진다. 의사는 눈에 띄게 하얀 치아 조각을 분류해 가루로 빻으면서 이런 일은 사춘기와 관련이 있다고 말한다. 사춘기 이전에는 치아가 쉽게 빠진다는 것이다. 그리고 여성들의 경우 치아가 빠지는 결정적인 계기는 바로 출산이라고 덧붙인다.

잠시 후 비몽사몽간에 내가 꿈을 꾸면서 몽정을 했다는 사실을 깨닫는다. 꿈의 어느 부분에서 몽정을 했는지는 자세히 모르겠으나, 이를 뽑았을 때 몽정을 한 게 아닌가 싶다. 그 후 이어진 꿈의 내용은 잘 생각나지 않지만 꿈의 끝 부분에서 누군가 옷을 가져다 줄 거라는 희망에 나는 모자와 양복 윗도리를 어딘가 벗어두고 외투만 걸친 채 이제 막 출발하려는 기차에 올라타려고 하는 것이었다. 나는 마지막 순간에 간신히 열차 뒤쪽에 올라탈 수 있었다. 그런데 그곳에는 이미 다른 사람이 서 있다. 나는 기차 안으로 들어가지 못하고 불편한 여행을 계속한다. 잠시 후 이리저리 노력한 끝에 결국 불편한 상황에서 벗어난다. 큰 터널을 지나가듯이 나는 기차를 관통해 간다. 그리고 나는 열차 차창을 통해 바깥에서 보듯이 열차 안을 들여다본다.

오토 랑크는 꿈꾸기 전에 다음과 같은 일을 겪었다.

실제로 얼마 전부터 나는 치과 진료를 받고 있다. 꿈을 꾸던 무렵에 꿈에서 의사가 후비어파던 아랫니에 계속 통증을 느꼈다. 현실에서도 의사는 그 치아를 오래 후비었다. 참기 어려울 만큼 아팠다. 꿈을 꾸기 전날 오전 나는 통증 때문에 다시 치과를 찾았다. 의

사는 치료한 아랫니가 아닌 다른 이빨을 뽑아야 한다고 말했다. 그 치아 때문에 통증을 느낄 거라는 것이다. 그것은 막 나기 시작한 사랑니였다. 나는 의사에게 의사로서의 양심을 걸고 어느 치아가 문제인지 말해달라고 했다.

그날 오후 나는 어느 부인에게 치통 때문에 내 기분이 나쁜 상태라고 말했다. 그러자 그 부인도 의사가 윗부분이 다 부스러진 치근을 뽑으라고 할까봐 두려워하고 있다고 이야기했다. 그러면서 송곳니를 뽑을 때가 특히 고통스럽고 위험하다고 말했다. 부인의 아픈 이는 윗니였다. 부인은 윗니를 뽑을 경우 좀 더 간단하다는 이야기를 아는 여자에게 들었다고 말했다. 그 여자는 마취 상태에서 다른 치아를 잘못 뽑힌 적이 있다는 말도 했는데 그런 말을 들으니 치료를 앞두고 더욱더 겁이 난다고 부인은 말했다.

부인은 송곳니가 어떤 치아인지, 송곳니에 대해 무엇을 알고 있는지 내게 물었다. 나는 송곳니에 담겨 있는 미신적인 내용을 말해주었다. 그리고 송곳니에 관한 민속적인 이야기도 잊지 않고 말했다. 나의 말을 듣고 나서 부인은 '임산부가 치통을 느끼면 사내아이를 낳는다.'라는 모두 알고 있는 민간 신앙 하나를 말했다.

이 속담은 나의 관심을 불러일으켰다. 프로이트가 《꿈의 해석》에서 치아 자극 꿈이 자위행위를 의미한다고 말한 것과 관련 있다고 생각했기 때문이다. 속담에서도 치아와 남성의 성기(사내아이)를 관

런짓고 있었다. 그래서 그날 저녁 나는 《꿈의 해석》에서 관련된 부분을 다시 한번 읽어 보았다. 다음과 같이 설명한 부분을 발견했다.

"남성의 경우 사춘기 시절의 자위행위에서 느낀 쾌감이 치아 자극 꿈의 원동력이다."

또한 이런 구절도 있다.

"나는 전형적인 치아 자극 꿈의 흔한 변형, 예를 들어 다른 사람이 꿈꾸는 사람의 치아를 뽑거나 이와 유사한 행동을 하는 것은 대부분 거세의 의미로 해석할 수 있다고 생각한다. 그러나 치아 자극이 어떻게 이런 의미를 갖게 되는지 도무지 이해할 수 없다고 생각될 것이다. 여기에서 나는 성적 억압에서 자주 이용되는 아래에서 위로의 이동을 지적하고 싶다. 히스테리에서는 이를 이용해 본래 성기에서 일어나는 온갖 감각과 의도를 다른 신체 부위에서 실현한다."

나도 어린 시절에 자위행위를 나타내는 표현을 알고 있었다. 꿈 해석을 잘하는 사람은 꿈의 토대가 된 어린 시절의 경험의 통로를 어렵지 않게 찾아낼 수 있을 것이다. 내가 흔들리던 내 위쪽 앞니를 아프지 않게 가볍게 뺄 무렵 나는 의식적으로 자위행위를 시도했다.

출산 꿈

흔히 두려움에 질리는 꿈 가운데 상당수를 차지하는 좁은 공간을 지나거나 물속에 빠지는 꿈의 토대를 이루는 것은 자궁 안에서의 삶과 출생 행위에 대한 상징이다. 나는 존스(《프로이트의 꿈 이론》의 저자)의 연구에서 출산 꿈을 해석과 함께 인용한다.

> 여자는 바닷가에 서 있다. 그곳에서 아들처럼 보이는 소년이 물속으로 걸어 들어가는 모습을 본다. 소년은 온몸이 잠길 때까지 계속해서 물속으로 걸어 들어간다. 곧 수면 위로 들어갔다 나왔다 하는 소년의 머리가 보인다. 그리고 장면이 바뀌어 북적대는 호텔의 로비다. 여자는 남편이 자리를 뜨자 낯선 남자와 이야기를 나눈다.

꿈의 뒷부분은 남편에게서 벗어나 다른 남자와 은밀한 관계를 맺는 장면이 나타난다. 꿈의 앞부분은 확실히 출산에 대한 환상을 의미한다. 신화나 꿈에서 나타나는 어린아이의 출생은 어머니 몸 안의 양수에서 벗어나는 대신 물속에 들어가는 것으로 바뀌어 묘사된다. 그중에서도 아도니스(미의 여신 아프로디테가 사랑했다고 하는 그리스 신화에 나오는 미소년), 오시리스(이집트 신화에 나오는 죽음의 신), 모세, 그리고 바카스(그리스·로마 신화에 나오는 술의 신)의 출생은 아주 유명한 사례다.

머리가 물속으로 들어갔다 나왔다 하는 장면에서 꿈을 꾼 여자는 단한 번의 임신을 통해 알게 된 태아의 움직임을 즉시 기억했다. 여자는 소년을 물속에서 끄집어내어 씻기고 옷을 입힌 다음 자신의 집으로 데려가고 싶은 환상을 갖는다.

꿈의 뒷부분은 도망을 생각나게 한다. 도망은 이 꿈에 숨어 있는 꿈의 사고를 드러낸다. 꿈의 앞부분과 뒷부분은 출산 환상을 숨기고 있다는 점에서 일치한다. 또한 꿈의 앞부분에서 소년이 물속으로 떠나는 반면 꿈의 뒷부분에서는 남편이 떠난다. 한편 꿈의 앞부분에서는 소년이 물속에 들어간 다음 머리가 흔들리는데 이는 드러난 꿈이고, 꿈의 사고에서는 소년의 움직임이 먼저 나타나고 물을 떠나게 된다. 이것은 꿈의 내용이 이중으로 전도되었다는 것을 말해준다. 꿈의 뒷부분에서는 남편이 여자의 곁을 떠나는데 사실 꿈의 사고에서는 여자가 남편 곁을 떠난다.

또 다른 출산 꿈으로 아브라함이 《꿈과 신화》에서 보여 주고 있는 첫 출산을 앞둔 젊은 부인의 꿈이 있다. 방 한구석에서 시작된 지하 수로가 곧장 물이 있는 곳까지 이어진다. 여기서 지하 수로는 아기가 태어날 때 지나가는 길이며 물은 아기를 둘러싸고 있는 양수를 말한다. 부인이 침대를 들어 올리자 갈색 모피에 둘러싸인 생물이 보인다. 물개와 아주 비슷하게 생겼다. 이 생물은 꿈을 꾼 부인이 옛날부터 어머니처럼 돌보아 준 어린 남동생으로 밝혀진다.

땅속으로 내려가는 꿈

다음은 아버지 콤플렉스가 있는 젊은 남자의 꿈이다. 여기서 건물이나 계단, 땅속으로 들어가는 길 등은 성기를 상징한다.

남자는 아버지와 함께 공원을 산책하고 있다. 둥근 건물이 보이고 건물 앞에 작게 튀어나온 부분에는 '기구'가 걸려 있다. 그 기구는 축 늘어져 있는 것처럼 보인다. 아버지는 이게 다 무슨 쓸모가 있냐며 남자에게 묻는다. 자신도 의아한 생각이 들었지만 아버지에게 나름대로 설명을 한다. 조금 있다가 남자와 아버지는 커다란 함석판이 널려 있는 뜰에 도착한다. 아버지는 주변을 살핀 후 함석판 한 조각을 '뜯어내려' 한다. 남자는 감시인에게 말만 잘하면 함석판을 그냥 가질 수 있다고 아버지에게 말한다. 뜰을 둘러보니 땅속으로 내려가는 '계단'이 있다. 땅속으로 향해 있는 길의 벽면은 안락의자처럼 매우 폭신하다. 땅속의 계단을 내려가자 평탄한 길이 꽤 길게 이어지다가 다시 땅속으로 향하는 길이 나타난다.

이 꿈을 꾼 남자는 진료하기 쉽지 않은 유형에 속한 환자였다. 이런 환자는 어느 지점까지는 매우 협조적이지만, 그 다음부터는 거의 접근이 불가능하다. 그 남자는 이 꿈을 거의 혼자 힘으로 해석했다.

남자는 말했다.

"둥근 건물은 제 성기를 뜻하고, 그 앞에 축 늘어진 기구는 제가 늘어져서 고민하는 저의 음경입니다."

따라서 둥근 건물은 어린아이들이 보통 성기라고 생각하는 엉덩이를 뜻하고, 그 앞에 작게 튀어나온 부분은 음낭이라고 더 정확히 설명할 수 있다. 꿈에서 아버지는 남자에게 그것이 다 무슨 쓸모가 있냐고 즉, 성기의 목적과 하는 일에 대해 묻는다. 그런데 이 상황을 거꾸로 생각해 볼 수 있다. 그러면 남자가 묻는 쪽이 된다. 실제로 아버지는 남자에게 그런 질문을 한 적이 없다. 그래서 꿈에서나마 아버지가 남자에게 그런 질문을 하기를 바라는 남자의 소망 충족이라고 볼 수도 있고, 아니면 '내가 아버지에게 성적인 설명을 요구했다면 과연 어떻게 되었을까.'라고 하는 남자의 생각을 나타내는 것일 수도 있다. 우리는 이 생각이 어떻게 이어지는지 나중에 알 수 있을 것이다.

먼저 함석판이 널려 있는 것을 상징적이라고 보기는 어렵다. 그것은 아버지의 사업장과 관련이 있으며, 남자는 아버지가 다루고 있는 다른 물건을 함석판으로 대신했다. 그 외의 부분은 원래 꿈 그대로다. 꿈을 꾼 남자는 아버지의 가게에서 일을 했으며, 아버지가 옳지 못한 방법으로 돈을 버는 것에 대해 무척 반발했다. 따라서 꿈은 이렇게 해석할 수 있다. '내가 아버지에게 물어보았다면, 아버지는 손님들을 속이듯이 나를 속이는 대답을 할 것이다.' 무언가를 뜯어내는 것은 사업의 부당함을 나타내는 것인데, 꿈꾼 젊은이는 스스로 그것이 자위행위를 의미한다고 말했다. 이것은 이미 우리가 알고 있는 것일 뿐 아니라, 자위행위는 반대의 행위를 통해 표현된다(공공연하게 해도 된다)는 사실과도 일치한다. 자위행위를 아버지에게 전가하는 것역시 예상과 맞아떨어진다. 남자는 푹신한 벽을 여성의 질이라고 해석했다. 나는 다른 곳에서 알게 된 내용을 토대로 내려가고 올라가는 것은 질 속에서의 성교를 묘사한다고 보충한다.

　남자는 땅속의 계단을 길을 지나 다소 평평한 길이 이어지고 다시 땅속으로 향하는 길이 나타났던 꿈의 내용을 자신의 인생에 비추어 설명했다. 남자는 한동안은 사귀는 여성과 성교를 했지만, 그 후 장애 때문에 여성과의 교제를 포기했고, 지금은 치료를 받아서 다시 교제를 할 수 있기를 원하고 있다. 그러나 꿈은 마지막 부분에 가서 희미해졌으며 아버지의 옳지 못한 사업 방식, 땅속으로 들어가는 길로 묘사된 여성의 질이 나타내는 또 다른 주제가 확실히 드러난다. 여기서 어머니와의 관계를 추정할 수 있다.

5. 꿈에도 감정이 들어 있다

꿈에서 무서운 일이 벌어지면 깨어나도 한동안 무섭다는 느낌이 사라지지 않는다. 우리가 가위에 눌렸거나 악몽을 꾸게 되면 그 꿈에서 깨어나도 역시 무서운 생각이 사라지지 않고 식은땀을 흘리게 된다. 이는 꿈에도 감정이 들어 있다는 것을 단적으로 보여 준다.

그러나 꿈의 내용에 감정이 들어 있다고 해서 그 감정이 반드시 드러나는 것은 아니다. 마땅히 드러나야 할 감정이 드러나지 않고 오히려 무덤덤하게 처리되는 경우도 많이 있다. 그렇다면 어떤 경우에 꿈에서 감정이 무덤덤하게 처리되는 것일까?

프로이트는 꿈속에서 나타나는 두려움, 슬픔, 흥분, 혐오감 등이 꿈꾼 사람에게 아무런 느낌 없이 처리되는 이유에 대해서 설명한다. 결론적으로 말하면 제시된 사례들 속에서 꿈속의 두려움은 실제적인 두려움이 아니며, 슬픔 역시 슬퍼할 이유가 없는 슬픔이고, 흥분도 생겨날 이유가 없는 흥분이며, 혐오감을 느끼는 것이 아니라 오히려 편안함을 느끼게 한다는 것이다. 그러므로 꿈에 나타난 감정이 아무런 느낌을 주지 않는 원인은 꿈의 내용 속에 숨겨진 은폐나 왜곡, 또는 다른 것의 대치나 상징 때문이라는 것이다.

우리가 흔히 잠에서 깨어나면서 꿈의 내용을 잊어버리듯이 꿈에서 느낀 기분을 떨쳐 버릴 수는 없다. 내가 꿈속에서 강도를 만나 두려움에 떨었다면, 강도는 상상한 것이지만 두려움은 현실적인 것이다. 꿈에서 기뻐할 때도 마찬가지다. 꿈에서 체험한 감정은 깨어 있을 때 체험한 것에 뒤지지 않으며, 꿈은 꿈의 내용보다 감정적인 측면에서 실제적인 것으로 받아들여지기를 원한다. 그러나 깨어 있는 동안에 꿈의 요구는 받아들여지지 않는다. 꿈의 내용과 감정이 서로 맞아떨어졌을 때에만 감정을 심리적으로 평가할 수 있기 때문이다. 꿈의 감정과 내용이 종류와 강도에서 서로 부합하지 않으면, 깨어나서 꿈을 판단할 때 정확하게 판단하기가 힘들어진다.

　일반적으로 꿈에 감정이 있지만 깨어 있을 때처럼 감정이 나타나지 않는 경우도 많다. 꿈속에서 혐오스럽고 소름 끼치는 위험한 상황에 처해 있으면서도 두려움이나 혐오감을 느끼지 않을 수 있다. 이와 반대로 아무렇지도 않은 일에 놀라고 유치한 일에 기뻐하기도 한다. 그래서 나는 여기서 감정이 나타날 만한 내용인데도 나타나지 않은 사례를 밝히려고 한다.

꿈에서의 두려움

꿈속에서 사자를 보고 두려워하지 않은 사례가 있다.

　여자는 사막에서 세 마리의 사자를 보지만 무서워하지 않는다. 그중 한 마리는 웃고 있다. 그 뒤 여자는 사자들에게서 도망친 것이 분명하다. 여자가 나무 위로 기어 올라가려고 애쓰기 때문이다. 그런데 나무 위에는 프랑스어 교사인 여자의 사촌이 벌써 올라가 있다.

이 꿈을 꾸게 된 계기는 영어 문장 때문이었다. 영어 과제를 하면서 '갈기는 사자의 장식'이라는 영어 문장을 사용했던 것이다. 지극히 사소한 이런 계기로 인해 여자는 꿈을 꾸게 되었다. 여자의 아버지는 마치 사자의 갈기처럼 수염이 얼굴을 감싸고 있었다. 영어 회화 선생님의 이름은 라이온스(사자들)다. 또 알고 지내는 어떤 남자는 여자에게 뢰베(가곡으로서의 발라드를 확립한 독일의 작곡가)의 담시(자유로운 형식의 짧은 서사시)를 보내 주었다. 아버지, 영어 회화 선생님, 알고 지내는 남자가 바로 세 마리의 사자다. 여자가 무엇 때문에 이들을 두려워하겠는가? 이것이 사자가 무섭지 않는 이유였다.

여자는 폭동을 일으키도록 다른 사람들을 선동한 흑인이 사나운 개에게 뒤쫓기다가 살기 위해 나무 위로 기어 올라가는 내용의 소설을 읽은 적이 있었다. 그 뒤를 이어 다음과 같은 기억의 단편이 떠올랐다. 여자는 꿈을 꾸기 전날 남편이 모시고 있는 상관의 방문을 받았다. 상관은 여자에게 매우 정중했으며 여자의 손에 키스했다. 상관은 '거물'이며 그 나라의 수도에서 사교계의 사자 역할을 하고 있었다. 여자는 상관이 전혀 두렵지 않았다. 꿈속에서 사자를 보고 두려워하지 않은 까닭은 그 사자가 모두 알고 있는 사람을 상징하기 때문이다. 꿈속에서도 여자는 이미 이 상징을 알고 있었던 것이다.

꿈에서의 슬픔

언니의 어린 아들이 죽어 관 속에 누워 있는 것을 보면서도 고통이나 슬픔을 느끼지 못했던 여성 환자의 꿈을 앞에서 말한 바 있다. 우리는 왜 그 여성이 고통이나 슬픔을 느끼지 않았는지 알고 있다. 꿈은 사랑하는 남자를 다시 만나고 싶어 하는 여성의 소망을 은폐하고 있기 때문이다. 감정은 소망과 서로 부합한다. 따라서 슬퍼할 이유가 전혀 없다.

어떤 꿈들에서 감정은 적합한 꿈 내용을 대치한 다른 꿈 내용과 결합해 있다. 이런 경우 감정은 꿈의 내용과는 완전히 다르게 나타나며, 꿈의 다른 어딘가에서 꿈 요소들의 새로운 배열 속에 끼어든다. 이는 꿈이 왜곡되어 나타날 때와 유사하다. 꿈의 사고에 의미 있는 결론이 있으면 꿈 역시 그러한 결론을 포함하지만, 그 결론은 꿈에서 완전히 다른 재료와 대치될 수 있다. 이러한 대치는 흔히 대립의 원칙을 따른다. 예를 들어 기대와 기쁨이 고통과 슬픔으로 대치되어 나타나는 것이다. 나는 다음의 꿈 사례를 통해 그런 가능성을 보여 주려고 한다.

꿈에서의 흥분

바닷가에 요새로 보이는 성이 하나 있다. 이 성은 직접 바다에 닿아 있지 않고 바다로 이어지는 좁은 운하 옆에 위치한다. P는 요새의 사령관이다. 나는 세 개의 창문이 있는 커다란 응접실에 P와 함께 있다. 응접실 앞쪽에는 성채처럼 방호벽이 튀어나와 있다. 나는 해군에 자원한 장교로 수비대에 배치되어 있다. 전쟁 중이기 때문에 적함의 출현을 경계해야 한다.

P는 요새를 떠날 생각이다. P는 적함이 출현할 경우에 할 일을 내게 지시한다. 병석에 누운 P의 부인은 아이들과 함께 위험에 처한 요새 안에 머물고 있다. P는 포격이 시작되면 큰 강당으로 사람들을 피신시키라고 말하고는 숨을 거칠게 몰아쉬며 자리를 뜨려한다. 나는 P를 멈춰 세우고, 비상시 어떤 방법으로 P에게 보고해야 하는지 묻는다. P는 뭐라고 말하는 듯하더니 그 자리에 쓰러져 숨을 거둔다. 내 질문이 P를 지나치게 긴장시켰음이 틀림없다.

나는 P의 죽음에 별다른 감정의 변화를 느끼지 못한다. 그런 상태에서 P의 부인을 성에 남아 있게 할 것인가, 그리고 최고 사령부에 P의 사망을 알리고 제2명령권자로서 성의 지휘권을 넘겨받아야 할 것인가 생각한다. 그런 다음 창가에 서서 지나가는 선박들을 주의 깊게 살펴본다. 어두운 수면 위를 빠르게 가르면서 지나가는 상선들이 보인다.

굴뚝이 여러 개 달린 배도 있고, 갑판이 불룩 튀어 나온 배도 있다. 동생이 내 옆에 서 있었는데, 우리 둘은 창문을 통해 뱃길을 바라보고 있었다. 우리는 한 척의 배를 보고 "저기 군함이 온다!"라고 소리친다. 그러나 다시 살펴보니 내가 이미 알고 있는 배들이 돌아오는 것이었다. 중간 부위가 잘려 나가 우스꽝스런 모습의 작은 배 한 척이 다가온다. 갑판에서는 독특한 모양의 잔 아니면 깡통처럼 생긴 상자들이 보인다. 우리는 동시에 소리친다.

"저건 아침 식사 배다."

이 꿈의 두 부분에서 감정의 작용이 눈에 띈다. 한 부분에서는 예상되는 감정이 나타나지 않는다. 사령관의 죽음에 별다른 감정 변화를 느끼지 못했다고 강조한다. 그러나 군함이 다가온다고 생각한 부분에서는 깜짝 놀란다. 잠자고 있으면서 놀라는 감정을 느낀 것이다. 잘 구성된 이 꿈에서 감정은 스스로의 모순이 눈에 띄지 않도록 하기 위해 교묘하게 끼어 있다. 사령관의 죽음에는 놀랄 이유가 전혀 없지만 성의 지휘관으로서 군함을 보고 놀라는 것은 당연하다.

그러나 분석을 해 보면 P는 내 자아의 대치물에 지나지 않는다는 것이 증명된다(꿈에서는 내가 P의 대치물로 나타난다). 나는 갑자기 숨을 거두는 사령관이다. 꿈의 사고는 내가 돌연히 세상을 떠난 다음 가족의 미래는 어떻게 될 것인지에 대해서 다루고 있다. 그러므로 꿈의 사고에는 다른 고통스러운 생각이 나타나지 않는다. 군함과 관련된 놀람은 군함과는 분리시켜 이 꿈의 사고와 관련지어야 한다. 그런데 분석해 보면 군함이 나오게 된 꿈의 사고는 정반대로 아주 즐거운 추억들로 채워져 있다. 일 년 전 나는 동생과 함께 베니스의 호텔 방 창가에 서서 바닷가를 바라보고 있었다. 마침 영국 선박들을 성대하게 맞이하기 위해 사람들이 기다리는 중이었다. 그때 아내가 어린아이처럼 즐거운 목소리로 소리쳤다.

"저기 영국 군함이 와요!"

하지만 꿈에서 나는 똑같은 말을 듣고 기뻐한 것이 아니라 놀란다. 여기서 꿈의 사고가 외현적 꿈의 내용으로 바뀌는 과정에서 기쁨을 놀람으로 변환시킨 것임을 알 수 있다. 이 사례는 꿈의 작업 과정에서 꿈의 감정을 자유롭게 꿈의 사고 안에 있는 관련 부분에서 떼어 내서 임의의 꿈 내용 속으로 끼워 넣는다는 것을 보여 준다.

꿈에 감정이 나타나는 경우에는 꿈 사고에도 감정이 존재한다. 그러나 꿈 사고에 감정이 존재한다고 해서 반드시 꿈에 감정이 나타나는 것은 아니다. 일반적으로 꿈은 꿈을 가공하는 토대인 심리적 재료보다 흥분의 정도에서 약하다. 꿈의 사고를 재구성해 보면 사고의 내부에 있는 강렬한 충동들은 대부분 날카롭게 대립되는 반대의 충동들과 싸우면서 자신을 드러내기 위해 노력하고 있음을 알 수 있다. 그래서 꿈을 돌아보면 꿈은 무미건조하며 강렬한 감정의 색채를 드러내지 않는다. 꿈의 작업은 생각의 내용뿐만 아니라 감정의 색채까지도 종종 무미건조하게 만들어 버린다.

꿈에서의 혐오감

나는 꿈 내용에 무관심한 감정 상태가 나타나는 이유를 꿈 사고에서의 대립을 통해 설명할 수 있는 꿈 사례를 덧붙이려고 한다. 독자들은 다음에 이야기하는 짧은 꿈을 읽고 혐오감을 느낄 것이다.

> 언덕 위에 야외용 화장실이 있다. 아주 긴 나무 의자 끝에 커다란 배변 구멍이 입을 벌리고 있다. 뒤편 구석에 온갖 대변이 쌓여 있다. 방금 눈 것, 오래된 것, 큰 덩어리, 작은 덩어리 등 다양하다. 의자 뒤쪽은 수풀이다. 나는 의자에서 소변을 본다. 긴 소변 줄기가 모든 것을 깨끗이 씻어 낸다. 대변 덩어리들이 풀려 구멍 속으로 떨어진다. 아직도 남아 있는 것들이 있다.

이 꿈에서 나는 왜 혐오감을 느끼지 않았을까? 분석을 하면 내가 이 꿈을 꿀 때 매우 편안하고 만족스러운 생각을 하고 있었다는 것을 알게 된다. 분석에서 즉시 헤라클레스의 '아우기아스의 외양간(50

년간 치우지 않았던 아우기아스 왕의 외양간을 헤라클레스가 강물을 끌어와 치운다는 그리스 신화'이 생각난다. 꿈에서는 내가 바로 헤라클레스다. 언덕과 수풀은 지금 내 아이들이 머물고 있는 곳이다. 의자는 어느 여성 환자가 선물한 가구를 그대로 본뜬 것이다. 그 의자는 환자들이 나를 얼마나 존경하는지 생각나게 한다. 그러므로 인간의 배설물이 가득 쌓여 있는 화장실조차 마음을 기쁘게 한다는 해석이 가능하다.

현실에서는 혐오감을 느낄지라도, 꿈에서 그것은 아름다운 나라 이탈리아에 대한 추억을 암시한다. 이탈리아의 작은 도시들에 있는 화장실은 바로 꿈에서처럼 생겼다. 모든 것을 깨끗이 씻어 내는 소변 줄기는 위대함을 암시한다. 걸리버는 소인국에서 소변으로 큰불을 끈다. 물론 그 때문에 걸리버는 소인국 여왕의 불신을 받기는 하지만 말이다. 또한 거장 라블레(프랑스의 작가이자 의사이며 인문주의 학자)가 그려 낸 초인 가르강튀아는 파리 시민들에게 복수하기 위해 노트르담 사원 위에서 말 등에 앉은 채 파리를 향해 소변 줄기를 내뿜는다. 나는 라블레에 대한 삽화를 잠들기 전날 밤에 뒤적였다. 소변 줄기는 꿈에서 내가 위대한 사람이라는 증명 재료다. 노트르담 사원의 난간은 내가 파리에서 즐겨 찾던 곳으로, 한가로운 오후면 나는 괴물과 악마들 사이를 지나 탑에 오르곤 했다. 온갖 대변이 소변 줄기 앞에서 그렇게 순식간에 사라지는 것은 '바람이 불어 그들을 휩쓸어 버렸다.'라는 구절을 연상시킨다. 나는 언젠가 이 구절을 히스테리 치료에 관한 장의 제목으로 붙일 생각이다.

꿈의 주요 동기는 이러하다. 무더운 여름날 저녁 히스테리와 성도착증의 관계에 대해 강의를 했다. 하지만 내가 말하는 모든 것이 전혀 마음에 들지 않았고 가치가 없다는 생각이 들었다. 어려운 연구에 대한 만족감은커녕 피곤하기만 했으며, 인간의 오점을 들추어내는 일은 이제 그만 두고 강의실을 떠나 내 아이들이 있는 이탈리아로 가고 싶었다. 아름다운 이탈리아가 그리워졌다.

이런 기분으로 나는 강의실을 떠났다. 자유로운 공기를 들이마시며 배를 채우기 위해 카페에 갔다. 식욕을 전혀 느낄 수 없었다. 그런데 한 수강생이 따라와서는 옆에 앉는 것을 허락해 달라고 청했다. 내가 커피를 마시고 롤빵을 억지로 삼키는 동안, 그 수강생은 내게 아부의 말을 늘어놓기 시작했다. 내게서 많은 것을 배웠고 이제 모든 것을 다른 눈으로 보게 되었다는 이야기였다. 간단히 말해 내가 매우 위대하다는 것이었다. 하지만 내 기분은 그 수강생의 칭찬을 받아들일 상황이 아니었다. 나는 그 수강생의 이야기에 혐오감을 느끼고 그 수강생으로부터 벗어나기 위해 일찍 집으로 돌아갔다. 그리고 잠자리에 들기 전 라블레의 책을 뒤적였고, 마이어(19세기 후반 스위스를 대표하는 작가)의 단편 소설 〈어느 소년의 슬픔〉을 읽었다.

나의 꿈은 이러한 재료에서 생겨난 것이다. 마이어의 소설은 어린 시절의 사건들을 생각나게 했다. 즐거움과 기쁨이 마음속에 생겼다.

혐오감과 불쾌감으로 가득 찬 낮의 기분과는 정반대였다. 그러나 낮의 기분이 꿈 내용에 거의 모든 재료를 제공했다. 꿈 내용은 같은 재료를 가지고 열등감과 과대망상을 동시에 표현할 수 있도록 형성되었다. 상반되는 내용이 타협점을 찾으며 꿈으로 형성되어서 모호한 꿈 내용이 생겨난 것이다. 대립되는 것들이 서로를 억압하기 때문에 무관심한 감정 상태가 형성된 것이다.

소망 충족 이론에 따르면 억압받고 있지만 강조되고 있는 과대망상이 정반대의 혐오감과 결합하지 않았다면, 이 꿈은 생겨나지 못할 수도 있었다. 고통스러운 것은 꿈에서 묘사될 수 없다. 낮의 사고 활동에서 비롯된 고통스러운 것은 동시에 소망 충족의 옷을 입어야만 꿈속에 들어갈 수 있게 된다.

사물의 모습이 뒤바뀌듯이 꿈에서의 감정도 뒤바뀌어 나타날 수 있다. 이런 감정의 전도는 대부분 꿈의 검열이 만든 결과다. 감정의 억제와 감정의 전도는 꿈의 검열과 유사한 사회생활에서도 특히 위장하는 데 도움이 된다. 적대감을 표현하고 싶지만 신중하게 대해야 하는 사람과 대화할 때, 생각을 부드럽게 표현하기보다는 감정을 감추는 것이 더 중요하다. 건네는 말은 부드러우나 증오나 경멸을 담은 눈빛 또는 몸짓을 보이는 것은 면전에서 가차없이 모멸감을 퍼붓는 것과 크게 다를 바 없다. 따라서 검열은 감정을 억제하라고 명령한다. 내가 위장을 잘하는 사람이라면 진실한 감정을 감추고 아닌

척 꾸며댈 것이다. 그래서 화가 나면 미소를 짓고, 죽이고 싶은 생각이 들면 다정한 척할 것이다. 이런 감정 전도의 적절한 사례로 페렌치가 보고한 꿈이 있다.

어느 중년 남자가 밤에 잠을 자면서 너무 큰 소리로 웃고 떠들어댔다. 걱정이 된 부인이 흔들어 깨웠다. 그러자 남자는 꿈 이야기를 했다.

남자가 침대에 누워 있는데, 친하게 지내는 어떤 사람이 들어왔다. 남자는 형광등을 켜려고 했지만 잘 켜지지 않았다. 몇 번이고 시도했는데 끝내 불을 켤 수가 없었다. 그러자 이번에는 남자의 아내가 침대에서 일어나 남자를 도우려고 했다. 그러나 남자의 아내 역시 마찬가지였다. 남자의 아내는 잠옷 차림이어서 부끄럽다고 느껴 포기하고 자리에 누웠다. 남자는 이 모든 것이 너무 우스꽝스러워 웃음을 참을 수 없었다. 남자의 아내가 물었다.

"당신 왜 웃는 거예요? 도대체 왜 웃는 거냐고요?"

그러나 남자는 웃음을 그칠 수 없었다. 웃음은 깨어날 때까지 계속되었다.

다음날 그 남자는 몹시 우울해 보였다. 머리가 아프다고 했다. 남자는 너무 웃어서 그렇다고 말했다.

분석해서 말하자면 이 꿈은 그다지 즐거운 내용을 말하는 꿈이 아니다. 여기서 꿈에 등장한 친하게 지내는 사람은 꿈꾸기 전날 남자에게 자각된 죽음이 형상화된 것이다. 동맥 경화증을 앓고 있는 남자에게는 죽음을 생각할 만한 이유가 있었다. 남자가 꿈에서 크게 떠들며 웃은 것은 자신이 죽을 수밖에 없다는 생각에서 온 울음과 오열을 대신한 것이다. 남자가 끝내 켤 수 없었던 것은 생명의 등불이다. 이 슬픈 생각은 얼마 전 뜻대로 되지 않은 부인과의 성행위와 관련이 있다. 그때 약간은 섹시하게 보이는 잠옷 차림을 하고 부인이 도왔지만 아무 소용이 없었다. 그래서 꿈의 작업은 발기 부전과 죽음에 대한 슬픈 생각을 우스꽝스런 장면으로, 오열을 웃음으로 변화시킨 것이다.

6. 꿈은 부조리해도 의미가 있다

프로이트에 따르면 꿈에서 부조리한 것들은 꿈의 사고가 허용하거나 의도한 것이다. 어떤 경우에 부조리한 것들이 허용되거나 의도되는 것일까? 꿈에서 비판하고자 하거나 조롱이나 조소가 필요한 경우 꿈은 이를 적절하게 표현하는 방법을 찾지 못해서 결국 부조리한 모습으로 나타낸다는 것이다. 즉 꿈이 표현하고 싶은 적절한 방법을 찾지 못해서 부조리한 모습으로 나타나는 것이지 실제로 꿈 자체가 부조리한 것은 아니다. 이 장에서는 부조리해 보이는 꿈을 분석해서 그 꿈이 갖는 실제적인 의미에 대해 살펴보게 될 것이다. 어떤 이유에서 부조리한 상황이 나왔는지 그리고 그 상황은 어떤 의미가 있는지를 살펴보는 것이 이 장의 목적이다.

우리는 지금까지 꿈을 해석하는 과정에서 꿈의 내용에 있는 부조리한 요소와 자주 부딪쳤다. 따라서 그러한 부조리가 어디에서 왔으며 무엇을 의미하는지를 여기에서 살펴보고자 한다.

꿈이 원래 부조리하다는 생각을 할 수도 있다. 이 생각은 꿈이 단편적으로 재현된 정신 활동의 무의미한 산물에 지나지 않는다고 보면서 꿈 해석을 반대하는 사람들의 생각이다. 그러나 꿈의 부조리는 겉모습에 지나지 않으며, 꿈의 의미 속으로 깊이 들어가면 그러한 부조리는 즉시 설명될 수 있다. 그것을 입증하기 위해 몇 가지 사례를 살펴보자.

6년 전 부친을 잃은 남자의 꿈

아버지에게 매우 불행한 일이 일어났다. 아버지가 타고 가던 야간열차가 탈선한 것이다. 좌석이 뒤엉키면서 아버지의 머리가 옆으로 으스러졌다. 그 뒤 침대에 누워 계시는 아버지의 모습이 보인다. 왼쪽 눈썹 위쪽에 수직으로 상처가 나 있다. 왼쪽 눈썹 위쪽은 주름살이 깊이 패여 있던 자리다. 남자는 아버지가 불행을 당한 것에 대해 이상하다고 생각한다. 아버지가 벌써 세상을 떠났기 때문이다. 아버지의 눈이 너무 또렷하다.

꿈을 꾼 사람은 아버지가 이미 몇 년 전에 돌아가셨다는 사실을 잊고 있었다. 아버지의 사고를 기억하지 못하는 것이다. 꿈을 꾸면서 기억이 되살아나고 자신의 꿈을 의아하게 생각하게 된다. 그러나 꿈을 더욱 자세히 분석해 보면 그러한 해석이 무의미하다는 것을 알게 된다.

남자는 어느 조각가에게 아버지의 흉상을 주문했는데, 꿈꾸기 이틀 전 자세히 훑어볼 기회가 있었다. 남자는 흉상이 좀 잘못되었다는 생각이 들었다. 사실과 다르게 조각되어 있었다. 조각가는 생전에 아버지를 본 적이 없었고 사진만 보고 작업을 했다. 남자는 꿈을 꾸기 전날 집안의 늙은 하인을 조각가에게 보냈다. 대리석 두상에 대해 자신과 같은 생각인지 즉 관자놀이 사이가 너무 좁지 않은지 알아보게 했다. 그러면서 아버지에 대한 기억들이 이어졌다. 아버지는 사업상의 걱정이 있거나 집안일로 골치가 아플 때면, 넓은 머리를 조이려는 듯 두 손으로 관자놀이를 누르는 습관이 있었다. 꿈속에서 아버지가 부상당한 부위는 생전에 깊은 생각에 잠기거나 슬퍼할 때 수직으로 길게 주름살이 패이던 자리다.

꿈에서 주름살 대신에 상처가 나타난 이유가 있다. 꿈을 꾼 남자는 어린 딸의 사진을 찍었는데 그만 사진 원판을 떨어뜨렸고, 다시 주워 올린 원판은 수직으로 패인 주름살처럼 딸아이의 이마 위 눈썹까지 금이 가 있었다. 남자는 미신에서 오는 불길한 예감을 떨쳐버릴 수가 없었다. 어머니가 돌아가시기 하루 전날에도 어머니의 사진 원판을 떨어뜨렸기 때문이다. 꿈을 꾼 사람은 네 살 때 우연히 장전된 권총이 발사되면서 아버지의 눈이 검게 변하는 현장에 있었다. 이는 '아버지의 눈이 너무 또렷하다.'라는 꿈속의 장면과 연결된다.

따라서 이 꿈의 부조리는 흉상이나 사진을 사람과 구분하지 않는 언어 습관의 부주의에서 비롯된 것이다. 우리는 모두 이런 말에 익숙해 있다. "아버지와 똑같다고 생각하지 않니?" 남자는 흉상과 아버지를 동일시한 것이다. 물론 이 꿈의 경우 부조리하게 보이는 부분을 쉽게 피해나갈 수도 있었을 것이다. 이 한 번의 경험으로 판단

해도 된다면, 부조리한 부분은 스스로 인정하거나 원해서 이루어진 의도된 것이라고 말할 수 있다.

마차를 타고 가는 꿈

지금 인용하는 사례를 통해서, 재료에는 전혀 그럴 만한 동기가 없는데도 꿈의 작업이 의도적으로 부조리한 상황을 만들어 내는 과정을 밝힐 수 있다. 나는 휴가 여행을 떠나기 전 툰 백작을 만난 적이 있다. 툰 백작을 만나고 나서 꾼 꿈은 이러하다.

나는 말 한 필이 끄는 마차를 잡아타고 역으로 가자고 말한다. 마부가 자신을 너무 혹사시킨다고 내게 항의한다. 나는 "물론 선로까지 당신과 함께 갈 수는 없습니다."라고 말한다. 그 말을 하는 순간 평상시 전차로 다니는 구간을 마차를 타고 벌써 간 듯한 느낌이 든다.

이 엉뚱한 이야기를 분석하면 다음과 같다. 낮에 나는 도른바흐의 외진 거리로 가기 위해서 마차를 탔다. 그러나 마부는 길을 잘 몰랐고 내가 길을 알려 줄 때까지 계속 달렸다. 나는 비꼬는 말을 몇 마디 하지 않을 수 없었다. 이 마부에게서 시작된 뒤틀린 마음은 그 뒤에 만나게 된 귀족에게로 이어진다. 귀족들이 마부석에 앉기를 좋아하는 것이 우리 서민들의 주의를 끈다는 사실만 암시하려 한다. 툰 백작만 해도 직접 자신의 마차를 끌고 있다.

그러나 꿈의 다음 문장은 내 동생과 관계가 있다. 나는 꿈에서 내 동생을 마부와 동일시했다. 나는 그해에 이탈리아로 함께 여행을 가자는 동생의 제안을 거절했다.

"물론 선로까지 당신과 함께 갈 수는 없습니다."라는 말이 동생의 제안을 거절했다는 것을 의미한다. 동생은 여행을 할 때마다 나를 비난했다. 내가 장소를 지나치게 빨리 이동하고 하루에 너무 많은 것을 보도록 강요한다는 이유 때문이었다. 그러면서 동생은 자신을 혹사시킨다고 비난하곤 했다. 내가 동생과 함께 여행할 수 없다고 거절한 것은 동생의 항의에 대한 일종의 응징이었다. 그날 저녁 동생은 역까지 나를 배웅했다. 동생은 푸르커스도르프에 가기 위해 기차역에 조금 못 미쳐 서부 전차역에서 내렸다. 나는 동생에게 전차가 아니라 기차를 타고 푸르커스도르프에 가면 나와 잠시 더 함께 있을 수 있다고 말했다. 이 대화 중 평상시 전차로 다니는 구간을 마차를 타고 갔다는 부분이 꿈에 나타난다. 현실에서는 그 반대였다. 평상시에 마차를 타고 더 정확하게 말하자면 전차를 타고 다니는 구간을 기차를 타고 간 것이다. 나는 동생에게 이렇게 말했다.

"네가 전차를 타고 가는 구간을 나와 함께 기차로 갈 수도 있어."

꿈이 혼란스런 이유는 내가 꿈에서 '전차'를 '마차'로 바꿨기 때문이다. 물론 그것은 마부와 동생을 결합하기 위해서는 어쩔 수 없었다.

그런 다음 나는 "벌써 간 듯한 느낌이 든다."라는 앞뒤가 맞지 않는 이야기를 한다. 이 이야기는 해명하기 어려운 것처럼 보인다. 더구나 "물론 선로까지 당신과 함께 갈 수는 없습니다."라고 한 말과 모순이 된다. 그러나 내가 전차와 마차를 혼동할 이유가 전혀 없기 때문에 이 수수께끼 같은 이야기는 전부 꿈에서 의도적으로 만든 것임이 틀림없다.

그러면 도대체 어떤 의도일까? 그것은 꿈에서의 '타고 가는 것'과 관련이 있다. 이 꿈의 다른 장면에서 '관리인'으로 등장하는 어느 부인의 집에서 나는 풀 수 없는 수수께끼를 들었다. 다른 사람들은 모두 해답을 알고 있었기 때문에 수수께끼를 풀려고 낑낑대는 내 모습은 우스꽝스러웠다. 그것은 '후손'과 '선조'를 의미하는 말장난 수수께끼였는데 모두 '마부가 하는 것'이라는 공통된 내용이 들어 있었다. 나는 툰 백작이 거만하게 '앞서 가는 것(선조와 연결된다)'이라고 말하는 것을 보고 지체 높은 귀족이 내세우는 공로라는 것이 태어나기 위해(후손이 되기 위해) 노력한 것밖에는 없다는 생각을 했던 것이다. 그러니까 이 수수께끼가 꿈의 작업에서 중간 사고 역할을 한 것이다. 귀족은 마부와 대치되기 쉬운 말이다. 그러니까 드러나지 않은 이면에서 영향을 미친 꿈의 사고는 이런 것이다. '자신의 선조를 자랑하는 것은 말도 안 되는 짓이다. 그보다는 나 자신이 기꺼이 선조이자 조상이 되어야 한다.' 이런 생각이 말도 안 되는 내용을 꿈속에 끼어들게 만든 것이다. 그래서 나는 마부와 함께 벌써 간 듯한 느낌이 든 것이다.

수를 다루는 꿈

수를 다루는 또 다른 부조리한 꿈을 소개하고자 한다. 꿈에서는 숫자를 계산하지 못한다는 점을 감안해서 보아야 한다. 이 꿈은 내가 꾼 꿈이다.

내가 알고 있는 M은 괴테로부터 자신의 논문에 대해 격렬하게 비판을 받았다. 우리들 모두 괴테가 너무 심하다고 생각할 정도였다. M에게 이 공격은 치명적이었으며 그로 인해 M의 이미지가 대단히 실추되었다. M은 만찬회장에서 괴테의 공격에 대한 불평을 늘어놓았다. 그러나 그렇다고 해서 M이 괴테에 대한 존경심마저 버린 것은 아니었다. 나는 터무니없어 보이는 시간 관계를 밝히려고 노력한다. 괴테는 1832년에 세상을 떠났다. M에 대한 괴테의 공격은 당연히 괴테가 죽기 전에 일어난 일이기 때문에 그때 M은 아주 젊어야 한다. M은 분명

열여덟 살이었을 것이다. 그런데 문제가 발생했다. 지금이 몇 년인지 기억이 나지 않는다. 그래서 모든 계산이 미궁에 빠진다. 계산하고 싶은 것을 하나도 계산할 수 없는 지경이 된다. 괴테가 M을 공격한 것은 〈자연〉이라는 유명한 논문에서였다.

이 꿈의 황당무계함을 밝힐 수 있는 수단은 찾기 쉽다. M은 어느 만찬에서 알게 된 사람으로, 얼마 전 내게 자신의 동생을 진찰해 달라고 부탁했다. 동생은 진행성 뇌성마비 정신 장애였다. 어느 날 환자의 집을 찾아갔는데, 환자는 갑자기 젊은 시절 형이 어리석은 행동을 했다는 이야기를 꺼내 놓아 형을 당황하게 만들었다. 나는 환자에게 출생 연도를 물었다. 또한 기억력이 매우 나빠졌다는 사실을 환자가 알게 하기 위해 간단한 계산을 여러 번 하게 했다. 환자는 이 시험을 무사히 통과했다. 꿈속에서 나는 내가 진찰했던 진행성 뇌성마비 정신 장애 환자처럼 행동하고 있다는 사실을 알 수 있다. '지금이 몇 년인지 기억이 나지 않는다.'라는 것은 그것을 말한다.

또 다른 꿈의 재료는 다른 출처에서 온 것이다. 내가 잘 알고 있는 어느 의학 잡지의 편집장이 베를린에 살고 있었는데 그 사람은 내 친구 F1의 최근 저서를 무자비하게 혹평한 글을 잡지에 실었다. 이 글을 쓴 비평가는 판단 능력이 전혀 없는 사람이었다. 나는 이 일에 끼어들 권리가 있다고 판단하고 편집장에게 해명을 요구했다. 편집장은 그런 비평이 실린 것에 대해 유감스럽다고 말하면서도 글을 정정하겠다는 약속은 하지 않았다. 나는 그 잡지와 관계를 끊겠다는 내용의 편지를 보냈다. 그리고 편지에 이번 일로 인해 서로 간의 개인적인 관계가 나빠지지 않기를 바란다고 썼다.

꿈의 세 번째 출처는 정신 질환에 걸린 남동생을 둔 어느 여성 환자의 이야기다. 그 환자의 남동생이 "자연, 자연!" 하고 외치며 발작을 일으켰다는 이야기를 들은 것은 꿈꾸기 얼마 전이었다. 의사들은 그러한 발작이 괴테의 논문을 너무 많이 읽어서 그런 것이며, 환자가 자연 철학에 대해 너무 몰두해서 그렇다고 추정했다. 그러나 나는 성적인 의미를 고려해야 한다고 생각했다. 교육을 제대로 받지 못한 사람들도 '자연'이라는 말을 성적인 의미로 이야기한다. 그 남동생이 나중에 자신의 성기를 잘라 냈다는 사실은 적어도 내 생각이 옳았다는 것을 입증한 듯이 보인다. 환자의 남동생에게 광기의 증세가 처음 나타났던 것은 열여덟 살 때였다.

혹평을 받은 내 친구의 저서가 인생의 '시간 관계'를 다루고 있다는 점을 고려하면 꿈에서 내가 내 친구를 대신한다는 것은 쉽게 알 수 있다. 그러나 나는 꿈에서 진행성 뇌성마비 정신 장애 환자처럼 행동하고 꿈은 완전히 부조리해진다. 그것은 꿈의 사고가 반어적으로 이렇게 말하는 것을 의미한다. "물론(독일어의 물론은 '자연'에서 파생한 말이다) 그 사람은 바보고 미쳤다. 그리고 숫자를 더 잘 이해하는 너희들은 천재다. 그런데 혹시 그 반대는 아닐까?" 이런 전도는 꿈의 내용 속에 많이 표현되고 있다. 괴테가 젊은이를 공격하는 것은 터무니없는 일인데 반해 젊은 사람이 불멸의 괴테를 공격하기는 쉽다. 나는 괴테의 '사망 연도'를 계산하는 데 반해 진행성 뇌성마비 정신 장애 환자가 계산한 것은 '출생 연도'다.

이제까지의 사례들을 보면 알 수 있지만 꿈의 사고는 결코 부조리하지 않으며 최소한 정신이 건강한 사람의 꿈은 항상 그렇다. 꿈의 작업은 꿈의 사고 안에 있는 비판, 조롱, 조소와 같은 것들을 꿈에서 드러내 묘사할 수 있다고 판단할 때 부조리한 요소를 가진 꿈이나 부조리한 꿈을 만들어 낸다.

오케스트라 공연장 꿈

나와 친분이 두터운 어느 부인이 꾼 꿈이다.

부인은 오케스트라 공연장에 있다. 아침 7시 45분까지 계속되는 바그너 오케스트라 연주다. 1층의 관람석에는 여러 개의 테이블이 놓여 있으며 다들 먹고 마신다. 신혼여행에서 막 돌아온 부인의 사촌 동생이 젊은 부인과 함께 그중 한 테이블에 앉아 있다. 그들 옆에는 귀족한 명이 앉아 있다. 젊은 부인이 신혼여행에서 그 귀족을 데려왔다는 것이다. 그 사람들은 마치 모자를 가져온 것처럼 공공연히 그렇게 말한다. 1층 관람석 한가운데 높은 탑이 솟아 있고, 탑 위에는 철책으로 둘러싸인 난간이 있다. 그 높은 곳에 한스 리히터(헝가리 태생의 오스트리아 지휘자)처럼 생긴 지휘자가 있다. 그 지휘자는 철책 안을 바쁘게 뛰어다니며 땀을 줄줄 흘린다. 그리고 그 위치에서 탑 아래 열을 지어 있는 오케스트라를 지휘한다. 부인은 여자 친구와 함께 칸막이 좌석에 앉아 있다. 일등석에 있던 부인의 여동생이 이렇게 오래 계속될 줄 몰랐는데 몸이 꽁꽁 얼겠다고 말하면서 큰 석탄 덩어리를 부인에게 건네주려 한다. 긴 공연 동안 관람석을 따뜻하게 해야 한다는 소리로 들린다.

이 꿈은 하나의 상황으로는 잘 표현되었지만 아주 터무니없다. 1층 한가운데 탑이 솟아 있고, 이 탑 위에서 지휘자가 오케스트라를 지휘한다. 여동생이 건네주는 것이 석탄이라는 점 역시 황당하다. 나는 이 꿈을 분석하고 싶지 않았다. 그러나 꿈꾼 부인을 잘 알고 있었기 때문에 어렵지 않게 꿈의 일부를 해석할 수 있었다. 나는 부인이 정신병 때문에 음악가의 길을 일찌감치 중단한 어떤 사람에게 많은 호감을 가지고 있었다는 것을 잘 알고 있었다. 부인은 음악가가 한스 리히터처럼 되기를 바랐다. 그 남자가 나머지 오케스트라 단원들보다 뛰어나기를 바랐다. 그 결과 지휘자가 높은 탑 위에 있는 꿈으로 나타난 것이다. 탑 위의 철책은 훗날의 운명을 묘사한다. 철책 안에서 바쁘게 뛰어다니며 땀을 흘리는 위대한 지휘자의 모습은 정신 병원을 연상시킨다. 여동생이 부인에게 건네주는 석탄도 동일한 열쇠로 해결할 수 있다. 석탄은 은밀한 사랑을 의미하는 것이다. 다음과 같은 독일 민요가 있다.

> 불도 석탄도
> 아무도 모르게
> 은밀한 사랑처럼
> 뜨겁게 타오를 수는 없으리.

부인은 여자 친구와 자리에 앉아 있다. 부인의 여동생은 부인에게 석탄을 건네준다. 이렇게 오래 계속될 줄 몰랐다고 여동생은 말했다. 무엇이 그렇게 오래 계속되었는지 꿈에서는 말해 주지 않는다. 은밀한 사랑이라는 해석이 가능하다. 신혼여행에서 막 돌아온 부인의 사촌 동생이 그러한 해석을 가능하게 한다. 젊은 부인과 귀족과의 공공연한 연애 사건도 그러한 해석을 뒷받침한다. 사촌 동생의 은밀한 사랑과 젊은 귀족의 공공연한 사랑, 오케스트라의 열정과 석탄의 차가움 사이의 대립이 꿈을 지배한다.

깨어난 후에 기억나는 꿈과 잠재적 꿈

깨어난 후에 기억에 남는 꿈은 우리의 마음을 보여 주며, 그 꿈은 잠재적 꿈의 내용에 속한다. 이러한 꿈의 사례를 보자.

나는 P와 함께 집과 정원이 보이는 곳을 지나 병원으로 향한다. 그런데 꿈에서 내가 이미 여러 번 이곳을 본 적이 있다는 생각이 든다. 그러나 그 지역에 대해 잘 알지는 못한다. P가 모퉁이를 지나 어느 레스토랑으로 가는 길을 가리킨다. 그곳에서 나는 도니 부인에 대해 묻고, 도니 부인이 뒤편의 작은 방에서 세 명의 아이와 함께 산다는 말을 듣는다. 그곳으로 가는 도중에 잘 모르는 사람이 나의 두 딸을 데리고 있는 모습을 본다. 나는 잠시 그들과 함께 서 있다가 두 딸을 데려온다. 그리고 아이들을 그런 곳에 내버려 둔 아내를 원망한다.

나는 큰 만족감을 느끼면서 잠에서 깼다. '이미 여러 번 이곳을 본 적이 있다.'라는 구절이 무엇을 의미하는지 알 수 있다고 생각하기 때문이다. 그러나 분석 결과 어떤 경험이었는지 아무 것도 밝혀내지 못했다. 다만 이 만족감이 잠재적인 꿈의 내용에서 온 것이라는 점을 알아냈을 뿐이다. 그 만족감은 내가 결혼해서 아이들을 얻은 것에 대한 만족이다. P는 한동안 인생에서 나와 같은 길을 걸었고 사회적·물질적으로 나를 훨씬 능가했지만 결혼 생활에서 자녀를 갖지 못했다.

꿈을 철저히 분석했더니 꿈속에 두 가지 동기가 있음이 밝혀졌다. 첫 번째 동기는 '도나'라는 이름 속에 들어 있다. 그 전날 나는 신문에서 아기를 낳다가 열이 심하게 나서 세상을 뜬 도나(나는 꿈속에서 이름을 도니로 변화시킨다) 부인의 부고를 읽었다. 그리고 아내로부터 막내와 바로 그 위의 아이를 낳을 때 도와주었던 산파가 도나를 간호했다는 이야기를 들었다. 그때 도나라는 이름이 내 주의를 끌었다. 얼마 전 영국 소설에서 그런 이름을 보았기 때문이다. 두 번째 동기는 날짜에서 비롯된다. 꿈을 꾼 날은 문학적 재능이 있어 보이는 장남의 생일 전날이었다. 장남의 생일 전날 막상 주인공인 장남을 가족 중 아무도 돌보지 못하는 일이 생겨날까봐 불안해서 이 꿈을 꾸게 된 것이다.

이렇게 꿈에서의 판단 행위는 꿈의 사고의 반복에 지나지 않는다. 그것은 대부분 부조리한 관계 속에 미숙하게 삽입되지만 때로는 매우 능숙하게 사용되는 경우도 있다. 그러면 처음에는 꿈에서의 독립된 사고 활동 같은 인상을 받을 수 있다. 그러므로 각기 그 유래가 다른 꿈의 요소들을 모순 없이 함축적으로 융합시키는 심리적 활동이 작용한다는 점에 주목해야 한다. 그것이 부조리한 꿈을 올바르게 해석할 가능성을 보여 줄 것이다.

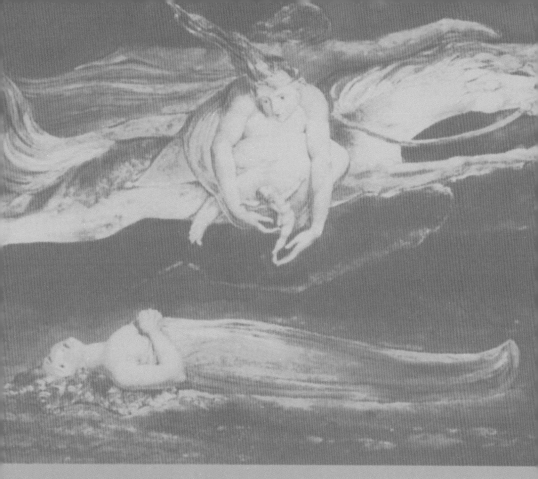

제5부 꿈 - 과정의 심리학

Die Traumdeutung

Die Traumdeutung

제5부 꿈-과정의 심리학

  프로이트는 무의식의 과정을 두 가지로 나누어 구분한다. 하나는 의식으로 변하기 쉬운 과정이고, 다른 하나는 억압되기 쉬운 과정이다. 의식으로 변하기 쉬운 과정은 전의식이라고 불리며 이것은 억압되지 않거나 억압이 약하기 때문에 금방 의식의 표면으로 떠오른다. 그에 반해 인간의 마음 깊숙이 들어 있는 무의식은 의식이 되지 못하게 하는 요인들, 즉 고통스러운 기억이나 환상, 억압된 소망 등이 함께 있어서 이러한 요인들을 제거해야만 비로소 의식으로 드러날 수 있다.

  그런데 꿈은 우리 마음의 억압이 약한 상태에서 꾸기 때문에 곧잘 무의식에서 의식으로 떠오른다. 그래서 금지되고 억압된 소망이 그 소망을 충족시키기 위해 꿈의 과정 속으로 들어오는 것이다. 이 과정은 매우 미묘한 심리학적 현상으로, 인간 존재를 파악하는 데 매우 중요한 가치가 있다. 그렇기에 프로이트는 꿈을 과정의 심리학이라고 이름 붙였다.

  제5부의 주요 주제는 무의식의 세계다. 프로이트는 꿈에서 깨어나기 이전의 상태인 무의식을 주로 분석하고, 꿈에서 익숙한 것이란 무의식의 세계라는 점을 주장한다. 그리고 무의식을 중심으로 꿈에서의 소망 충족과 마음의 문제를 다루고 있으며 우리가 꿈을 분석하면 무의식의 세계에 다가갈 수 있다는 사실을 말한다.

  프로이트는 무의식의 세계를 찾아냄으로써 20세기의 가장 영향력 있는 철학자라는 명성을 얻는다. 프로이트의 정신 분석학은 다윈의 진화론과 더불어 인간의 진실을 밝힌 학문으로 추앙받았고, 심리학을 독자적인 학문의 세계로 끌어올리는 데에 기여했다. 또한 프로이트의 정신 분석학은 문학, 예술 등 다양한 부문에도 많은 영향을 미쳤다.

1. 꿈은 깨어나면 대부분 잊힌다

우리는 꿈을 꾼다는 사실을 알고 있으며 깨어나면 꿈이 쉽게 잊힌다는 사실도 알고 있다. 그래서 잠에서 깨어나자마자 꿈을 기록해 두지 않으면 금방 잊어버린다. 그런데 잠에서 깨어나서 꿈을 기록해 두는 것도 사실은 쉽지가 않다. 왜냐하면 꿈의 내용이 앞뒤가 맞지 않아 어떻게 적어야 할지 난감한 경우가 있기 때문이다. 하지만 우리가 꿈을 거의 잊는다고 해도 머리에 남아 있는 부분이 있는데, 그 부분을 정신 분석으로 이끌어 내면 꿈을 해석할 수 있는 가능성이 있다.

프로이트도 꿈이 금방 잊힌다는 사실을 알고 있었으며 이와 같은 꿈의 망각이 오히려 꿈의 심리를 이해하는 데에 도움이 된다고 했다. 그래서 프로이트는 꿈의 망각에 관심을 가지면 꿈의 망각을 통해서도 꿈의 해석이 가능하다고 했다.

여러 방면에서 우리는 해석하려는 꿈에 대해 사실은 전혀 알지 못하는 것이 아닌가 하는 비난을 받았다. 더 정확히 말하자면 우리가 실제 모습 그대로의 꿈을 알고 있다는 보장이 없다는 것이다.

그 이유는 다음과 같다. 첫 번째로 우리가 꿈에 대해 기억하고 있는 것, 즉 해석 대상은 우리의 부실한 기억력 때문에 내용이 훼손되어 있으며 따라서 내용의 가장 중요한 부분을 잃어버렸을 가능성이 있다. 실제로 많은 꿈을 꾸었는데도 그중 일부만 기억나고, 기억나는 것마저도 아주 불확실하게 여겨진다. 두 번째로 우리의 기억은 꿈을 불완전하게 만들 뿐만 아니라 불성실하게 위조해서 표현한다. 꿈꾼 내용이 우리의 기억에 남아 있는 것처럼 실제로도 일관성이 없고 혼란스러운 것인지, 꿈이 과연 꿈에서 깨어난 다음에 말한 것처럼 일관성이 있었는지도 의문이 든다. 그리고 꿈을 다시 기억해 내려고 하면서 망각에 의해 생겨난 틈새를 새로운 자료를 통해 메우고 장식하고 다듬고 정돈해서 실제의 내용이 무엇인지 판단할 수 없게 만든 것은 아닌가 하는 의문도 제기된다.

우리는 지금까지 꿈을 해석하면서 이러한 경고들을 흘려버렸다. 아니, 정반대로 지극히 사소하고 불확실한 꿈 내용의 부분 부분을 가지고 확실한 것처럼 해석해야 한다고 주장했다. 하지만 다른 연구자들은 우리가 엉겁결에 성급하게 뜯어 맞춘 자의적인 즉흥곡을 성서처럼 다룬다고 주장한다. 이런 모순은 해명되어야 한다.

먼저 연구자들이 꿈을 회상하거나 말로 표현하는 과정에서 일어난 꿈의 수정을 자의적인 것으로, 해결할 길이 없는 것으로 잘못 생각하고 있다는 점을 지적한다. 연구자들은 심리적인 결정을 과소평가한다. 그러나 심리적인 결정에서 자의적인 것은 하나도 없다. 예를 들어 내가 순전히 자의적으로 어떤 숫자를 머리에 떠올리는 것은 불가능하다. 머리에 떠오르는 숫자는 분명히 순간적인 의도와는 거리가 멀며 내 안의 사고에 의해 불가피하고 분명하게 결정된 것이다.

꿈 해석의 단서

마찬가지로 꿈에서 깨어나 꿈을 편집하면서 일어나는 변화들도 자의적인 것이 아니다. 이 변화들은 자신이 대치한 내용이나 연상과 연결되어 있으며, 감춰진 내용으로 가는 길을 우리에게 제시해 준다. 물론 꿈의 내용 역시 이미 다른 꿈의 사고나 내용을 대치한 것일 수 있다.

나는 환자들의 꿈을 분석하면서 다음과 같은 시도를 해 보았는데 한 번도 실패한 적이 없다. 환자들이 들려주는 꿈 이야기를 이해하기 어려우면 나는 다시 한번 이야기해 달라고 부탁한다. 환자가 두 번째로 말할 때는 똑같은 표현을 사용하지 않는 경우가 많다. 여기서 표현이 달라지는 부분이 매우 중요하다. 꿈은 위장을 하면서 내용을 바꾸는데, 표현이 달라지는 부분들은 꿈이 철저하게 위장을 하지 못하고 실패한 곳이기 때문이다. 이 부분에서부터 꿈 해석을 시작하면 된다. 이야기하는 사람은 다시 한번 말해 달라는 말을 들으면, 내가 꿈을 해석하기 위해 특별한 노력을 기울이려고 한다는 것을 깨닫고 경계심을 갖는다. 환자의 마음은 자신의 숨겨진 무의식이 드러날까봐 저항하기 시작한다. 그래서 노골적인 표현을 동떨어진 표현으로 대치하면서 꿈에서 위장이 약했던 부분을 보호한다. 나는 환자가 어떤 부분을 빠뜨렸는지에 주의를 기울인다. 꿈의 해석을 방해하려는 노력을 보면 외형적인 꿈이 얼마나 철저하게 형성되었는지를 알 수 있다.

잠에서 깨어났을 때 대부분의 꿈 내용이 잊히는 것은 꿈의 저항 때문이다. 이것은 꿈의 사고가 의식으로 뚫고 들어가는 것에 대한 저항인 검열이 작용하기 때문이다. 분석을 방해하는 꿈의 내용에 대한 의심은 심리적 저항의 부산물이며 도구인 셈이다.

결국 꿈의 망각 역시 심리적인 검열의 힘을 고려하지 않는 한 설명할 길이 없다. 우리는 밤에 많은 꿈을 꾸지만 그중 일부만이 남아 있다는 느낌을 갖는다. 예컨대 분명히 꿈의 작업이 밤새도록 진행되었으나 단지 짧은 꿈 하나만을 남기는 경우도 있다. 그 밖에 잠에서 깨어난 뒤 비교적 생생하던 꿈의 내용이 시간이 지나가면서 점점 잊힌다는 사실은 심리적인 검열이 있음에 의심의 여지가 없다. 우리는 꿈을 기억하려고 노력하지만 쉽게 잊어버린다. 이처럼 꿈은 깨어나면 대부분 잊힌다.

그러나 꿈의 망각만을 강조할 필요는 없다. 꿈에서 망각된 부분은 분석을 하면 재생할 수 있다. 남아 있는 단편적인 조각을 통해 꿈의 생각을 찾아낼 수 있다. 그렇게 하기 위해서는 꿈을 분석할 때 더욱 주의를 기울일 필요가 있으며 저항의 극복이 요구된다.

꿈의 망각과 저항

　꿈이 망각되기 이전의 단계를 분석해 보면 망각이 저항을 도와주기 위한 것이라는 확실한 증거를 얻을 수 있다. 꿈을 해석하는 작업 도중에 잊어버렸다고 여긴 부분이 불시에 떠오르는 경우가 드물지 않으며, 매번 다시 기억난 이런 부분이 가장 중요했다. 다시 기억난 부분은 꿈을 해석할 수 있는 가장 빠른 길을 제시하며 그 때문에 가장 크게 저항을 받는다.

　나는 꿈의 망각 대부분이 저항 활동이라는 증거를 제시할 수 있다. 어떤 환자가 꿈을 꾸었지만 깨끗이 잊어버렸다고 이야기한다. 그 꿈은 꾸지 않은 것이나 다름없다. 그럼에도 불구하고 우리는 분석 작업을 계속한다. 그러다 나는 저항에 부딪친다. 환자에게 알아듣기 쉽게 설명하기도 하고 설득하기도 하고 독촉하기도 하면서, 환자가 무엇에 불쾌해하는지 알아내도록 도와준다. 이 작업이 성공하면 환자는 자신이 무슨 꿈을 꾸었는지도 알겠다고 소리친다. 분석 작업을 방해했던 것은 역시 저항인 것이다. 나는 이 저항을 극복하게 해서 꿈을 다시 기억나게 한 셈이다.

　꿈에서 저항을 많이 받으면 받을수록 그 꿈은 난잡한 내용을 지닐 가능성이 많다. 검열이 엄격하면 엄격할수록 그 꿈이 왜곡될 가능성이 큰 것과 마찬가지다. 그러므로 꿈을 해석한 결과에 대해 불쾌해하거나 지저분하다고 피할 필요는 없다. 그 꿈은 저항을 하고 있었던 것일 뿐이다. 그리고 우리는 그러한 저항을 극복해야만 꿈을 해석할 수 있다.

저항의 약화와 꿈의 형성

우리는 잠에서 깨어나는 즉시 전부 잊거나 시간이 지나면서 차츰 망각하려는 의도가 꿈에 있다는 것을 알게 되었다. 이는 저항 때문에 생겨난 일로서 이 저항은 깨어 있는 동안의 삶에도 엄연히 존재하고 있다.

그런데 무엇이 이러한 저항에 맞서서 꿈을 만드는 것일까? 깨어 있는 동안의 저항이 아주 강력해서 밤에 잠을 잘 때에도 꿈을 제거해 버리는 극단적인 경우를 가정해 보자. 만일 그렇다면 저항이 밤에도 낮과 같은 정도로 지배하는 경우 꿈은 아예 생겨나지 않아야 한다. 그러나 우리가 내릴 수 있는 결론은 자는 동안 저항이 힘의 일부를 상실한다는 것이다. 우리는 저항이 완전히 중지되지는 않는다는 사실을 알고 있다. 저항이 꿈의 왜곡을 통해 꿈의 형성에 참여하는 것으로 증명되었기 때문이다. 그러나 밤에는 저항의 힘이 감소되며, 이러한 감소 때문에 꿈이 만들어질 수 있는 가능성이 강하게 생겨난다. 우리는 저항이 잠에서 깨어남과 동시에 힘을 되찾아, 자신의 세력이 약했을 때 허용한 것을 즉시 다시 제거하려 한다고 쉽게 이해할 수 있다. 심리학은 꿈을 만들 때 정신이 어느 정도 수면을 취하고 있느냐가 저항의 정도를 결정해 준다고 설명한다. 우리는 이러한 설명을 덧붙일 수 있다. 수면 상태는 심리적인 검열을 약화시키면서 꿈의 형성을 가능하게 한다.

2. 꿈은 익숙한 것으로 퇴행한다

꿈은 나아가는 방향이 아니라 뒤쪽으로 나아가는 방향으로, 즉 퇴행해서 만들어진다. 이것은 꿈이 무의식에서 출발해서 느끼고 깨닫는 방향으로 이동하며 만들어지는 것이 아니라, 느끼고 깨닫는 곳에서 출발해서 무의식의 방향으로 나아가며 만들어진다는 말이다.

이러한 방향성은 꿈으로 하여금 옛 시기로 돌아가게 한다. 그래서 꿈에는 우리가 이미 경험해서 알고 있는 것이 나타나지 새로운 것이 나오지 않는다. 이렇게 우리가 경험한 것들은 이미 잘 알고 있는 익숙한 것일 수밖에 없다. 우리가 습관적으로 하는 행동은 무의식적으로 행하는 것이다. 반면에 습관까지는 되지 않고 한두 번 했던 행동은 무의식에서 나온 것이 아니다. 꿈도 이와 마찬가지다. 무의식 가운데 익숙하게 생각되었던 것들이 자연스럽게 꿈으로 나타나는 것이다.

지금까지의 이야기를 요약해 보자. 꿈은 중요한 심리적 행위며, 꿈의 원동력은 충족되고 싶은 소망이다. 꿈에 기괴한 일이나 부조리한 일이 일어나는 것은 꿈이 형성될 때 겪는 심리적 검열의 영향 때문이다. 꿈을 이해하기 위해서는 꿈이 검열을 피하고자 한다는 압박 이외에도 심리적 재료를 압축해야 한다는 압박, 감각적 형상으로 묘사해야 한다는 압박, 그리고 항상 그런 것은 아니지만 꿈에서 만든 형성물이 합리적이고 이해가 가능한 외양으로 나타나야 한다는 압박을 받는다는 고려가 필요하다. 이 네 가지 조건들이 꿈의 형성에 영향을 미친다. 이 조건들 사이의 상호 관계와 소망을 충족하려는 동기 사이의 관계를 밝히는 것이 우리의 과제다. 꿈은 정신 활동의 맥락에서 해석하고 정리해야 하는 것이다.

불에 타는 아들의 꿈

꿈은 소망을 충족시키기 위해서 다양한 작업을 행하게 되는데 이러한 작업은 우리의 심리와 관련을 맺는다. 그런데 이 심리와 관련해서 의문점이 풀리지 않은 채로 남아 있는 것이 있다. 다음의 불에 타는 아들의 꿈을 살펴보자. 이 꿈은 살아 있는 아들을 보고 싶은 소망이 동기로 작용한 것이다. 그러나 중요한 또 다른 소망이 있다는 것은 나중에 밝혀질 것이다. 이 꿈에서 아버지는 죽은 아들이 불에 타는 것을 잠결에 알아낸다.

한 아버지가 병든 아들을 정성껏 간호했다. 그러나 아들은 죽게 되었고 시신은 영안실에 안치되었다. 어떤 노인에게 시신을 지키라고 이야기한 후 아버지는 옆방에서 잠시 휴식을 취하려고 자리를 뜬다. 아버지는 시신이 안치된 방에 커다란 촛불을 켜 놓고 방문을 열어 놓는다. 피곤한 아버지는 몇 시간 동안 잠을 잔다. 꿈에 아들이 침대 옆에 서서 아버지의 팔을 잡아끌며 원망하듯 속삭인다.

"아버지, 내가 불에 타고 있어요. 보이지 않으세요?"

아버지는 잠에서 깨어 시신이 안치된 방으로 달려간다. 그곳을 지키고 있던 노인은 잠이 들었고, 불붙은 초가 관 위로 넘어져서 사랑하는 아들의 옷과 한쪽 팔을 태우고 있었다.

아버지는 시신이 불에 타는 것을 어떻게 알 수 있었을까? 밝은 불빛이 열린 문을 통해 잠든 아버지의 눈에 비쳤으며, 아버지는 무의식중에서도 촛불이 넘어져 관에 불이 붙었다고 추론한 것이다. 아버지는 잠들기 전에 시신을 지키는 노인을 믿지 못했을 것이다. 그런데 아버지는 왜 조금 더 일찍 깨어나지 못한 것일까? 촛불이 관 위로 넘어져 불이 붙기 전에 일어났더라면 시신은 타지 않았을 것이다.

여기에서 우리는 아버지의 마음을 엿볼 수 있다. 꿈속에서 죽은 아들은 마치 살아 있는 것처럼 행동한다. 아버지 옆에 서서 팔을 잡아끌고 자신을 구해 달라고 속삭이고 있다. 아버지는 살아 있는 아들의 모습을 좀 더 보고 싶었을 것이다. 깨어나면 보지 못할 사랑하는 아들의 모습과 응석을 마음껏 즐기고 싶었을 것이다. 아버지가 일찍 깨어나면 그만큼 아들의 모습을 볼 수 있는 시간은 줄어들어 버린다. 그래서 아버지는 꿈에서 늦게 깨어난 것이다.

이 꿈은 노인을 믿지 못했던 아버지의 마음, 살아 있는 아들과 조금이라도 더 함께 있고 싶어 했던 마음, 촛불이 시신에 가까이 있다는 불안한 마음의 상태를 보여 주고 있다. 이러한 마음의 상태는 무의식의 상태에 있다가 어떤 계기를 통해 의식으로 나타난다.

죽은 아들이 불에 타고 있는 상황에서도 아버지가 쉽게 잠에서 깨어나지 않는 이유를 다른 관점에서 찾을 수 있다. 아버지는 잠을 자면서도 이미 습관적으로 잠을 계속 자고자 하는 마음을 따르고 있는 것이다. 이미 아들은 죽어서 시신이 되어 있는 상태라는 것을 아버지는 깨닫고 있었다. 그러나 '시신이 있는 방에서 환한 빛이 비친다. 아마 초가 넘어져서 아들이 타고 있는 것 같다.'라는 꿈의 사고는 분명한 심리적 현상으로서, 말하자면 아들이 살아 있기를 간절히 바라는 소망이 객관화되어 다른 장면으로 바뀌어 꿈속에 등장한 것이다. 갑자기 아버지가 벌떡 일어나는 것을 꿈은 허락하지 않는다. 이미 아버지의 무의식은 자신이 잠을 자면서 아들의 삶을 조금이나마 연장시키고 싶어 하는 마음을 읽고 있었던 것이다.

이렇게 어떤 소망이 객관화되어 다른 장면으로 바뀌어 꿈속에 등장하는 것은 퇴행과 관련이 있다. 이 과정에서 우리는 꿈의 두 가지 특성을 먼저 살펴볼 필요가 있다. 첫 번째는 꿈이 충족시키고자 하는 소망을 현재형으로 바꾸어 표현하는 시제상의 특성이다. 예를 들어 이르마의 꿈에서 꿈의 사고에는 이르마가 아픈 원인을 오토의 잘

못으로 돌리고 싶었던 소망이 드러나 있다. 꿈의 사고는 '오토가 이르마의 병에 대한 책임이 있었으면!'하는 가정법의 형태를 띠고 있다. 그러나 꿈은 이런 가정법을 쫓아내고 오토의 잘못으로 인해 이르마가 아프게 되는 현재형의 형태로 대치한다. '그래. 오토가 이르마의 병에 책임이 있다.'라고. 이러한 방법은 백일몽과 유사하다. 백일몽도 의식적인 공상이나 가정법과 같은 사고를 사실과 똑같이 처리해 버린다. 현재형은 소망이 충족되는 것으로 묘사되는 시제다.

꿈의 두 번째 특성은 꿈의 사고를 시각적 형상과 말로 전환한다는 것이다. 이것은 떠오르는 생각을 그대로 드러내는 것이 아니라 감각적 형상으로 변화시키는 것인데 백일몽과 구분되며 꿈에서만 나타난다. 우리는 꿈이 만든 감각적 형상을 실제라고 믿으면서 그것을 체험한다고 생각한다. 그렇다고 모든 꿈이 떠오르는 사고를 감각적 형상으로 바꾸는 것은 아니다. 오로지 본질적으로 소망 충족이라는 측면을 가장 잘 드러낸 꿈에서만 그렇다.

퇴행 현상의 사례들

퇴행은 분명히 꿈이 만들어지는 과정의 심리학적 특성 중의 하나다. 또한 퇴행이 꿈만이 가진 고유한 특성은 아니라는 점을 잊어서는 안 된다. 그러나 깨어 있을 때의 퇴행은 결코 기억의 범위를 벗어나지 못하며 꿈에서 인식한 형상처럼 환상적으로 되살려 내지 못한다. 우리는 꿈에서 떠오른 사고가 과거든 현재든 언젠가 경험한 감각적 형상으로 되돌아가는 것을 퇴행이라고 부른다. 이러한 퇴행 현상은 깨어 있는 상태에서의 퇴행 사례에서 구체적으로 확인할 수 있다. 히스테리 환자와 망상증 환자 그리고 정상적인 사람들이 보여주는 사례로 이들은 모두 환상의 형태를 보여 주고 있다.

히스테리와 망상증의 환각이나 정상적인 사람들의 환상은 실제의 퇴행에 해당한다. 즉 환각이나 환상은 사고가 형상으로 바뀐 것이다. 그리고 억압되었거나 무의식의 기억과 밀접한 관련이 있는 사고만이 그러한 변화를 겪는다고 설명할 수 있다.

예를 들어 내가 맡고 있는 환자 중에서 가장 나이가 어린 열두 살의 남자 아이는 자려고 하면 '붉은 눈의 초록색 얼굴'이 나타나기 때문에 무서워서 잠을 이루지 못했다. 이 환상이 일어나게 된 근원은 현재는 억압되어 있지만 한때 뚜렷하게 의식하고 있던 한 친구에 대한 기억이다. 4년 전 환자가 자주 만났던 그 친구는 자위행위를 비롯해서 불량스러운 행동들을 보여 주었다. 이러한 행동들은 뒤에 환자를 죄책감에 시달리게 만들었다. 그 당시 어머니는 그 못된 친구가 초록색 얼굴과 붉게 충혈된 눈을 가지고 있다고 말했다. 유령 같은 무서운 환상은 여기에서 비롯된 것이다. 게다가 "그런 아이는 바보가 되어 학교에서 아무것도 배우지 못하고 일찍 죽는다."라는 어머니의 예언을 생각나게 했다. 그 결과 환자는 학교에서 유급되어 어머니의 예언 가운데 일부를 실현하고 말았다. 환자는 어머니의 예언 중 나머지 부분도 실현될까봐 무척 두려워했다. 나는 성실히 치료를 했으며, 치료는 단기간에 성과를 거두었다. 환자는 두려움을 잊고 잠을 잘 수 있게 되었을 뿐만 아니라 우수한 성적으로 학교를 졸업했다.

마흔 살의 여성인 한 히스테리 환자가 건강했을 때 본 환상에 대해 설명했던 것을 여기에 덧붙일 수 있다. 어느 날 아침에 환자가 눈을 떴을 때 정신 병원에 있어야 할 오빠가 방에 있는 것을 보았다. 옆의 침대에는 어린 아들이 자고 있었다. 환자는 아이가 외삼촌을 보고 놀라서 발작을 일으키지 않도록 아이의 얼굴에 이불을 덮어씌운다. 그러자 환상이 사라진다. 이 환상은 무의식에 남아 있었던 어린 시절의 기억이 변형된 것이다. 환자는 일찍 세상을 뜬 어머니가 간질 혹은 히스테리 발작으로 고생했다는 이야기를 유모에게서 들었다. 당시 환자는 겨우 생후 일 년 6개월이었다. 어머니의 병은 외삼촌이 이불을 머리에 뒤집어쓰고 유령처럼 나타나 놀라게 한 다음부터 생겼다고 한다. 환상 속에는 오빠의 출현, 이불, 놀람과 그 영향 등 기억과 동일한 요소들이 들어 있었다. 그러나 이러한 요소들은 새롭게 조정되고 바뀌어 다른 인물로 대치된다. 환상이 생겨난 분명한 이유는 외삼촌과 매우 닮은 어린 아들이 외삼촌과 같은 운명을 겪지 않을까 하는 환자의 우려 때문이었다.

이런 사례들을 보면 알 수 있듯이 꿈에서의 퇴행은 억압되었던 기억이나 무의식의 기억, 특히 대부분 어린 시절에 비롯된 기억의 영향을 받고 있다. 이런 기억은 자기 자신과 밀접하게 결합되어 있으며 검열 때문에 표현할 수 없는 사고들을 묘사하는 형태로 퇴행 속에 끌어들인다. 나는 히스테리에 관한 연구 결과 어린 시절의 사건들은(기억이든 공상이든) 일단 의식화되면 환상으로 나타나며, 이 환상은 그것을 이야기하는(상담하는) 과정에서 사라진다는 점을 말하고 싶다. 꿈은 다른 것으로의 전이를 통해 최근의 것으로 변화한 어린 시절의 사건(기억)을 대치한다고 할 수 있다. 어린 시절의 사건은 원래대로 부활할 수 없다. 그래서 그것은 꿈으로 재현되는 것에 만족해야 한다.

퇴행의 세 가지 종류

우리는 퇴행을 세 가지 종류로 분류할 수 있다. 지정학적 퇴행과 시간적인 퇴행과 형식적인 퇴행이 그것이다. 지정학적 퇴행은 이 책에서 소개하는 것으로서 꿈이 생성되는 과정이 뇌에 있는 지각 조직에서부터 출발해서 기억 조직을 거쳐 무의식 조직에 이르는 도식처럼 위치를 이동하며 일어나는 퇴행을 말한다. 이 무의식 조직은 꿈을 만들어 내는 원동력이며 아울러 이러한 퇴행은 꿈을 환상의 형태로 만들어 낸다. 그래서 우리는 소망이 객관화되어 다른 장면으로 바뀌는 환상을 꿈에서 만나는 것이다.

시간적인 퇴행이란 꿈이 현재에서 과거의 경험으로 나아가며 일어나는 퇴행을 말한다. 꿈은 과거의 심리적 형성물을 되살린다. 가령 현재의 어떤 소망이라도 과거에 어떤 소망이 있었는지를 추적해 보면 파악할 수 있다. 시간적으로 꿈이 현재에서 출발해서 과거로 향하는 모습은 마치 문명과도 맥을 같이 한다. 어린아이를 관찰하면 최초의 문명 상태에서 태어나 점차 새로운 문명의 단계로 나아가는 모습을 엿볼 수 있다. 그러므로 어린아이의 행동은 마치 원시인의 행동과 유사한 느낌을 준다. 꿈도 이와 같은 방식을 취한다. 그러니까 꿈은 새로운 시대의 새로운 문명으로 나아가는 것이 아니라 원초적인 옛날의 모습으로 향해 간다는 것이다. 이렇게 과거로 향하는 것은 세 번째 형식적인 퇴행과도 맥락을 같이 한다.

형식적인 퇴행이란 우리에게 이미 익숙해져 있는 방식을 선택하며 일어나는 퇴행을 말한다. 흔히 우리는 모험하기보다는 일반화되고 형식화된 방식을 택할 때 편안하다고 느끼는데 꿈은 이러한 방식을 택한다.

꿈은 이와 같이 세 가지 종류의 퇴행을 모두 이행한다. 그러나 이 세 종류의 퇴행은 근본적으로 같은 것이며 대부분의 경우 동시에 일어난다. 시간이 오래 된 것은 동시에 형식적으로 원시적인 것이며 심리적 위치에서는 지각의 말초 조직에 더 가깝다.

꿈을 꾼다는 것은 시간적으로 봤을 때 꿈꾼 사람의 아득한 과거로 돌아가는 일종의 퇴행이고, 어린 시절과 어린 시절을 지배했던 충동(소망)과 그때에 사용했던 심리적 표현 방식을 재생하는 것이다. 이렇게 어린 시절의 이면에서 인류의 발전에 대한 인식을 얻어낼 수 있다. 실제로 개인의 발전은 축약된 인류의 발전을 의미하며 개인은 이 축약된 인류 발전의 반복이다. "꿈에는 직접 도달할 수 없는 태고적 인간 본성이 작용한다."라는 프리드리히 니체(독일의 철학자)의 이 말은 핵심을 찌르는 정확한 말이다. 그러므로 꿈을 분석함은 인류의 태고적 유산과 인간이 타고난 정신적인 근원을 인식할 수 있다는 기대를 갖게 해 준다.

꿈은 우리가 추측하는 것 이상으로 정신적인 고대의 유산을 많이 보존하고 있다. 이렇게 볼 때 정신 분석학은 아득한 먼 옛날 인류가 태동했을 무렵의 상황을 어둠 속에서 밝혀내고 재구성하기 위한 학문이라고 할 수 있다.

3. 꿈에서 소망 충족은 마음의 문제를 해결한다

꿈이 소망의 충족을 의미한다면 그 소망은 어디에서 온 것일까? 먼저 답부터 말하자면 근심이 있는 곳, 고통이 있는 곳, 무의식이 원하는 곳이다. 근심이 있는 곳에서 소망의 충족은 근심을 없애 버린다. 고통이 있는 곳에서는 고통을 해소한다. 때로 그 고통이 클 경우 비명과 함께 꿈에서 깨어날 수도 있다. 이를 악몽이라고 하는데 악몽인 경우에도 고통은 해소된다.

만약 그 고통이 고통으로만 묻혀 있다면 마음의 병이 될 것이다. 그러나 꿈으로 고통을 드러냄으로써 해소되는 것이다. 또한 꿈은 무의식이 원하는 바를 이루어 준다. 우리가 좌절하거나 억울한 일이나 슬픈 일을 겪었거나 간절히 바라는 일이 있을 경우에, 이런 일들을 의식의 세계에서 표현하지 못하게 되면 무의식으로 가라앉게 된다. 꿈은 이렇게 무의식으로 가라앉아 있는 것들을 드러낸다.

프로이트는 모든 꿈을 소망 충족이라고 해석했는데 이 통찰만으로도 프로이트가 대단한 의사이자 철학자라는 사실을 깨닫게 한다. 프로이트는 소망의 억압과 소망의 충족이라는 명제를 제시해서 우리의 내면 깊숙이 감춰져 있던 무의식의 세계를 세상 밖으로 끌어올렸다. 이로 인해 꿈의 해석뿐만 아니라 인간 본성에 대한 새로운 각성이 시작된다. 이성(의식)의 시대는 가고 욕망(무의식)의 시대가 온 것이다.

아리스토텔레스의 정의에 의하면 꿈은 수면 상태에서 계속되는 생각이다. 그런데 왜 우리의 생각이 낮에는 추론·반박·반기대·반계획과 같은 다양한 심리적 행위를 하는 데 비해 밤에는 소망을 충족하는 일밖에 하지 못할까? 혹시 우리가 근심과 같은 다른 종류의 심리적 행위를 드러내는 꿈들을 제대로 보지 못하고 놓친 것은 아닐까? 그러므로 우리는 꿈에서 소망 충족이 하는 역할과 잠자는 상태에서도 계속되는 깨어 있을 때의 사고를 상세하게 검토할 필요가 있다.

우리는 소망 충족을 중심으로 꿈을 두 부류로 나누었다. 명백하게 소망 충족으로 드러나는 꿈과 알아볼 수 없도록 소망 충족을 은폐시킨 꿈이 그것이다. 우리는 후자의 경우는 꿈의 검열 기능 때문임을 알 수 있었다. 왜곡되지 않은 소망 충족 꿈은 주로 어린아이들에게 나타나며 어른 역시 짧고 솔직한 소망 충족 꿈을 꾼다.

이제 우리는 꿈에서 실현되는 소망이 어디에서 오는 것인가라는 문제를 제기할 수 있다. 소망은 대략 다음의 세 가지에서 오는 것으로 보인다.

첫째, 낮에 소망이 생겼지만 외부 사정 때문에 충족되지 못할 경우 소망은 밤으로 넘겨진다.

둘째, 낮에 소망이 생겼지만 무시됐을 경우 해결되지 못한 억압된 소망으로 남아 있게 된다.

셋째, 낮의 생활과 소망은 관계가 없으며 밤에 비로소 소망이 억압에서 풀려나 활기를 띠는 경우도 있다.

근심의 해결

낮에 억압받은 소망이 꿈에서 그 길을 찾는 경우는 아주 많이 있다. 여기에 아주 간단한 사례를 하나 소개한다. 비꼬기를 즐겨하는 어떤 처녀가 자신보다 나이가 어린 친구가 약혼을 하자 아는 사람들로부터 하루 종일 "약혼한 남자를 아느냐, 그 남자는 어떤 사람이냐."라는 등의 질문을 받았다. 질문을 받을 때마다 처녀는 칭찬하는 말을 늘어놓았다. 그러나 그것은 자신의 본심을 드러낸 것이 아니었다. 처녀는 "그런 사람은 한 다스나 있다."라고 말하고 싶었다. 밤에 처녀는 낮에 받았던 질문과 같은 질문을 받는 꿈을 꾸었다. 꿈에서 처녀의 대답은 다음과 같았다.

"추가로 주문할 경우에는 숫자만 대면 된다."

친구의 약혼자가 평범한 사람이며 그런 사람은 매우 흔하다는 것을 연필 열두 자루인 한 다스로 표현하고 싶었는데 꿈에서 계속 물어볼 경우에는 열세 자루, 열네 자루와 같이 추가 숫자만 대는 것으로 대치된 것이다. 이 꿈을 분석해 보면 우리는 왜곡되는 모든 꿈에서 소망이 무의식으로 들어갔다가 그 무의식에서 출발해서 나온다는 것을 알 수 있다. 낮에는 깨닫지 못하던 것을 밤이 되어 꿈속에서 깨닫게 된 것이다.

우리에게 근심과 걱정이 있다면 그것은 꿈으로 나타난다. 내 친구인 오토가 바제도 씨 병의 증상을 알아내 나에게 찾아왔던 꿈을 예로 들어 보자. 나는 낮에 오토의 안색을 보고 걱정을 했다. 이 근심은 내 마음을 무겁게 했고 꿈에까지 이어졌다. 꿈에서 이 근심은 터무니없는 내용으로 나타났으며 소망 충족과 거리가 먼 꿈처럼 표현되었다. 나는 낮에 느낀 근심이 왜 이렇게 터무니없게 표현되었는지 조사하기 시작했다. 분석을 하고 나서 내가 오토를 L 남작, 나 자신을 R 교수와 동일시한다는 것을 밝혀냈다. 하필이면 왜 나는 낮의 근심을 이런 식으로 대치했을까? 이에 관해서는 한 가지 설명밖에 답이 없다. 무의식은 언제든지 나 자신을 R 교수와 동일시할 준비가 되어 있었던 것이다. 어릴 때 누구나 품었던 소망의 하나인 출세욕이 이 동일시를 통해 충족되었기 때문이다.

오토에 대한 생각이 꿈에 나타났는데 낮에는 추악하다고 배척되었을 생각인데도 꿈이었기 때문에 오토에 대한 적대적인 감정이 근심으로 바뀌어 나타났다. 이 꿈에 나타난 근심은 그 자체가 소망이라기보다는 억압된 어린 시절의 소망과 연관된 것이 분명하다. 이 소망이 낮의 근심을 그럴듯하게 꾸며 의식에 생겨나게 만든 것이다. 근심이 클수록 소망과 꿈 내용의 결합은 무리한 모습으로 나타난다. 소망의 내용과 근심의 내용 사이에 반드시 관계가 있을 필요는 없으며, 이 사례에서도 그 관계는 존재하지 않는다.

근거가 있는 근심 걱정, 고통스런 생각, 불쾌한 인식 등과 같이 소망 충족과 모순되어 보이는 재료가 꿈의 사고에 제공되는 경우에 꿈이 어떻게 반응하는지에 대해 연구하는 것 역시 쓸모 있다고 생각된다. 연구 결과를 정리하면 이렇다. 첫 번째, 꿈에서의 근심 걱정을 반대되는 것으로 바꾸고 근심 걱정과 관련된 감정을 억제해 버리는 것이다. 그 결과 순수하게 만족스러운 꿈으로 바뀌어 더 이상 근심 걱정할 필요가 없게 되는데 이는 명백한 소망 충족이다. 두 번째, 근심 걱정이 다소 변형되기는 했어도 알아볼 수 있을 정도로 외현적인 꿈의 내용에 나타난다. 이 경우에는 꿈이 소망 충족이 아니라는 이의를 제기하기 쉬우며 좀 더 많은 연구가 필요하다. 이때의 근심 걱정은 고통스러운 내용을 포함해 꿈 자체에서 고통스러운 감정을 가져오거나 또는 불안의 형태로 나타나서 잠을 깨게 할 수도 있다. 그러나 이 경우에도 꿈을 분석하면 역시 소망 충족의 의미가 있다는 것을 밝힐 수 있다.

고통의 해소

나는 내 꿈을 통해 낮의 고통스러운 경험이 꿈에서도 고통스러운 모습으로 나타나는 경우를 설명하고자 한다.

처음은 분명치 않다. 나는 아내에게 매우 특별한 소식이 있다고 말한다. 아내는 깜짝 놀라며 아무 말도 듣지 않으려 한다. 나는 말을 바꾸어 아주 기뻐할 만한 일이라고 아내를 안심시킨다. 그러고는 아들이 속해 있는 장교단에서 많은 돈을 보내왔다고 이야기한다. …… 일종의 포상금인지 …… 보너스인지 …… 그러면서 나는 아내와 함께 식료품 저장실 비슷한 작은 방에 무엇인가를 찾으러 들어간다. 갑자기 눈앞에 아들이 나타난다. 아들은 군복을 입지 않고 몸에 착 달라붙는 운동복을 입고 있었으며 작은 모자를 쓰고 있었다. 아들의 모습은 마치 물개처럼 보였다. 아들은 어떤 상자 옆에 비스듬히 놓인 바구니 위로 올라선다. 상자 안에 무엇인가를 넣으려는 것 같다. 불러도 아들은 대답이 없다. 얼굴인지 이마인지에 붕대를 감고 있는 것 같아 보인다. 아들이 입을 우물거리며 무엇인가를 입 안에 밀어 넣는다. 아들의 머리카락은 회색빛이다. 나는 '저 아이가 저렇게 많이 지쳤나? 의치는 언제 끼운 거지?'라고 생각했다. 나는 아들을 부르기 전에 잠에서 깨어난다. 불안감은 들지 않았지만 가슴이 몹시 두근거렸다. 시계는 새벽 2시 30분을 가리키고 있었다.

낮의 고통스런 기다림이 꿈의 계기였다. 전방에서 싸우고 있는 아들에게서 일주일 이상이나 소식이 없었다. 아들이 부상당했거나 전사했다는 확신을 꿈의 내용에서 쉽게 찾아볼 수 있다.

꿈의 앞부분에서는 고통스러운 생각을 대치하려는 노력이 강하게 나타난다. 나는 돈이 온 것, 포상금, 보너스 등의 뭔가 기쁜 소식을 전해야 한다. 돈의 액수는 내가 병원에 있었을 때의 즐거운 일과 관련된 것으로 다른 주제로 이야기를 옮기고 싶은 마음이 드러난 것이다. 결국 기쁜 소식으로 위장하겠다는 노력은 실패로 끝난다. 아내는 두려운 일을 예감하고 내 말을 들으려 하지 않는다. 위장이 제대로 되지 않아 억제되어야 하는 것들이 여기저기에서 내비친다. 아들이 전사했다면 아들의 유품을 보내올 것이고, 나는 아들의 몫으로 받은 포상금을 형제자매와 다른 사람들에게 분배해야 한다. 포상금은 일반적으로 장렬하게 전사한 장교에게 주어진다. 말하자면 꿈은 스스로 부정하고자 한 것을 직접 표현하고 있다.

옷이 몸에 착 달라붙어 물개처럼 보이는 아들의 모습은 평상시 웃음을 준 손자를 생각나게 했고, 회색빛의 머리카락은 전쟁터에서 무척 고생했던 사위를 생각나게 했다. 이러한 생각들은 무엇을 의미하는 것일까? 꿈의 진정한 의미를 알아채기는 쉽지 않다.

식료품 저장실이라는 장소와 아들이 무엇인가를 꺼내려 하는 상자(꿈에서는 그 속에 무엇인가를 넣으려고 한다)는 세 살이 채 못 되었을 때 내게 일어났던 사고를 분명하게 가리키는 것이다. 나는 식료품 저장실에서 상자 위에 놓인 맛있는 과자를 집기 위해 의자 위에 올라갔다. 그때 의자가 넘어지면서 내 아래턱이 의자 모서리에 정통으로 부딪쳤다. 치아가 모조리 빠질 뻔할 정도로 타격이 컸다. 그때 자업 자득이라는 생각이 들었다. 이 생각은 아들이 사고를 당해서 만족한 다는 밝힐 수 없는 숨은 충동을 드러낸다. 그리고 그 충동 때문에 벌 을 받은 것이라는 마음이 들어 있다. 이런 충동은 나이 든 사람이 느 끼는, 삶에서 완전히 없어졌다고 생각하는 젊음에 대한 질투심에서 생겨난다. 실제로 이 같은 사고가 일어나는 경우, 비통한 심정이 지 나치게 강해서 그 정도를 완화시키기 위해 이처럼 억압된 소망 충족 이 나타났다고밖에 말할 수 없다.

무의식의 소망 충족

어느 히스테리 환자는 구토를 많이 한다. 환자는 구토를 통해서 무의식의 소망을 충족시키는 것이다. 환자의 히스테리성 구토는 사 춘기 시절의 공상에서 생겨난 것이다. 사춘기 시절 환자는 끊임없이 임신해서 많은 아이를 낳고 싶다는 소망을 가지고 있었다. 이러한 환자의 소망은 나중에 가능한 한 많은 남성들의 아이를 낳고 싶다는 소망으로 확대되었다. 그러나 이러한 소망을 충족시키다 보면 생겨 날 수 있는 위험이 있었다. 많은 남성들을 만나는 것도 문제지만 아 이를 낳다 보면 자신의 몸매가 망가질 수 있다는 점을 깨달은 것이다. 이럴 경우 소망하는 바와는 반대로 남성들의 관심 밖으로 밀려날 수 있다. 이러한 생각이 환자에게 구토하도록 만들었다. 이것은 무의식에서 이루어지는 것으로 환자는 구토를 하면서 많은 남성들의 아이를 낳고 싶어 했던 자신을 벌주는 것이다. 이 구토 증상은 자신의 소망을 충족하고 자신을 징벌하는 두 방향으로 현실화되었다.

이것은 파르티아(고대 이란의 왕국)의 여왕이 로마의 집정관 크라수스(로마 공화정 말기의 정치가이며 장군)의 소망 충족을 이루어 주는 것과 같은 방법이다. 여왕은 크라수스가 금에 대한 탐욕에 눈이 멀어 원정을 계획했다고 생각한다. 그래서 여왕은 크라수스의 목구멍에 금을 녹여 붓게 한다.

"네가 소망했던 것이 여기 있다."

여왕은 금에 대한 크라수스의 소망을 충족시켜 줌과 동시에 크라수스의 탐욕을 징벌하는 것이다. 이렇게 꿈이 무의식의 소망을 충족한다는 것은 쉽게 확인할 수 있다.

잠을 자고 싶어 하는 전의식의 간절한 소망은 일반적으로 꿈이 만들어지는 것을 도와주는 작용을 한다. 수면과 꿈의 형성에서 주도권을 쥐고 있는 전의식 조직은 잠을 자고 싶어 하는 소망으로 후퇴한 다음 정신 기관 안에서 이 소망을 실현시키고 꿈은 무의식에서 나온 소망을 왜곡시켜 표현한다. 시신이 안치된 방에서 새어 나오는 불빛을 감지하고 시신이 타고 있을지 모른다는 추측을 했던 아버지의 꿈을 다시 생각해 보자. 우리는 아버지가 불빛을 느꼈을 때 잠에서 깨어나지 않고 계속 꿈을 꾸고 있었다는 것을 설명하며 이는 아들의 생명을 한순간이나마 연장하고 싶은 아버지의 소망 때문이었다고 말한 바 있다. 꿈에서 깨어 불을 끄는 것이 중요할까? 아니면 꿈을 계속 꾸면서 자식의 생명을 연장하는 것이 더 중요할까? 이 점에 대해서 정확하게 딱 잘라 말할 수는 없다. 이 문제를 해결하려면 꿈의 내용에 대해 더 많은 분석을 해야 할 것 같다.

다만 더 잠을 자고 싶어 하는 아버지의 수면 욕구가 꿈의 두 번째 원동력이라는 사실은 추가되어야 할 것이다. 꿈에 의해 아들의 생명이 연장되는 것처럼 아버지의 잠 역시 한순간이나마 연장된다. 이 수면 욕구는 이렇게 말한다.

"꿈을 계속 놓아두자. 그렇지 않으면 내가 잠에서 깨어나야 하거든."

이 꿈과 마찬가지로 모든 꿈에서 수면을 취하려는 소망은 무의식적인 소망을 충족시킨다. 나는 앞에서 꿈을 꾸면 어떤 점이 편리한지 소개한 바 있다. 모든 꿈은 나름대로 편리한 이유를 가진다. 꿈은 수면을 방해하지 않도록 외적 감각 자극을 가공해 꿈에 엮어 넣는다. 혹은 외부 세계를 생각하게 하는 자극을 없애 버린다. 자극이 바뀌거나 없어지면 잠에서 깨어나지 않고 계속해서 잠을 잘 수 있다. 이렇게 되면 계속 수면을 취하려는 소망이 이루어진다.

한편 꿈의 내부로부터 잠을 깨우는 경우가 있는데 이때에는 무의식에서 이끌어 나온 상황의 깨달음에 의해서다. 간혹 꿈 내용이 지나치게 극단적으로 흐르는 경우, 전의식은 의식에게 이렇게 말한다. "그냥 두고 계속 자라. 이건 꿈일 뿐이야."

이는 우리가 자고 있을 때에도 정신 활동이 꿈에 대해서 어떤 태도를 취하고 있다는 사실을 보여 준다. 이런 사실로부터 나는 다음과 같은 결론을 이끌어 낼 수 있다. '우리가 자는 것을 알고 있는 것과 마찬가지로 잠을 자고 있으면서도 꿈을 꾸고 있다는 것을 확실하게 알고 있다.' 그러므로 의식이 꿈꾸는 것을 알 수 없다는 생각이나, 검열이 불시에 기습을 받았다고 느끼는 특정한 경우에만 잠자는 것을 알 수 있다는 주장은 무시되어야 한다. 그와는 반대로 자신이 잠을 자면서 꿈을 꾸고 있다는 사실을 분명하게 아는 사람들이 많이 있다는 사실은 강조되어야 한다. 이 사람들은 꿈을 조정하는 의식적인 능력을 지닌 듯이 보인다.

4. 꿈은 마음의 상태를 보여 준다

우리는 불안한 일이 있으면 안절부절못하고 이리저리 서성이곤 한다. 남들 앞에서 중대한 발표를 해야 할 경우 부담되는 사람이 앉아 있으면 땀이 나기도 하고, 반면에 기쁜 일이 있으면 환호성을 지르기도 하고 얼굴에 웃음꽃이 피기도 한다. 이는 모두 마음의 상태를 드러내는 행동들이다. 그런데 꿈도 이와 마찬가지다. 불안한 일이 있으면 그 불안한 심정이 꿈속에 나타나고 기쁜 일이 있으면 그 기쁨이 드러난다. 이 장에서는 불안한 내용의 꿈을 중심으로 그 꿈이 어떤 점에서 불안한 꿈인지 그리고 그 꿈을 꾸는 과정에서 어떤 소망을 충족시키는지를 살펴볼 것이다.

꿈을 통해 우리는 우리의 소망을 드러내기도 하고, 어린 시절부터 무의식에 있었던 오이디푸스 욕구를 만족시키고자 하기도 한다. 또한 성적인 욕구나 금기에 대한 자신의 마음을 드러내기도 하며, 위선적이거나 자책하는 속마음을 드러내기도 한다. 여기에서는 이런 꿈들을 다루면서 꿈이 어떻게 마음을 다루는지를 보게 될 것이다.

불안을 만드는 심리적 과정이 소망을 충족할 수 있다는 사실은 오래 전부터 의문의 여지가 없다. 우리는 이런 이유를 소망이 무의식 조직에 속하는 반면 이 소망을 배척하고 억압하는 것이 전의식 조직이라는 점을 통해 해명할 수 있다. 소망 충족이 기쁨을 가져다 주는 것이라면 누구에게 기쁨을 주는 것인지의 의문이 제기된다. 물론 소망을 가진 사람에게 주는 것이다. 그러나 꿈을 꾸는 사람이 자신의 소망에 대해 어떤 태도를 취하느냐 하는 점은 매우 특이하다.

꿈을 꾸는 사람은 소망을 충족하는 것이 아니라 배척하고 검열한다(이것은 무의식 조직이 무의식 안에 있는 소망을 꿈으로 표출하려고 하면 전의식 조직이 이를 배척하고 검열한다는 사실을 말하는 것이다). 따라서 소망 충족은 기쁨이 아니라 정반대의 것을 가져다 줄 수도 있다. 이 반대의 것이 불안의 형태로 나타난다는 것은 경험을 통해서도 확인할 수 있다. 따라서 꿈과 소망의 관계는 아주 확실한 공통점을 가지고 결합한 두 사람의 소망을 합한 결과와 같다고 할 수 있다. 이 부분에 대해서 더 이상의 설명을 하는 것보다 다음의 유명한 동화를 들려주는 것이 나을 것이다. 이 동화 속에서 이와 똑같은 관계를 발견할 수 있다.

무의식의 소망과 그 소망을 억압하는 경우

착한 요정이 가난한 부부에게 세 가지 소망을 들어주겠다고 약속했다. 부부는 기쁨에 넘쳐 세 가지 소망을 신중하게 고르기 시작했다. 그런데 아내가 옆집에서 풍겨오는 구운 소시지 냄새를 맡고, 저런 소시지가 두 개만 있었으면 좋겠다고 바랐다. 즉시 소시지가 부부 앞에 나타났다. 이것이 첫 번째 소망 충족이다. 그러자 남편은 화가 났고 격분한 나머지 소시지가 아내의 코에 붙어 버렸으면 좋겠다고 말했다. 이 소망 역시 곧 이루어졌으며, 아내의 코에 붙어 버린 소시지는 아무리 해도 떨어지지 않았다. 이것이 두 번째 소망 충족이다. 그런데 그것은 남편의 소망이었고, 아내에게는 불편하기 그지없는 소망 충족이었다. 이 동화가 어떻게 이어지는지 잘 알고 있을 것이다. 남편과 아내는 근본적으로 한몸이기 때문에 세 번째 소망은 아내의 코에서 소시지가 떨어졌으면 하는 소망일 수밖에 없다.

이 동화는 다른 형태로 이용될 수 있다. 그러나 여기에서는 두 사람이 서로 일치하지 않으면, 어느 한 사람의 소망 충족이 다른 사람에게 불쾌감을 초래할 수 있다는 가능성을 설명하기 위해 이야기했을 뿐이다. 이렇게 전의식의 무의식 지배는 심리적으로 건강한 사람에게도 철저한 것이 아니며 무의식이 억제되는 정도에 따라서 심리적 불안 상태의 정도가 결정된다.

어머니에 관한 꿈

불안한 꿈에 대한 이론은 신경 심리학의 분야에 속한다. 이 분야를 여기서 상세하게 다룰 필요는 없다. 다만 신경증의 불안이 성적인 것에서 유래한다는 점을 덧붙일 수 있다.

다음은 내가 어렸을 때 꾼 꿈으로 불안한 마음의 상태를 잘 보여 준다. 나 자신은 수십 년 동안 제대로 된 불안 꿈을 꾸어 보지 못했다. 일곱 살인가 여덟 살 때 꾸었던 꿈을 30년이 지난 후 해석했다. 그 꿈은 매우 생생했다. 꿈에는 어머니가 등장한다.

> 어머니는 마치 죽은 사람처럼 잠들어 있다. 얼굴 표정은 고요하고 평화롭기만 하다. 그런데 갑자기 덩치가 큰 이상한 사람 두 명(혹은 세 명)이 다가온다. 그 사람들의 입은 새 주둥이 모양을 하고 있었다. 새 주둥이 모양의 입을 가진 사람들이 어머니를 들쳐 업고 오더니 침대에 눕힌다.

나는 너무 무서워 울부짖으며 잠에서 깨어났다. 부모님의 방으로 건너가 부모님을 깨웠다. 새 주둥이 모양의 입을 가진 유난히 큰 사람들은 필립손 성서(이스라엘의 성서로 구약 성서를 히브리어와 독일어로 편찬한 책)의 삽화에 나오는 사람들에서 비롯되었다. 이 사람들은 이집트의 무덤에 새겨져 있는 매의 머리를 한 신이었다. 꿈을 분석하면서 나는 관리인의 버릇없는 아들이 생각났다. 그 아이는 우리 형제들과 집 앞 풀밭에서 자주 놀곤 했다. 그 아이가 나에게 성교라는 단어를 가르쳐 주었다. 그 아이의 이름은 필립이었다. 필립은 성교를 은유하는 '씹할'이라는 말을 가끔 사용했다. 그리고 꿈에서 본 새 주둥이는 성기를 상징하는 말을 암시한다. 성교라는 독일어의 속어는 새라는 단어에서 생겨난 것이다. 이 말은 아이들이 깨닫기에는 어려운 낱말이다. 나는 그 낱말의 성적인 의미를 세상 경험이 많은 젊은 선생의 표정에서 알아차렸다.

꿈속에서 어머니의 표정은 돌아가시기 며칠 전 혼수상태에서 코를 골던 할아버지의 표정이 나타난 것이다. 이 꿈을 해석하면 어머니가 죽는다는 의미며, 이런 불안 속에서 나는 눈을 떴고 부모님이 잠에서 깨어날 때까지 불안은 사그라들지 않았다. 어머니의 살아 계심을 확인한 다음에야 마음이 안정될 것이기 때문에 어머니의 방으로 가서 어머니의 얼굴을 보는 즉시 마음이 진정되었던 것을 아직도 기억한다.

그러나 꿈의 해석은 이미 만들어져 있던 불안의 영향으로 이루어진 것이다. 어머니가 돌아가시는 꿈을 꾸었기 때문에 불안한 것이 아니라 내가 이미 불안의 지배를 받고 있었기 때문에 전의식 조직이 가공하는 과정에서 꿈을 그렇게 해석한 것이다. 그러나 이 꿈은 모호하지만 틀림없는 성적 욕망에서 불안의 근원을 찾을 수 있다. 이런 성적 욕망은 다음에 보는 것처럼 시각적인 꿈에서 잘 나타난다.

온몸이 마비되는 꿈

온몸이 마비되는 꿈은 성적인 억압을 표현할 때 자주 등장한다.

이 꿈은 내용이 모호하면서도 불안을 동반하는 것이 일반적이다.

일 년 전부터 심하게 앓고 있는 스물일곱 살의 한 청년은 열한 살에서 열세 살 사이에 심한 불안 상태에서 어떤 사람이 도끼를 들고 쫓아오는 꿈을 반복해 꾼 적이 있었다. 꿈속에서 청년은 도망가려고 하지만 온몸이 마비된 것처럼 그 자리에서 꼼짝도 하지 못한다. 이 꿈은 성적인 불안 꿈의 좋은 사례다. 꿈을 분석해 보았다. 꿈을 꾼 청년은 맨 처음, 밤거리에서 수상한 사람에게 습격받은 작은 아버지의 일을 떠올렸다. 그런데 이는 시간상으로 꿈보다 나중에 일어난 일이다. 그러자 청년은 이 기억에 비추어 자신이 꿈을 꾸었을 당시 비슷한 체험에 관해 들었던 것 같다고 추정했다.

도끼에 관해서는 꿈을 꾸었을 무렵 나무를 쪼개다가 도끼에 손을 다쳤던 일을 기억했다. 그런 다음 청년은 자신이 걸핏하면 때리고 괴롭혔던 동생과의 관계를 불현듯 떠올렸다. 한번은 장화로 동생의 머리를 때려 동생이 피를 흘린 적이 있었으며, 그때 어머니는 청년이 언젠가는 동생을 죽일까 겁이 난다고 말했다. 그런 식으로 폭력이라는 주제에 집착하고 있는 것처럼 보이는 가운데, 청년은 문득 아홉 살 때 있었던 일을 머리에 떠올렸다.

어느 날 밤 늦게 집에 돌아온 부모님이 잠자리에 드는 동안, 청년은 잠든 척하고 있었다. 그런데 헐떡거리는 숨소리와 다른 이상한 소리들이 들려왔고, 청년은 무서운 생각이 들었다. 침대에서 어떤 일이 일어나는지 정확하게 알 수가 없었다. 청년은 아버지와 어머니가 싸움을 하고 있을 거라는 생각을 했다. 자신과 동생이 싸움을 할 때와 상황이 비슷하다고 생각했다. 청년은 부모님 사이에서 일어난 일을 폭력과 싸움이라는 개념으로 요약했다. 가끔 어머니의 침대에서 발견된 피는 그 증거였다.

어린아이들이 어른들의 성교를 보는 경우 두려움과 함께 불안을 느끼는 것이 일반적이다. 이러한 불안을 느끼는 이유는 성적 충동 때문이다. 어린아이들은 성적 충동을 이해하지는 못하지만, 이 충동이 부모와 관계되어 있다고 생각하기 때문에 이를 거부한다. 그 결과 성적 충동이 불안으로 바뀐다. 아주 어린 나이에는 성별이 다른 부모에 대한 성적 충동이 억압되지 않고, 우리가 이미 알고 있는 바와 같이 자유롭게 표출된다. 나중에서야 이 성적 충동은 같은 성별의 부모에 의해 서서히 억압되기 시작하고 그렇게 되어 성적 충동은 점차 불안으로 바뀌진다.

피부가 불에 타는 꿈

몸이 허약한 열세 살 소년이 걱정을 많이 하면서 몽상에 사로잡혔다. 잠을 설치고, 매주 한 번 정도로 환각이 나타나는 심한 불안 발작으로 잠에서 깨어났다. 꿈에 관한 기억은 언제나 뚜렷했다. 소년은 악마가 자신을 보고 "너는 이제 우리에게 잡혔어."라고 소리쳤으며, 역겨운 유황 냄새와 함께 자신의 피부가 불에 탔다고 꿈 내용을 이야기했다. 꿈에서 막 깨어났을 때에는 무서워서 소리조차 지르지 못할 정도였다. 말문이 트이면 "아니야, 나는 아니야. 나는 아무 짓도 안 했단 말이야."라든가 "제발 그러지 말아요. 다시는 안 할게요."라고 말했다. 그리고 "알베르는 그런 짓을 안 했어요."라고 말하기도 했다. 나중에 소년은 옷만 벗으면 몸에 불이 붙는다면서 옷 벗기를 꺼렸다. 소년은 피부가 불에 타는 꿈 때문에 건강이 위태로워졌으며, 시골로 보내져 일 년 반 동안 요양을 했다. 열다섯 살 때 한번은 이렇게 고백했다.

"그때는 어떻게 털어놓을 수가 없었어요. 그곳이 계속 따끔거리고 극도로 흥분해 있었거든요. 마침내 너무 신경을 자극해 기숙사 창문에서 뛰어내리려는 생각도 여러 번 했었어요."

이 상황을 추측하기란 어렵지 않다. 어린 시절 소년은 자위행위를 한 다음 하지 않았다고 부인했다. 주위 사람들로부터 그런 나쁜 짓을 계속하면 무서운 벌을 받는다는 위협을 받았다. "나는 아무 짓도 안 했단 말이야."라는 소년의 고백과 "알베르는 그런 짓을 안 했어요."라는 말은 이러한 생각을 뒷받침한다. 사춘기에 접어들어 성기가 가려워지면서 자위행위에 대한 유혹이 되살아났다. 소년의 마음에서 갈등이 생겨났다. 자위행위를 해서는 안 된다는 마음이 커져갔다. 이 마음이 성적 본능인 리비도를 억압했다. 리비도의 억압은 불안으로 나타났으며 이러한 불안은 꿈에서 불로 바뀌어 소년의 피부를 태웠다. 불안이라는 마음의 상태가 소년을 처벌하고자 작용한 것이다.

《숲의 고향》에 나타나는 이야기

이 이야기는 로제거(오스트리아의 향토 소설가)의 《숲의 고향》 제2권에 나오는 내용으로 위선이라는 마음의 상태를 잘 드러내며, 소망 충족과 관련된다.

나는 평소에 잠을 푹 자는 편이다. 그런데 이따금 잠을 이루지 못하는 밤이 있다. 재단사를 했던 시절의 그림자를 몇 년 동안이나 떨쳐 버리지 못하고 있기 때문이다. 그 시절을 생각하면 마치 유령을 보는 것만 같다.

내가 온종일 과거만을 생각하면서 지낸 것은 아니다. 속물의 울타리를 벗어나 새로운 세계를 향해 뛰어든 사람에게는 할 일이 따로 있는 법이다. 젊은 시절에는 밤에 꾸는 꿈에 대해서 좀처럼 생각하지 않았다. 시간이 흘러 모든 것을 깊이 생각하는 습관이 생겼을 때 꿈에 대해 생각하기 시작했다.

'왜 나는 양복점의 보조 재단사로서 보수도 없이 일하는 꿈을 꿀까.' 하는 의문이 떠올랐다. 꿈에서 재단사 옆에 앉아 옷을 짓고 다리미질을 할 때마다, 내가 할 일은 이것이 아니며 도시에서 다른 일을 해야 한다고 생각했다. 사실 나는 휴가도 있었고 피서도 갈 수 있었다. 그런데 꿈에서는 언제나 재단사의 일이나 도와주고 있었다. 종종 시간을 낭비하고 있다고 생각해서 견딜 수 없었으며 안타까워 조바심을 내기도 했다. 일을 제대로 못 했을 경우도 있어서, 그때는 재단사에게 심한 꾸중을 들었다. 그러면서도 보수에 대해서는 단 한 마디도 듣지 못했다. 어두운 작업실에 구부리고 앉아서 일을 때려치우고 떠나야겠다는 생각을 자주 했다. 한번은 내 생각을 재단사에게 말한 적이 있었다. 그러나 재단사는 아무런 대꾸도 하지 않았다. 나는 다시 재단사의 곁에 앉아 바느질을 했다.

그렇게 지루한 시간이 지나간 후 꿈에서 깨어나면 얼마나 행복했던가! 그럴 때마다 나는 이 지루하고 따분한 꿈을 한번 더 꾸게 되면, 마음을 다져먹고 '이것은 속임수일 뿐이다. 나는 침대에 누워 잠이나 자겠다.'라고 큰 소리로 외쳐야겠다고 다짐했다. 그러나 다음날 밤이 되면 어김없이 나는 다시 재단사의 작업실에 앉아 있곤 했다.

그렇게 불쾌한 꿈이 반복되면서 몇 년이 지나갔다. 한번은 견습생 생활을 처음 시작한 농부 알펠호의 집에서 재단사와 함께 일하는 꿈을 꾼 적이 있었다. 그때 재단사는 내가 하는 일을 유난히 마음에 들어 하지 않았다.

　"도대체 무슨 딴생각을 하고 있는 거냐?"

　재단사는 호통을 치며 나를 노려보았다. 나는 그 순간 벌떡 일어났다.

　"지금까지 당신에 대한 호의로 남아 있었던 겁니다."

　나는 소리를 치고 나서 그곳을 뛰쳐나가는 것이 현명한 일이라고 생각했다. 그러나 그것은 생각뿐이었고 나는 그렇게 하지 못했다. 재단사가 견습생 한 명을 데려와 그 사람에게 내 자리를 비켜 주라고 명령했을 때 나는 순순히 의자에서 일어났다. 그리고 구석으로 밀려나 바느질을 계속했다. 같은 날 견습생 한 명이 더 들어왔다. 그 사람은 19년 전 우리와 함께 일했던 사람으로 술집에서 돌아오는 길에 개울에 빠진 적이 있었던 보헤미아 사람이었다. 그 사람이 앉으려고 하는데 의자가 없었다. 나는 어찌해야 좋을지 몰라 재단사를 쳐다보았다. 그러자 재단사는 소리쳤다.

　"너 같은 녀석은 재단사가 될 수 없어. 당장 나가 버려! 너는 해고되었어."

　이 말에 놀라 나는 잠에서 깨어났다.

새벽녘의 희미한 빛이 밝은 창문을 통해 내 방을 비추었다. 슬픔이 나를 둘러싸고 있었다. 서가에는 호메로스, 단테, 셰익스피어, 괴테의 책들이 나를 기다리고 있었다. 잠에서 깨어난 아이들이 엄마와 함께 떠드는 해맑은 소리가 들려왔다. 나는 소박한 행복, 평화스런 생활, 아름다운 삶을 새로 발견한 느낌이 들었다. 다만 꿈에서 내가 재단사에게 먼저 그만둔다고 하지 못하고 해고당한 것이 영 불쾌할 따름이었다.

그런데 참 이상한 일이 일어났다. 재단사가 나를 해고한 그날 밤 이후 나는 안정을 찾았다. 편안하게 잠을 잤다. 오래전의 재단사 시절을 더 이상 꿈꾸지 않는다. 사실 그 시절은 재미있게 보냈는데 왜 훗날의 삶에 그토록 긴 그림자를 드리웠던 것인지 알 수 없었다.

로제거의 꿈에서 소망의 충족이 중요한 역할을 한다는 점을 찾기는 쉽지 않다. 꿈은 유쾌하지 못한 유령 같은 그림자를 끌고 다니는 것처럼 보인다. 나는 이와 비슷한 꿈을 꾼 적이 있었기 때문에 이 꿈을 해석할 수 있었다. 이 꿈은 벼락출세한 사람을 징벌하는 꿈이다. 꿈은 유명한 작가가 된 사람에게 견습생 시절의 비참함과 부끄러움을 들추어낸다. 그렇다면 왜 꿈은 벼락출세한 사람의 자부심과 부끄러운 과거에 대한 자기 비하 사이에서 후자의 편을 들고 소망 충족 대신 이성적인 경고의 내용에 담고 있는 것일까? 우리는 과도한 명예욕에 대한 환상이 꿈의 밑바탕을 이룬다고 지적한 바 있다. 그러나 사실은 명예욕에 대한 제동과 수치심이 꿈의 내용에 자리 잡고 있다. 심리적인 측면에서 그러한 전이를 가능하게 만드는 마조히즘적인 경향이 있다는 것을 염두에 둘 필요가 있다. 나이가 들어가는 남자를 끊임없이 괴롭히는 소망 중 하나는 젊음에 대한 소망이다. 우리는 가끔 이렇게 말한다.

"지금은 참 좋은 시절이야. 옛날에는 무척 힘들었지. 하지만 그때는 멋있었어. 한창 젊었거든."

이것이 꿈이 말하려는 진실한 소망이다. 그런데 꿈은 이를 위선적으로 감추고 마치 지금의 자부심과 과거의 자기 비하 사이에서 후자를 선택한 것처럼 보이게 만든다.

5. 꿈을 통해서 무의식의 세계에 들어갈 수 있다

우리는 평상시에 의식으로 살아간다고 생각하기 쉬우나 사실은 그렇지 않다. 무의식이 우리의 사고와 행동을 지배하는 비중이 훨씬 큰 것이다. 이는 마치 빙산의 일각만이 의식이고 바다에 가라앉은 빙산의 몸체는 무의식이라고 비유할 수 있다.

그리고 프로이트는 꿈을 통해서 바다 속에 가라앉아 있는 빙산과도 같은 무의식으로 들어갈 수 있다고 주장한다. 꿈을 해석하면 무의식의 세계를 이해할 수 있다는 것이다. 그 이유는 수면 상태가 되면 우리의 무의식 세계를 통제하고 지배하는 의식의 세계가 느슨해지고 그 틈을 타서 무의식의 활동이 활발해지기 때문이라고 한다. 그러므로 무의식의 소망을 드러내는 꿈이야말로 우리가 평상시에 모르고 있던 무의식의 세계를 보여 준다는 것이다.

물론 꿈을 쉽게 해석할 수 있는 것은 아니다. 꿈은 전의식의 단계에서 검열을 받기 때문이다. 이 검열의 과정에서 부도덕하거나 부적절하다고 판단되는 것은 왜곡되고 억압된다. 그러므로 꿈은 무의식의 세계를 있는 그대로 드러내는 것이 아니라 다른 방식으로 보여 준다. 이를 파악하는 것이 꿈의 해석에서 중요하다. 이 장에서는 전의식 단계의 검열을 뚫고 의식의 세계로 자신의 모습을 드러낸 무의식을 엿볼 수 있는 사례들을 분석한다. 이 사례를 통해서 의식으로 모습을 드러낸 무의식의 세계를 볼 수 있게 된다.

의식에 대한 과대평가에서 벗어나는 것은 심리적인 진행을 올바르게 통찰하기 위해 꼭 필요한 전제 조건이다. 립스(논문 〈심리학에서 무의식의 개념〉의 저자)의 견해에 따르면 우리는 무의식을 심리적 삶의 보편적인 토대로 받아들여야 한다. 무의식은 의식을 포괄하는 더 큰 범주다. 의식적인 모든 것은 무의식적인 단계를 거치는 반면, 무의식은 자신의 단계에 머물면서 심리적 기능의 전체를 이루고 있다. 무의식은 본래부터 존재하는 심리적인 것이다. 우리가 외부 세계의 실재에 대해 알 수 없듯이 무의식의 내적인 본성 역시 전혀 알 수 없으며, 우리의 감각 기관이 제시하는 외부 세계가 불완전하듯이 의식의 재료를 통해 파악된 무의식도 불완전하다.

우리가 무의식이라고 부르는 것은 철학자들이나 립스가 사용한 의미와는 다르다. 철학자들에게 무의식은 단순히 의식에 대한 대립 개념이다. 립스는 모든 심리적인 것은 무의식으로 존재하며 그중의 일부는 나중에 의식으로 존재한다는 더 나아간 명제를 내세웠다. 그러나 우리가 정신 병리적인 증상과 꿈에 대한 분석을 통해 알게 된 새로운 사실은 무의식, 다시 말해 심리적인 것은 서로 분리된 두 개의 신경 조직들의 기능으로 나타나며 정상적인 정신생활에서도 그렇게 나타난다는 것이다. 즉 심리학자들이 아직 분리하지 못한 '두 종류의 무의식'이 존재한다. 심리학에서는 두 가지 모두 무의식이다.

그러나 우리가 사용하는 의미에서 무의식이라 부르는 것 중 하나는 의식화될 수 없는 반면에 다른 하나는 그 자극과 흥분이 일정한 규칙을 지키고 검열을 극복하면 의식에 도달할 수 있기 때문에 전의식이

라고 부른다. 의식에 이르기 위해서는 자극과 흥분이 검열이라는 변
화를 통해 보여 주는 절차를 통과해야 한다. 이것은 우리가 지정학적
인 공간을 비유해서 표현한 것이다. 우리는 전의식 조직이 무의식 조
직과 의식 사이에서 병풍처럼 서 있다고 말하면서 두 조직의 상호 관
계와 의식에 대한 관계를 묘사했다. 전의식 조직은 의식에 이르는 통
로를 차단할 뿐만 아니라 무의식의 자의적인 운동으로 도달하려는 길
목을 지배한다. 그렇다고 신경증에 대한 최근의 연구에서 선호하는
'상위 의식'과 '하위 의식'이라는 구분과도 일정한 거리가 있다. 그런
구분은 심리적인 것과 의식이 같다고 강조하는 듯 보이기 때문이다.

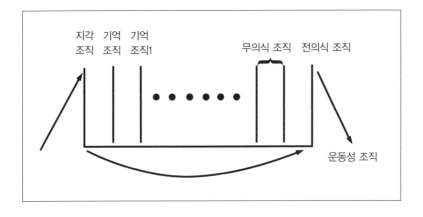

　인간의 신경 조직은 어떤 방향성을 가지고 있는데 그림에서 나타
나듯 지각 조직에서 출발해서 운동성 조직으로 이동해 간다. 이러한

이동은 리비도라는 본능적 에너지가 전달되는 과정으로 볼 수 있다.

최초의 조직인 지각 조직은 감각적 말초 조직이며 최후의 조직인 운동성 조직은 운동성 말초 조직으로 의식이 드러나는 곳이다. 감각적 말초 조직은 우리의 정신 기관이 외부 세계와 반응해서 최초의 기억 흔적을 만들어 내는 곳이다. 기억 흔적은 기억력이라는 기능의 도움을 받아 외부 세계의 여러 요소들을 수용하기도 하고 변화시키기도 하면서 우리의 정신 기관 속에 존재하며 기억 조직을 형성한다. 정신 기관 속에 존재하는 이러한 기억 조직들은 수많은 축적 작용과 재생산 작용을 거쳐 쌓이게 되고 이때에 무의식 조직이 생겨난다. 무의식 조직은 전의식 조직을 거치지 않고는 의식으로 접근하는 통로를 찾을 수 없다.

다른 통로를 찾지 못한 무의식 조직은 꿈을 만들어 낸다. 꿈은 무의식에서 만들어지지만 전의식의 검열을 거쳐야 한다. 전의식은 운동성 말초 조직에 이르기 전의 마지막 조직이다. 무의식 조직의 내용들이 전의식 조직에서 의식에 이르는 특정 조건들을 충족하게 될 경우에는 지체없이 의식에 이를 수 있다. 즉 전의식 조직은 무의식이 의식에 이르는 열쇠를 쥐고 있는 조직이다. 운동성 조직은 의식이 드러난 꿈, 백일몽, 신경증 등으로 표현될 수 있으며, 의식의 활동을 가능하게 하는 조직이라고 볼 수 있다.

의식은 일상생활에 사용되는 합리적인 상태를 말한다. 우리는 의식이 있기에 사회에서 살아갈 수 있을 뿐만 아니라 도덕적이거나 합리적인 삶을 살아갈 수 있다. 그러나 의식이라는 것은 표면으로 떠오른 무의식일 뿐이다. 인간의 내면에는 무의식이라는 거대한 세계가 존재하는데 그 속에는 온갖 욕망과 소망 같은 것들로 뒤엉켜 있다.

이 무의식은 크게 두 가지로 나뉘는데 좁은 의미에서의 무의식과 전의식이 그것이다. 전의식은 의식으로 떠오르기 직전의 무의식, 다시 말해서 검열을 통과하고 왜곡을 거치는 과정 속의 무의식이다. 전의식은 의식의 영역 밖에 있지만 의식과 마찬가지로 합리적인 영역에 있다. 이는 전의식의 내용이 본능적인 욕구에서 벗어나는 과정에서 검열을 통과했기 때문이다. 이야기해도 괜찮은 내용들은 전의식의 단계를 거쳐 의식으로 나타나게 된다.

이에 비해 좁은 의미의 무의식은 인간의 내면 저 아래에 자리 잡고 있는 심리적인 것의 총체다. 그 속에는 상식이나 합리성이 통하지 않는 감정과 욕망도 자리 잡고 있다. 충족되지 못한 소망들이 머물고 있는데 이 소망들은 본능적인 것이라고 말할 수 있다. 예를 들어 성욕이나 공격욕처럼 밖으로 표출하기 어려운 욕망도 들어 있다. 이러한 것들은 전의식의 과정에서 검열을 받기 때문에 의식으로 나오지 못하거나 은폐되고 왜곡되어 나타난다. 꿈은 바로 이런 은폐되고 왜곡된 소망이 드러나는 곳이다. 따라서 꿈의 해석을 통해 무의식의 세계를 파악할 수 있다.

통증을 호소하는 한 소녀

지극히 다양한 의식의 문제들은 히스테리의 사고 과정을 분석하면 제대로 파악할 수 있다. 분석을 통해 우리는 전의식에서 리비도에 이르는 통로 역시 무의식과 전의식 사이에서처럼 검열과 결합되어 있다는 것을 알게 되었다. 이 검열 역시 무의식의 활동이 활발해지고 양적으로 일정한 한계를 넘어섰을 때 비로소 시작되며 그래서 강렬하지 못한 사고들은 검열을 모면할 수 있게 된다. 의식에서 차단하는 경우와 제한을 받지만 의식으로 넘어가는 경우가 있다.

특히 신경증 환자들에게는 이러한 현상이 발견된다. 신경증 환자들은 정상인이 꿈을 꿀 때 생겨나는 현상들이 현실 속에서 나타난다. 꿈의 분석이 신경증 환자들의 치료에 도움이 되는 이유도 이 때문이다. 신경증 환자를 치료하려면 검열과 의식의 관계를 살펴보아야 한다. 그렇게 해서 검열과 의식은 상호 간에 밀접하면서도 다른 관계를 갖는다는 것을 알 수 있다. 나는 이런 종류의 사례 두 가지를 소개하고자 한다.

지난해 나는 영리하고 솔직해 보이는 한 소녀를 동료들과 함께 진찰하게 되었다. 그런데 소녀의 옷차림새가 좀 특이했다. 양말 한쪽이 흘러내리고 블라우스의 단추는 두 개나 풀려 있었다. 소녀는 한쪽 다리가 아프다고 했다. 보자고 하지도 않았는데 자청해서 장딴지까지 치마를 걷어 올렸다. 그러면서 이런저런 하소연을 늘어놓았다. 소녀가 늘어놓은 하소연은 이런 내용이다. 소녀는 이리저리 움직이는 무엇인가가 몸속에 박혀 있으며 그것이 자신을 뒤흔들어 놓는 것 같은 느낌이 든다고 말했다. 그리고 그럴 때면 간혹 온몸이 굳어진다는 것이었다. 같이 진찰하던 동료가 나를 쳐다보았다. 하소연하는 내용이 너무 분명하다고 생각한 것이다. 환자의 어머니가 그런 말을 들으면서도 별 생각이 없었다는 것이 우리 두 사람에게는 이상하게 여겨졌다. 어머니는 딸의 이야기를 분명 여러 번 들어서 무뎌진 것이라고 짐작했다. 소녀는 자신이 한 말의 의미를 전혀 짐작조차 못했다. 소녀가 자신이 무슨 말을 하는지 알고 있었더라면 그 같은 말은 입에 올리지 않았을 것이다. 이것은 평소 전의식에 머물러 있는 환상이 검열의 눈을 속이고, 순진한 척하면서 통증 호소라는 가면을 쓴 채 의식에 진입한 사례다.

히스테리에 시달리는 한 소년

또 다른 사례는 다음과 같다. 나는 안면 경련, 히스테리성 구토, 두통 등에 시달리는 열네 살 소년의 정신 분석 치료를 시작했다. 나는 소년에게 눈을 감으라고 말했다. 무엇인가 떠오르는 것이 있을 거라고 확신시키며 떠오르는 생각이나 영상을 말해 달라고 했다. 소년은 비유를 들어 말했다. 어떤 인상이 소년의 기억 속에서 시각적으로 되살아났다. 소년은 삼촌과 장기를 두었고, 장기판이 눈앞에 떠올랐다. 소년이 상황을 설명하면서 자신이 유리하다고 말하기도 하고 불리하다고 말하기도 한다. 그런데 소년이 느닷없이 장기판 위에 짧은 칼이 놓여 있다고 말했다. 그 칼은 원래 아버지 소유의 물건이지만, 소년의 환상이 장기판 위로 옮겨 놓은 것이다. 짧은 칼의 뒤를 이어 작은 낫과 큰 낫이 장기판 위로 보였고, 그러더니 멀리 있는 고향집 앞에서 큰 낫으로 풀을 베는 늙은 농부의 모습이 나타났다.

며칠 후 나는 소년이 말하는 것을 이해하게 되었다. 불우한 가정환경이 소년을 자극한 것이다. 어머니와 아버지가 이혼한 것이다. 어머니는 소년에게 다정하게 대해 주셨지만 너무나 연약하기만 하셨다. 아버지는 어머니와 사이가 좋지 않았고 화를 잘 냈으며, 자식들에게 협박하는 것이 아버지의 유일한 교육 방법이었다. 부모님의 이혼 후 아버지는 젊은 여인을 새어머니로 집에 불러들인다. 아버지의 재혼 후 며칠이 지나서 소년은 히스테리에 시달린다.

아버지를 향한 억제된 분노가 꿈에 나타나는 것은 신화에서 유래한다. 작은 낫은 제우스가 아버지를 거세한 도구이고, 큰 낫을 사용하는 농부의 모습은 친자식들을 잡아먹었기 때문에 천륜을 거스르는 복수의 표적이 된 제우스의 아버지 크로노스를 나타낸다. 아버지의 재혼은 소년에게 복수할 기회를 제공해 준다. 오래 전 소년은 성기를 가지고 장난했기 때문에 아버지에게서 많은 욕설과 위협을 받았다. 이제는 되돌려 줄 수 있는 기회를 잡았다. 소년의 히스테리는 오랫동안 억압되고 무의식에 남아 있던 기억의 파편들이 어떤 통로를 따라 의식 속으로 잠입한 사례다.

무의식의 세계

꿈이 잠재적 꿈에서 외현적 꿈이 되는 과정에는 여러 단계가 있다. 이것은 무의식에서 의식으로 옮겨가는 과정과 같다. 이 과정을 두 부분으로 나눌 수 있다. 첫 번째 부분은 무의식의 사건이나 충동이 검열의 관문에서 전의식에 이르는 과정이며, 두 번째 부분은 꿈이 검열의 관문에서 다시 지각으로 이어져 드러나 전의식의 검열이나 수면 상태가 만들어 낸 장애에서 벗어나는 과정이다. 그렇게 될 때 의식은 자신을 성공적으로 깨닫기 시작한다.

의식이 반드시 자신을 성공적으로 깨달을 필요는 없다. 사실 무의식적인 요소는 대단히 중요하며, 무의식의 사건이나 충동이 저항을 극복하기 전까지는 무의식에 그대로 숨어 있으려는 경향이 매우 강하다. 그렇기에 무의식적인 요소를 찾고자 한다면 한 가지 사실을 꼭 기억해야 한다. 그것은 무의식적인 요소가 우연히 생겨난 것이 아니라는 점이다. 그것은 방어라고 하는 중요한 임무를 수행하는 것이다. 즉 어떤 사실이 자신에게 부담스럽게 다가와서 감당하기 곤란할 때 그 사실들을 마음 깊숙한 비밀 창고에 집어넣어 그것이 주는 상처로부터 자신을 보호하는 것이다. 이 비밀 창고는 기억이나 생각이 직접적으로 미치지 못하는 곳이다. 이 같은 무의식의 상태가 더 안전하다고 느끼기에 우리는 무의식의 세계에서 더 안전할 수 있는 것이다. 그렇기 때문에 무의식의 세계가 문제를 일으킬 경우는 꿈의 해석과 같은 진단이 필요한 것이다.

꿈 해석의 현실적 의미

나는 꿈 연구의 이론적인 가치를 인간에 대한 심리학적 인식에 기여한 점과 신경증 이해를 위한 준비 작업에서 찾고자 한다. 나는 간혹 이런 연구의 실용적인 가치가 개개인의 숨은 성격의 특징을 밝혀내는 데 있느냐는 질문을 받는다. 꿈이 드러내는 무의식적인 충동들이 과연 정신생활에서 실제적인 힘으로 작용할 수 있을까?

나 자신이 이런 질문에 대답할 자격이 있다고 생각하지 않는다. 나는 다만 황제를 죽이는 꿈을 꾸었다고 해서 신하를 처형한 로마

황제의 생각이 잘못되었다고 생각할 따름이다. 꿈의 의미는 꿈이 드러낸 내용과 다를 수 있기 때문에 먼저 꿈이 무엇을 의미하는지를 신중하게 고려해야 할 것이다. 그리고 만일 꿈의 내용이 반역죄에 해당하는 의미가 있다면 "덕망 높은 사람은 악인이 실생활에서 하는 짓을 꿈꾸는 것으로 만족해야 한다."라는 플라톤의 말을 상기하면 적절할 것이다. 따라서 나는 꿈을 자유롭게 내버려 두는 것이 최상의 길이라고 생각하며, 무의식적인 소망이 현실적인 가치를 갖느냐라는 질문에는 답변할 수 없다. 우리는 심리적 현실과 물질적 현실을 혼동해서는 안 된다.

인간의 성격 판단이라는 실용적 요구를 충족시키는 것은 다음의 답으로 충분하다. 의식으로 진입한 많은 충동들이 어떤 행위로 나타나기 전에 정신생활의 현실적인 힘에 의해 제거되기 때문에 무엇보다도 구체적인 행위로 이어졌는가가 중요하다. 사실 무의식은 다른 어딘가에서 저지당할 것을 확신하기 때문에 종종 그런 충동들이 진행 도중 아무런 심리적 저지를 받지 않고 나타난 것이다. 어쨌든 미덕이 거만하게 우뚝 서 있는 토대를 깊이 알게 된다는 것은 시사하는 바가 많다. 역동적으로 움직이며 갈피를 잡기 힘든 인간의 성격을 우리의 낡은 도덕론이 원하는 방향에서 이것 아니면 저것이라는 방식으로 해명하기란 불가능하다.

과연 꿈의 가치는 미래를 알려 주는 데 있는 것인가? 물론 그렇다고는 전혀 생각할 수 없다. 그 대신 꿈은 과거를 알려 준다고 하는 것이 더 정확하다. 꿈은 과거에서 유래된 것이기 때문이다. 그렇다고 꿈이 미래를 예견한다는 낡은 믿음도 진실로서의 가치가 전혀 없는 것은 아니다. 꿈은 소망 충족을 보여 주면서 우리를 미래로 이끈다. 그러나 꿈을 꾸는 사람이 현재의 관점에서 받아들이는 이 미래는 영원히 사라지지 않는 소망에 의해 과거와 닮은 모습을 지닌 것이다.

《꿈의 해석》, 인간의 내면으로 들어가는 문

　지그문트 프로이트는 아인슈타인과 더불어 20세기에 가장 널리 사람들에게 오르내린 이름이다. 아인슈타인이 상대성 이론을 통해 우주론을 비롯한 과학 전반에 새로운 전환을 가져왔다면 프로이트는 정신 분석학을 통해 인간의 무의식을 밝힘으로써 인간 정신 구조에 대한 엄청난 사고의 전환을 가져왔다. 그래서 어떤 사람들은 다윈이 인간을 신의 영역에서 동물의 영역으로 끌어내렸다면, 프로이트는 인간의 정신을 이성에서 본능으로 끌어내렸다고 말한다. 이는 인간의 행동을 지배하는 것은 더 이상 인간의 합리적인 의식이 아니라 본능적 욕구로 가득 차 있는 무의식이라는 프로이트의 발견을 가리키는 말이다.

　이런 프로이트의 이론을 정신 분석 이론이라고 부르는데, 《꿈의 해석》은 정신 분석 이론의 출발점이자 기초를 이루는 저서다. 그런 점에서 《꿈의 해석》은 프로이트의 모든 저서 가운데에서 가장 중요하다고 할 수 있다. 《꿈의 해석》은 프로이트가 신경증 환자들을 치료하면서 얻은 다양한 경험을 토대로 인간의 무의식이 꿈에서 가장 잘 표현된다는 사실을 발견하고, 꿈을 해석하면 무의식의 세계를 알 수 있다는 점을 밝힌 책이다.

프로이트는 이 책에서 자신의 꿈도 상당수 분석하는데 그런 점에서 프로이트의 생애는 이 책과 밀접한 연관이 있다고 할 수 있다. 물론 프로이트의 생애는 자신의 전체 이론을 형성하는 과정에서도 상당히 중요한 몫을 하고 있다. 따라서 《꿈의 해석》을 이해하기 위해서는 프로이트의 전반적인 생애를 먼저 살펴보는 것이 바람직하다. 또한 프로이트는 자신의 생애 대부분을 연구와 저술 활동으로 보냈기 때문에 프로이트의 저서들을 중심으로 사상의 변화를 살펴볼 필요가 있다. 그리고 《꿈의 해석》이 프로이트의 학문 세계는 물론 20세기 사상의 흐름 속에서 어떤 의미가 있는지를 살펴보는 것이 이 책을 이해하는 데 도움이 될 것이다.

1. 프로이트의 생애

프로이트는 1856년 오스트리아 · 헝가리 연합 제국의 작은 도시 프라이베르크에서 유대인 모피 상인의 아들로 태어났다. 프로이트가 태어났을 때 프로이트의 아버지는 마흔 살이었고 어머니는 스물한 살이었다. 이러한 부모의 나이 차이는 프로이트의 가족 관계가 결코 평범하지 않았음을 보여 준다. 프로이트의 아버지는 프로이트의 어머니와 세 번째로 결혼해서 프로이트를 낳았다. 그런데 첫 번째로 결혼해서 낳은 아들 에마누엘과 두 번째로 결혼해서 낳은 필리프는 어머니 아말리아와 나이가 비슷할 정도로 프로이트와 형제들의 나이 차이가 컸다. 프로이트는 어린 시절 자신의 아버지보다 이복형 필리프가 어머니의 남편감으로 훨씬 잘 어울린다고 생각했을 정도였다. 프로이트는 여동생 안나가 태어났을 때 안나의 아버지가 누구일까를 곰곰이 생각해 보기도 했다고 한다.

프로이트가 나이 많고 나약한 유대인 아버지, 그리고 젊고 아름다운 어머니와 함께 어린 시절을 보낸 곳은 비엔나였다. 아버지의 사업이 어려워져서 비엔나로 가게 되었는데 프로이트에게는 도리어 그곳이 자신의 재능을 살릴 수 있는 무대가 되었다. 19세기 말 비엔나는 급속도로 발전하는 활기찬 대도시로 미술, 음악, 문학 그리고 의학 등의 학문과 문화가 꽃피는 곳이었다. 프로이트는 이곳에서 많은 책을 읽으면서 어린 시절을 보냈다. 프로이트는 고대 그리스와 로마의 고전 문학 서적들을 섭렵하는 것은 물론, 다른 언어에도 관심을 가져 라틴어, 그리스어, 프랑스어, 영어를 배웠고 스페인어와 이탈리아어도 독학으로 익혔다. 프로이트는 독서광이었고 심지어 여동생의 독서를 도와주는 책임까지 맡았다. 프로이트는 어린 시절부터 총명하고 공부를 잘해서 아홉 살에 김나지움에 들어갔고 항상 수석의 자리를 놓치지 않을 정도였다. 1873년 열일곱 살 되던 해 김나지움을 졸업한 프로이트는 비엔나 대학 의학부에 입학했다.

대학 시절 프로이트에게 많은 영향을 미친 스승은 브뤼케였다. 프로이트가 대학교 3학년 때부터 5년간 생리학 실험실에서 근무할 동안 실험실의 운영자였던 브뤼케 교수는 프로이트보다 마흔 살이나 나이가 많은 아버지와 같은 스승이었다. 브뤼케는 까다롭고 엄격한 스승이었으나 프로이트의 중추 신경계 연구에 결정적인 영향을 미친 최고의 스승이었다. 프로이트는 브뤼케로부터 생리학을 비롯한 자연 과학에 대한 전문 지식을 습득했으며, 모든 생물학적 현상이 물리적 법칙으로 설명될 수 있다는 생각을 이때부터 갖기 시작했다.

프로이트는 브뤼케 교수의 실험실에서 조교 자리를 얻을 때까지 그곳을 떠나고 싶지 않았지만 조교 자리를 얻는 것은 쉽지 않았다. 이미 두 명의 젊은 조교가 버티고 있었고 자신이 자리를 얻기에는 여러 가지 여건상 어렵다고 판단했다. 더구나 실험실 연구자의 수입으로는 대가족인 자신의 식구들을 먹여 살릴 수가 없었다. 그래서 프로이트는 여동생의 친구인 마르타 베르나이스와 약혼을 한 후 자리를 옮겨 비엔나 대학 병원의 초급 수련의로 일하기 시작했다.

이 무렵 프로이트는 의학계에서 나름의 명성과 기반을 쌓아 가고 있었다. 특히 프로이트는 코카인에 대한 연구에 몰두했다. 그 당시 코카인은 오늘날처럼 위험한 약품이나 마약으로 받아들여지지 않았고 이 약물에 대한 연구도 없는 상태였다. 프로이트는 직접 자신에게 실험하면서까지 코카인을 연구했고, 동료 수련의에게 마취제로 사용할 것을 권하기도 했다. 그 뒤 동료인 칼 콜러와 쾨니히슈타인이 수술 칼을 잡고 아버지의 눈을 수술할 때 프로이트는 조수를 하며 이 코카인을 사용했다. 코카인을 부분 마취제로 사용한 이 수술은 큰 성공을 거두었다. 그런데 칼 콜러는 코카인의 발견과 사용을 자신의 업적이라고 발표했고 프로이트는 아무런 보상도 받지 못한 채 그늘에 가려지고 말았다.

좋지 않은 일은 계속되었다. 프로이트는 자신의 친구 마르코프에게 모르핀 대신 코카인을 처방한 적이 있었는데 마르코프가 그만 코카인에 중독되어 버렸고, 이후 코카인 중독에 대한 위험성이 부각되기 시작했다. 마르코프가 치유하기 힘든 코카인 중독자가 되자 코카인을 연구하고 코카인 사용에 적극적이었던 프로이트는 비난을 피할 수 없게 되었다.

이런 일련의 시련을 겪으면서 프로이트는 새롭게 자신의 학문을 연구하고 발전시킬 계획을 세웠다. 그래서 프로이트는 먼저 객원 교수를 지원해 맡게 되었고 이어서 브뤼케 교수의 후원으로 장학금을 받으며 파리로 공부하러 가게 되었다. 프로이트는 파리에서 살페트리에르 병원의 원장으로 있던 프랑스의 저명한 신경증 의학자 장 마르탱 샤르코를 만난다. 그 무렵 샤르코는 발작 증상이 나타나는 간질병 환자를 수용하는 대규모 병동의 책임자로 있었는데, 그곳에서 발작을 일으키긴 하지만 간질병 환자가 아닌 히스테리 환자들을 발견했다. 샤르코는 이런 히스테리 환자의 발병 원인이 신경증이라는 사실을 밝혀냈다. 그 이전에는 히스테리의 원인을 제대로 밝혀내지 못해서 여성의 생식 기관에 의한 질병이라고 추정하고 있었는데 샤르코는 정신적인 히스테리가 상상에 의한 일종의 신경증적인 장애일 뿐이라고 발표한다.

한편 샤르코는 히스테리 환자를 치료하면서 최면술을 사용했는데 이 방법을 보면서 프로이트는 깊은 인상을 받는다. 프로이트는 비엔나에서부터 그때까지 여전히 뇌에 관한 병리학을 주로 연구하고 있었는데 샤르코의 정신 연구 방법이 프로이트의 사고를 완전히 전환시켰다. 프로이트는 신체의 통증을 호소하는 환자의 경우에도 정신적인 장애가 그 원인일 수 있다는 새로운 사실을 받아들이면서, 드러나지 않으면서 사람의 의식에 영향을 미치는 강력한 정신 과정이 있을 수 있다는 생각을 하게 된다.

1886년 오스트리아로 돌아온 프로이트는 신경증 상담자로서 개인 병원을 열고 오랫동안 미뤄 왔던 결혼을 하게 된다. 프로이트는 자신의 병원에서 샤르코에게서 배운 최면술을 이용해 환자를 치료했다. 그러다가 최면에 잘 걸리지 않는 환자가 있어서 이마를 손으로 누르면서 기억하라고 말하는 이마 압박 기법을 사용했다. 그러나 이러한 기법은 환자에 의해 제지당하는 경우가 많았다. 엠미 폰 N이라는 환자는 화를 내면서 자신이 하고 싶은 말을 마음대로 하도록 내버려 두라고 말했다. 이마를 누르면서 말하기를 강요하니까 오히려 자신의 생각을 말하는 데에 방해가 된다는 것이다. 이런 일을 겪은 후 프로이트는 잊어버린 과거의 충격을 떠올리기 위해 적절한 감정을 수반한 최면 방법을 사용하게 되었다. 원래 이 방법은 요제프 브로이어라는 의사가 사용해서 효과를 보았는데 프로이트는 브로이어에게 그 방법을 써서 엠미 폰 N의 증상을 치료해 보라고 권했다.

  하지만 이 방법 역시 일정한 문제가 있다는 것이 드러났다. 프로이트는 자신의 경험과 연구를 바탕으로 새로운 정신 분석 방법을 적용하게 되는데 그것이 자유 연상법이다. 자유 연상법은 최면 방법을 쓰지 않고 환자에게 떠오르는 생각을 자유롭게 말하도록 하는 것으로, 이 방법을 사용해 환자의 감추고 싶어 하는 마음의 저항을 파악할 수 있었다. 다시 말해서 환자에게 자유롭게 떠오르는 생각을 말하게 하면 일정한 시점에서 이야기의 논리적 허점이 노출된다는 것이다. 또한 같은 이야기가 말하는 시기에 따라 서로 다르게 되며 이런 차이점을 통해서 감추고 싶어 하는 심리적 저항의 내용을 알게 된다는 것이다.

이렇게 자유 연상법이라는 새로운 정신 분석 방법을 만들어 낸 프로이트는 이를 꿈의 해석에도 적용하기 시작했다. 안나 O의 성공적인 치료 등으로 의사로서의 명성을 얻기 시작할 무렵인 1895년경 프로이트는 이르마의 꿈을 분석하게 된다. 이는 프로이트가 행한 최초의 꿈 분석이었다. 프로이트는 이 분석을 통해 꿈이 소망 충족을 위한 도구라는 확신을 갖게 된다. 그 이듬해 프로이트는 아버지의 죽음을 맞게 되고, 아버지의 죽음은 프로이트에게 불안 노이로제를 가져왔다. 그래서 프로이트는 스스로 자신이 꾼 꿈을 분석하면서 《꿈의 해석》을 출간하고자 하는 준비 작업에 들어간다.

1900년 프로이트의 야심에 찬 저서 《꿈의 해석》이 출간되지만 심리학자들과 의사들은 물론 일반인들에게조차 외면당하고 만다. 프로이트의 성적 충동 이론에 대한 거부감 때문이기도 했지만 프로이트가 유대인이라는 이유도 크게 작용했다. 책이 출간되고 처음 일년 반 동안 일반 잡지에 몇 번 소개되었을 뿐 심리학 전문 잡지에는 전혀 소개되지 못했고, 《꿈의 해석》 초판 600부가 다 팔리는 데에는 무려 9년이라는 세월이 걸렸다. 책은 거의 판매되지 않았으나 프로이트는 절망하지 않고 자신의 연구 활동을 계속했다. 그리고 그 연구들은 나중에 책으로 출간되는데 논문 〈성욕에 관한 세 편의 에세이〉를 비롯해서, 히스테리 환자 도라, 강박증 환자 쥐인간, 공포증 환자 한스에 대한 사례 연구가 이어진다.

 이렇게 시간이 지나면서 프로이트의 이론은 스위스의 정신 의학계에서 많은 지지를 받게 되었고 프로이트의 명성은 멀리 미국으로까지 퍼져 나가게 되었다. 프로이트는 메사추세츠에 있는 클라크 대학에서 초청받아 여러 차례의 강연을 하기도 했다. 이때에 하버드 대학의 심리학 교수 윌리엄 제임스와 신경학 교수 제임스 퍼트남을 만나게 된다. 이러한 활동이 기반이 되어 1908년 국제 정신 분석학회가 설립되었고 프로이트의 제자인 융이 초대 회장으로 선출되었다. 이런 배경에는 유대인이 아닌 융에 의해 정신 분석학이 전 세계로 확산되기를 바라는 프로이트의 마음이 깔려 있었다. 그러나 비엔나 사람들의 반발로 국제 정신 분석학회의 회장은 융이 담당했지만, 비엔나 정신 분석학회는 알프레드 아들러가 회장이 되기에 이른다. 이후에 아들러는 프로이트와 이론을 달리하면서 학회에서 프로이트의 이론에 대한 반론을 제시하게 되고 이것이 계기가 되어 둘은 헤어지게 된다. 융도 프로이트가 지나치게 성을 강조한다는 점에 반감을 갖고 프로이트를 떠나고 만다.

 그리고 1914년 제1차 세계대전을 맞게 되는데 프로이트는 이 시점을 전후로 삶에 있어서나 사상에 있어서 많은 변화를 겪는다. 제1차 세계대전에는 전차와 비행기가 폭격용으로 처음 사용되었고, 대량 살상 무기로 독가스까지 개발되었다. 프로이트는 자신의 아들 세

명이 동맹군에 소속되어 전쟁에 참여했기 때문에 불안한 마음으로 생활해야만 했으며, 제자들이 사망하거나 자살하는 일을 겪어야 했다. 그로부터 얼마 지나지 않은 1920년 자신이 가장 사랑하는 딸 소피가 스물여섯 살의 젊은 나이로 폐렴으로 죽게 되고, 3년 후 소피의 아들마저 결핵으로 잃게 된다. 프로이트는 이때가 자신의 생애 중 가장 아픈 순간이었다고 회고했다. 이런 여러 가지 사건을 겪으면서 프로이트의 이론도 전환기를 맞게 된다. 프로이트는 이 무렵부터 '죽음의 본능'이라는 개념을 자신의 정신 분석학에서 본격적으로 다루기 시작한다. 그래서 프로이트의 이론은 크게 성적 본능을 다룬 전기와 죽음의 본능을 다룬 후기로 분리된다.

프로이트의 고난은 자신의 후기 이론을 반영이라도 하듯 계속된다. 프로이트는 1923년 턱에 암이 있다는 진단을 받고 1939년 여든세 살에 죽음을 맞이하기까지 십육년 동안 투병 생활을 했으며 그 과정 중에 무려 서른세 번의 수술을 받는다. 수술을 하면서 오른쪽 위턱뼈와 이를 도려내고 틀니를 했으며 그 바람에 윗니와 아랫니가 잘 맞지 않아서 음식물을 씹을 수 없어 말년에는 음식물을 소화시키지도 못할 정도였다. 프로이트는 1938년 히틀러가 오스트리아를 침공하자 비엔나를 떠나 영국으로 건너갔다. 이는 공개적으로 자신의 모든 책을 불태웠던 나치의 박해를 피해서였다. 프로이트는 비엔나를 떠났지만 자신의 여동생들이 죽음의 수용소에서 독가스로 살해

되는 아픔을 겪어야만 했다. 그리고 1939년 9월 23일 망명한 런던에서 프로이트는 조용히 죽음을 맞이했다.

이렇듯 프로이트의 삶에는 많은 우여곡절이 있었다. 하지만 프로이트가 죽기 직전 말을 할 수도 없고 소화를 시키지도 못하는 상태에서 글을 쓰는 작업을 했다는 사실은 우리를 감동시키기에 충분하다. 육체적 고통이 너무나 지독해서 담당 의사인 슈르 박사에게 많은 양의 모르핀을 투여해 안락사를 시켜달라고 요청할 정도로 지극히 힘든 상황에서도 프로이트는 자신의 생애를 바쳤던 정신 분석학에 대한 열정을 놓지 않았다. 이렇게 힘들고 어려운 가운데 쓰여진 프로이트의 저서와 이론은 20세기를 뒤흔들며 우리에게 많은 영향을 미쳤고 앞으로도 계속 인간의 내면을 밝히는 기념비로 남을 것이다.

2. 프로이트의 사상

1) 프로이트의 정신 분석 이론

프로이트의 사상 세계는 정신 분석학에서부터 인류학, 문명 이론에 이르기까지 그 범위가 상당히 넓지만, 그 핵심을 말하라면 아마도 정신 분석학이 될 것이다. 프로이트는 정신 분석을 하나의 학문 체계로 완성했고 그런 의미에서 프로이트를 생각하면 바로 정신 분석이라는 단어가 떠오른다. 프로이트가 창안한 정신 분석이라는 말은 히스테리의 원인을 찾아내고 효과적인 치료 방법을 모색하던 중에 신경 의학을 포함한 생리적인 정신 의학과는 다른 새로운 용어가 필요함을 깨닫고 만들어 낸 용어다. 정신 분석의 목적은 신경 질환의 원인을 정확하게 인식하고 그 원인을 제거해 치료하는 데 있었다. 그러나 프로이트는 자신의 정신 분석학이 신경증 환자에게만 적용되는 것이 아니라 모든 인간에게 적용된다는 것을 깨달았고 그런 인식을 바탕으로 자신의 사상 체계를 수립했다.

그렇다면 프로이트 정신 분석 이론의 핵심적인 내용은 무엇인지 알아보자. 프로이트의 이론은 인간의 정신을 어떻게 파악하는가에 따라 초기 이론과 후기 이론으로 나누어진다. 프로이트는 초기에는 정신을 무의식, 전의식, 의식으로 분리하고 개념화해서 이를 바탕으로 자신의 정신 분석을 시도했다. 그러나 후기에 이르러서는 전기의 개념을 확장한 이드, 자아(에고), 초자아(슈퍼에고)로 구분했고 이것을 정신 분석의 기초로 삼았다.

초기 이론은 무의식, 전의식, 의식을 신경 조직의 지정학적인 위치로 구분해서 나눈 것으로서 이 이론에서는 무의식과 의식의 차이점이 강조되었다. 인간에게는 겉으로 드러난 의식과 다르며 의식이 미처 깨닫지 못한 고유한 정신 활동이나 정신 영역, 정신 내용 즉 무의식이 있다는 입장이었다. 여기서 전의식은 무의식 속에 포함되지만 의식으로 전환되기 위해 일종의 검열을 통과한 무의식 상태, 다시 말해서 무의식과 의식의 중간 단계를 말한다. 그리고 초기 이론에서는 인간을 움직이는 원동력이 의식이 아닌 무의식이라는 점이 강조되었다. 이런 관점은 특히 성적 본능이나 오이디푸스 욕구를 강조하는 데서도 잘 나타난다.

하지만 프로이트는 후기로 가면서 무의식과 의식을 신경 조직의 위치로 구분하는 것으로는 자신의 이론을 모두 설명하기 곤란하다는 것을 깨닫는다. 예를 들어 무의식에는 여러 종류의 본능이 존재하는데 그 본능 중에는 초기 이론으로는 효과적으로 설명할 수 없는 본능이 있다는 것을 알아낸다. 다시 말해서 초기 이론으로 유아기의 성 본능이나 삶의 본능을 설명하는 데는 무리가 없으나 죽음의 본능을 설명하기에는 부적절하다는 것이다. 유아기의 성 본능이나 삶의 본능은 무의식에서 생긴다는 것만으로도 설명이 가능하지만, 죽음의 본능은 자아라는 인식의 주체가 이드와 초자아와의 갈등 상황에서 죄책감을 가진 심리적 상태를 받아들여야 설명이 가능했던 것이다. 즉 인간의 무의식을 통해 유아기의 성 본능과 삶의 본능을 설명할 수 있지만, 죽음의 본능은 무의식만으로는 쉽게 설명되지 않는다는 것이다. 그래서 프로이트는 후기에 이드와 자아와 초자아라는 새로운 개념을 펼쳐 보인다.

이드는 위의 세 가지 정신 영역 가운데 가장 오래된 것으로 원시적인 육체적 본능, 특히 성욕이나 공격욕과 같은 심리적 내용뿐만 아니라 물려받거나 태어날 때부터 지니고 있는 모든 심리적 요소를 포함한다. 이드는 논리와 이성을 모르며 단순한 충동에 휩싸인다. 따라서 이드는 전적으로 쾌락·고통의 원리에 따라 움직이는 영역이다. 초자아는 이드나 자아보다 늦게 발달하는데 흔히 양심이라고 알려진 금지·비난·억제의 체계와 자아의 이상이라는 신념 체계를 포함한다. 초자아는 가족과 사회의 전통을 흡수하고, 사회 구조를 위협하는 성 충동과 공격 충동을 통제하는 역할을 한다. 자아는 이드와 초자아의 중간 영역으로, 기억하고 평가하며 계획하고 주변의 물리적·사회적 세계와 반응하며 그 속에서 행동하는 부분이다. 자아는 이드와 초자아를 통합하며 외부 세계와 내부 세계를 통합한다.

이렇게 핵심 개념이 바뀜으로 인해 프로이트의 후기 이론은 역동적 정신 구조론이라고 불린다. 이는 전기 이론이 지정학적 정신 구조론으로 불린 것과 대비된다. 후기 이론인 역동적 정신 구조론에서는 이드, 자아, 초자아의 기능과 상호 역할이 중요시된다. 자아는 두 가지 심리적 상태 사이에서 고민하고 갈등하며, 쾌락을 추구하려고 하는 이드의 욕망을 제어하고, 지나치게 엄격하고 고상한 초자아의 고결함을 부드럽게 누그러뜨린다. 우리는 욕망을 따라서만도 살 수 없으며, 그렇다고 항상 고결하게만 살아갈 수도 없다. 이 둘 사이에는 언제나 갈등이 존재하며, 그렇기에 자아는 주변의 상황과 여건

속에서 이 둘 사이를 조정하고 중재하는 역할을 한다. 이렇게 욕망과 고결함이 균형을 이루게 해서 마음의 평안을 추구하는 것이다. 이러한 후기 이론은 프로이트로 하여금 문명론으로 나아가게 하는 바탕이 되었다.

문명 역시 이드와 초자아 사이의 갈등이 중재되어 드러난 사회적인 현상이라는 것이 프로이트의 문명론이다. 결국 문명은 개인이 하고자 하는 욕구를 제어하고 통제해서 만들어진 체제라는 해석이 가능하다. 인간은 사회 안에서 생활하면서 자신이 속한 문명에 대한 불만을 갖게 되는데, 이는 욕구가 통제되었기 때문이라는 것이다.

이러한 사회 현상을 설명하는 데 유용하게 사용되고 있는 실례는 오이디푸스 욕구다. 오이디푸스 욕구는 인간의 근본적인 욕망을 설명하는 용어로, 오이디푸스 왕처럼 남성인 인간은 자신과 같은 성을 가진 아버지에 대해 질투심을 느끼며 자신과 다른 성을 가진 어머니에 대해서 애정을 느끼는 욕구를 말한다. 오이디푸스 욕구는 프로이트의 전기 이론에서 그 모습을 드러내지만 후기 이론까지 계속해서 이론적인 확장을 하게 된다. 그래서 프로이트는 오이디푸스 욕구를 가지고 문명의 기원을 설명한다. 즉, 아버지와 같은 억압적 존재인 문명에 대해서 어린 시절의 살해 욕구와 같은 불만이 내재한 사회적 체계에 인류가 살고 있다는 것이다. 따라서 문명은 인간의 욕구를 해결하지 못하며 인간은 영원히 이 불만을 해결할 수 없다는 것이다.

프로이트는 문명의 기원뿐만 아니라 종교의 기원을 설명하는 데에도
이러한 오이디푸스 욕구를 사용했다.

2) 프로이트의 저서와 이론의 변화 과정

프로이트의 이론이 어떻게 변화되었는지를 알려면 프로이트의 저
서를 중심으로 살펴보는 것이 매우 효과적이다. 저서를 출간 순서로
살펴보면 이론의 변천 과정이 그대로 나타나기 때문이다. 프로이트
의 주요 저서 중에서 전기 이론으로 분류하는 저서나 논문은 《히스
테리 연구》, 《꿈의 해석》, 〈성욕에 관한 세 편의 에세이〉, 《토템과 터
부》가 있다. 그리고 후기 이론으로 분류하는 저서는 《쾌락 원칙을
넘어서》, 《자아와 이드》, 《문명 속의 불만》, 《인간 모세와 유일신교》
가 있는데 이 저서들을 차례로 살펴보자.

프로이트의 사상이 드러나기 시작한 것은 프로이트가 개인 병원
을 열고 본격적으로 환자들을 상담하면서부터라고 할 수 있다. 프로
이트는 신경 병리학과 어린아이의 뇌성마비를 주로 다루는 의사로
활동하던 과정에서 만난 브로이어와 함께 《히스테리 연구》라는 책
을 공동으로 저술했다. 《히스테리 연구》는 히스테리 환자들의 사례
를 연구해서 히스테리 증상의 원인이 과거에 환자가 겪은 기억이나
체험이라는 사실을 밝혀 무의식의 세계로 가는 단서를 제공한다. 프
로이트는 브로이어에게서 히스테리 환자인 안나 O의 사례 연구를

하는데, 《히스테리 연구》의 발간 이후 프로이트와 브로이어는 안나 O의 증상과 치료에 관해서 서로 다른 견해를 갖게 되면서 갈라서게 된다. 프로이트는 안나 O의 사례에서 성적인 억압이 히스테리의 원인이라고 보았는데 브로이어는 그런 프로이트의 생각에 동의하지 않았기 때문이다.

이후 독자적으로 히스테리 환자들을 치료하던 프로이트는 1896년 자유 연상법을 사용해서 신경증을 분석하기 시작했다. 이것을 정신분석이라고 부른다. 그리고 많은 환자들의 사례와 자신의 꿈을 분석해서 마침내 1900년 《꿈의 해석》을 세상에 내놓는다. 이 책은 프로이트의 초기 이론을 드러내는 가장 중요하고 유명한 저서다. 이 책에서 프로이트는 무의식, 전의식, 의식의 관계와 역할을 밝히고 꿈이 무의식의 소망 충족이라는 이론을 밝힌다. 나아가서 오이디푸스 욕구와 성적 본능이라는 주요 개념을 세운다. 프로이트의 사상적 토대를 이루는 대부분의 내용이 이 책 속에 들어 있으며 프로이트는 이 책에 많은 애정을 갖고 있어서 전 생애를 통해서 많은 보완과 수정을 한다.

프로이트가 심리학계에서 주목받기 시작한 것은 〈성욕에 관한 세 편의 에세이〉라는 논문에서 유아기 성에 관한 이론을 발표하면서부터다. 프로이트는 이 논문을 통해서 어린 시절부터 존재하는 성욕을 밝히고, 이 성욕이 억압되어 무의식으로 가라앉는다는 사실을 밝혀냈다. 이 논문으로 프로이트는 정신 의학계의 주목을 받지만 동시에 지나친 성적 편견자라는 혐오감 어린 누명도 받게 된다. 이후 프로이트의 정신 분석학 이론은 의사보다는 심리학자들에게 관심의 대상이 된다. 심리학자들은 프로이트가 주관하는 학회에 모이게 되고 학회는 많은 심리학자들로 성황을 이룬다. 그 사람들 가운데 융과 아들러와 같은 학자들도 있었다.

그러나 그 뒤 융과 아들러는 프로이트와 갈라서게 된다. 융과 아들러가 프로이트의 견해에 반대하는 견해를 발표했기 때문이다. 융은 프로이트의 유아기 성 이론에 반대했다. 융은 "쾌감을 얻는 것은 성욕을 갖는 것과 다르다."라고 주장하면서 어머니는 성적인 대상이 아니라 아이를 보호하고 양육하는 존재라고 해석했다. 아들러도 프로이트의 무의식 이론에 도전해 인간의 행동을 이끌어 내는 것은 프로이트가 말하는 성적 에너지가 아니라 '권력에 대한 의지'라고 주장하고, 중요한 것은 무의식의 삶이 아니라 현실이며 의식이라고 강조했다. 그 이후에도 프로이트는 동료와 제자들에게 배척당하는 불운을 겪는다. 하지만 프로이트는 동료와 제자들의 배척에도 불구하고 자신의 이론을 끊임없이 발전시켜 나갔다.

1920년 프로이트는 '죽음의 본능'이라는 개념을 자신의 사상에 도입한다. 이 개념은 《쾌락 원칙을 넘어서》라는 초기 저서에서 직접적인 언급 없이 삶의 본능, 즉 에로스와의 비교를 통해 암시의 형태로 그 모습을 드러낸다. 이 책에서 프로이트는 '반복 강박'이라는 새로운 개념을 선보이는데, 이 반복 강박은 어린아이들이 힘든 일을 겪을 때 그 힘든 일을 다른 것으로 대치해서 끊임없이 반복함으로써 마음의 고통을 제거하려는 행동을 말한다. 이러한 반복 강박은 죽음의 본능을 보여 주는 실마리로서의 역할을 수행한다. 인간의 마음에는 고통을 받아들이고 이를 반복하려고 하는 본능이 있다는 것이다. 따라서 이 책은 프로이트가 후기 이론으로 넘어가는 예비 단계에 와 있음을 보여 준다.

1923년 《자아와 이드》라는 책을 통해서 프로이트는 자아와 이드와 초자아의 개념을 발표한다. 이때부터 프로이트는 본격적인 후기 이론인 역동적 정신 분석 이론으로 넘어가게 된다. 《자아와 이드》는 후기 이론의 골격을 제공하는 이론서로서, 자아와 이드와 초자아의 세 가지 정신 영역을 설명하고 있다. 또한 이 개념들이 삶의 본능이나 죽음의 본능과 어떤 관련을 맺고 있는지를 여러 방면으로 설명하고 있다. 자아는 이드와 초자아의 요구를 조정하고 통제하는 역할을 떠맡는다. 프로이트는 자아의 일부가 전의식적이고 다른 일부가 무의식적이라는 사실을 발견한 이후 이 책을 쓰게 되었다. 아울러 초자아는 양심의 목소리를 내는 역할을 하며 오이디푸스 욕구에 대해 죄책감을 생기게 하는 원인이라고 밝히고 있다.

계속해서 프로이트는 《문명 속의 불만》을 비롯한 많은 책을 출간

한다. 《문명 속의 불만》은 본능이 원하는 것과 문명이 통제하는 것 사이에서 생기는 갈등을 다루고 있다. 프로이트는 문명이 인간의 욕망을 억압하는 구조로 이루어졌다고 보았다.

한편 프로이트의 전기와 후기 이론을 관통하는 일관된 이론이 하나 있다. 그것은 오이디푸스 욕구다. 오이디푸스 욕구는 문명론을 펼치는 후기 이론에도 등장한다. 문명의 기원을 설명하는 책 《토템과 터부》는 비록 전기에 출간되었지만 후기 이론과 맥을 같이 하는데, 억압을 본질로 삼고 있는 문명에 대해 다루고 있다.

이 책에 나타난 문명의 기원은 오이디푸스 왕 이야기와 비슷하다. 아버지로부터 억압당하던 형제들이 힘을 합해 아버지를 죽이고 그 시체를 먹는다. 형제들이 단결해 혼자서는 도저히 불가능하던 일, 즉 아버지를 살해한 것이다. 폭력을 휘두르며 모든 권력을 쥔 최초의 아버지는 형제들에게 선망의 대상인 동시에 공포의 대상이었다. 아버지를 죽인 다음 형제들은 아버지의 몸을 먹음으로써 아버지와 자신을 하나로 만들고, 각자 아버지가 휘두르던 힘의 일부를 자신의 것으로 받아들인다. 이 의식을 통해 형제들은 자신의 공격 본능을 만족시켰다. 그러나 형제들이 아버지에 대해 품었던 애정이 죄책감을 만든다. 그래서 양심이 생겨나며 이 양심은 초자아의 역할을 수행한다. 초자아는 근친에 대한 살인 행위를 되풀이하는 것을 방지하기 위해 여러 방안을 찾아내려고 한다. 그러나 세대에서 세대로 이어지는 공격 본능은 없어지는 것이 아니다. 그런 이유로 공격 본능은 끊임없이 새롭게 금지되어야만 했다. 이런 과정을 거치면서 아버지는 특정한 동물로 상징화되어 토템으로 바뀌고, 살인에 대한 금지는 터부로 나타난다. 이와 같이 오이디푸스 왕 이야기를 토대로 구성한 문명 기원론이 《토템과 터부》의 주요 주제였다.

오이디푸스 왕 이야기를 인류학에 적용시킨 이 내용은 프로이트의 마지막 저작 《인간 모세와 유일신교》에서도 나타난다. 모세는 이스라엘 사람들에게 지금까지 숭배하고 있던 다양한 신을 버리고 단 하나의 신만을 믿게 했으며, 이스라엘 사람들을 이집트에서 구출해 성지로 인도한다. 그러나 그곳에 도착하자 이스라엘 사람들은 반란을 일으켜 모세를 죽인다. 모세에 대한 반란은 아버지의 살해를 재현한 것이라고 볼 수 있다. 그러므로 유대교는 모세를 제거하고자 하는 오이디푸스 욕구에서 그 기원을 찾을 수 있다. 그리스도교도 마찬가지로 해석될 수 있다. 프로이트는 예수 역시 오래 전에 아버지를 죽인 형제 집단의 우두머리로 해석했다. 아버지를 살해한 우두머리를 다시 살해하는 인간의 죄악이 종교를 만들어 냈다는 것이다. 이렇게 봤을 때 오이디푸스 욕구는 문명의 기원뿐만 아니라 종교의 기원이기도 하다.

이렇게 프로이트는 자신의 정신 분석 이론을 전기에는 무의식과 전의식과 의식이라는 지정학적 구분을 통해 전개하고, 후기에는 이드와 자아와 초자아라는 역동적인 구분을 통해 펼쳤다. 이런 구분에서 매우 중요하다고 생각되는 개념 중의 하나가 죽음의 본능이다. 이 개념은 생존을 유지하려는 삶의 본능과 반대되는 말로, 탈출구를 잃게 되면 현실의 억압에 의해 죽으려고 하는 본능을 의미한다. 프로이트는 이 두 가지 본능이 동전의 양면과 같이 인간의 정신(이드)에 속해 있다고 말한다. 이렇게 프로이트는 정신 의학이라는 과학적인 지점에서 출발해서 인간의 본질과 문명, 종교의 본질을 밝히는 철학적 세계관으로 자신의 사상 체계를 넓혀간다.

3. 《꿈의 해석》, 그 내용과 의미

《꿈의 해석》이 출간되면서 정신 분석이라는 말이 세상에 모습을 드러내기 시작했는데, 이제 이 말은 인간의 정신세계와 관련해 보편적으로 사용되고 있다. 이 책은 1899년 말에 인쇄가 완료되었지만 출판사가 1900년으로 간행 연도를 잡았다. 아마 새로운 세기가 시작되면 새로운 사상이 등장할 것이라는 예감을 했기 때문인지도 모른다. 과연 이 생각은 틀리지 않았다. 실제로 20세기에 《꿈의 해석》만큼 커다란 반향을 일으키면서 인간에 대한 인식을 새롭게 바꾸어 놓은 책도 없는 것 같다.

프로이트 이후 인간은 의식이라는 옛 주인을 몰아내고 무의식이라는 새로운 주인에게 그 자리를 내주게 되었다. 이제 인간은 자신의 의식, 달리 말하자면 자신의 의지에 의해 행동하는 존재가 아니라 저 정신 깊숙이 숨어 있는 무의식에 의해 조종되고 움직이는 존재가 되었다. 그렇다면 이 무의식은 어떤 존재인가? 그것을 밝히기 위해 프로이트는 꿈이라는 어찌 보면 익숙하기도 하고 어찌 보면 미래를 말해 주는 것 같기도 한 알쏭달쏭한 괴물과 마주 선다. 프로이트는 신경증 환자의 사례를 포함한 수많은 사례를 가지고 한 걸음씩 꿈의 내용과 꿈의 의미, 꿈의 재료와 꿈이 하는 작업을 해석하고 분석한다. 그리고 마침내 무의식이라는 새로운 존재의 비밀을 밝혀낸다.

프로이트에 의하면 꿈이란 무의식의 소망 충족이다. 무의식은 은밀하게 감추었던 성적 욕망, 공격적 본능, 불쾌했던 기억, 표현하기 곤란한 소망 등의 다양한 욕구를 드러내고 싶어 한다. 그러나 의식, 즉 이성이 지배하는 낮의 세계에서 이런 것들은 표현될 수 없는 금기이자 반사회적인 욕구다. 따라서 무의식은 자신의 소망을 충족시킬 출구로 꿈을 선택한다. 왜냐하면 수면 상태에서는 무의식의 소망들을 억제하는 의식이 약화되기 때문이다. 그러므로 꿈은 무의식의 세계를 알 수 있는 가장 좋은 통로다. 꿈은 무의식으로 가기 위해 거쳐야 할 길이며, 동시에 무의식으로 가는 지름길이다.

프로이트가 이런 결론을 이끌어 내는 데 들어간 시간과 노력은 엄청난 것이었다. 프로이트는 수많은 문헌과 과학적인 논거와 신경증의 치료 효과 등을 바탕으로 자신이 세운 가설이 틀리면 그것을 다시 수정하고 보완하면서 《꿈의 해석》이라는 정신 분석의 새로운 이론을 정리했다. 그러나 프로이트에게 돌아온 냉대와 멸시보다도 프로이트를 더욱 괴롭힌 것은 자신을 성적 망상자로 몰아세우는 사회의 시선이었다. 그래서 프로이트는 이후 수많은 사례 연구와 과학적인 입증을 통해 자신의 이론이 정당하다는 것을 증명하려고 했다. 그러한 노력은 성공했고 프로이트는 정신 분석학의 창시자로, 그리고 인간의 본질을 밝힌 최고의 연구자로 남게 된다. 그러므로 《꿈의 해석》은 프로이트의 사상을 이루는 뼈대이며 핵심이라고 할 수 있다.

원래 《꿈의 해석》은 모두 일곱 개의 장으로 구성되어 있다. 첫 번째 장은 꿈 문제에 관한 학문적 문헌들을 다루고 있으며, 두 번째 장은 꿈 해석의 방법을, 세 번째 장과 네 번째 장은 각각 꿈의 소망 충족과 꿈의 왜곡을 다루고 있다. 이 부분에서 '꿈은 억압된 소망의 왜곡된 충족이다.'라는 명제를 입증한다. 다섯 번째 장은 꿈의 재료와 출처를 다루고 있으며, 여기에는 오이디푸스 욕구에 대한 이야기가 전개되고 있다. 여섯 번째 장은 꿈의 작업을 소개하고 있는데 꿈이 하는 일을 크게 압축·대치·시각화·상징화로 구별하고 부조리한 꿈의 의미와 꿈속에 드러난 감정의 이면을 밝히고 있다. 마지막 일곱 번째 장은 꿈의 과정을 다루고 있는데, 프로이트의 전기 이론

가운데 핵심이라고 할 무의식, 전의식, 의식의 상호 관계와 역할, 그리고 신경 조직과의 관계를 밝히는 부분을 중심축으로 꿈이 소망 충족이라는 이론을 재확인하며 퇴행과 억압 등에 대해 다룬다.

《꿈의 해석》은 프로이트 자신도 다른 저서들보다 더 중요하게 여긴 책이다. 프로이트의 3대 저서로 《꿈의 해석》, 《정신 분석 강의》, 그리고 《성욕에 관한 세 편의 에세이》를 들 수 있는데, 그중에서도 프로이트는 《꿈의 해석》에 가장 큰 애착을 갖고 있었다. 이는 《꿈의 해석》이 프로이트 이론의 기본을 이루고 있기 때문이기도 하고, 약간의 수정을 거치기는 하지만 나중까지 프로이트의 이론 체계를 지탱해 주는 버팀목 구실을 하기 때문이다. 《꿈의 해석》 초판이 인쇄된 후 30년이 지나서 발간된 《새로운 정신 분석 강의》에서 '꿈 이론의 수정'이라는 제목이 붙은 장을 살펴보면, 오랜 시간이 흘렀음에도 불구하고 꿈의 특성을 약간 수정했을 뿐 근본적으로는 《꿈의 해석》의 이론을 그대로 유지하고 있음을 알 수 있다. 자신의 독창성이 잘 드러나며 끝까지 자신의 이론 체계를 붙잡아 주었던 이 책에 대해 프로이트는 남다른 애정과 애착을 갖고 있음을 증명하는 대목이다.

《꿈의 해석》에는 전기 이론의 핵심적인 내용이 거의 모두 들어 있을 뿐만 아니라 내용 면에서도 자신이 지은 책 중에서 가장 방대하다. 또한 《꿈의 해석》은 그 당시까지 해결하지 못한 꿈에 대한 해석 문제를 정리함으로써 꿈에 대한 궁금증도 거의 모두 해결했다. 다만 꿈을 해석할 때 지극히 개인적인 비밀들을 모두 이야기할 수는 없기에, 분명하지 않게 넘어간 부분들이 일부 눈에 띈다. 아울러 《꿈의 해석》의 마지막 장인 일곱 번째 장은 그 이론의 난해함으로 말미암아 일반 독자들로 하여금 《꿈의 해석》을 읽는 데 어려움을 겪게 한다. 그러나 이런 사소한 문제들이 《꿈의 해석》이 지닌 중요성을 훼손할 정도는 아니다.

《꿈의 해석》은 신경증과 정신병 치료에도 많은 의의를 갖고 있다. 꿈 해석을 통해 오늘날에는 병으로 간주하지 않지만 예전에는 병으로 간주했던 히스테리를 이해하고 치료하는 데 활용했으며, 오늘날에는 정신병 치료에도 활용하고 있다. 프로이트는 꿈과 정신병이 분명히 관련이 있다고 주장했다. 히스테리 환자의 경우를 살펴보았을 때 환자의 증상이 꿈이 나타내는 내용과 비슷하다는 것을 통해서 프로이트는 꿈과 정신병의 연관성을 확신했다. 우리가 꿈 해석을 하는 진정한 이유도 여기에 있을지 모른다.

그러나 무엇보다도 《꿈의 해석》이 갖는 더욱 중요한 의미는 꿈에 대한 우리의 태도를 변화시킨 데 있다. 우리는 흔히 무서운 꿈이나 불쾌한 꿈, 재앙을 예고하는 꿈 등을 꾸게 되면 마음 한구석이 불안해 신경을 쓴다. 그러나 《꿈의 해석》을 통해서 알게 된 '꿈의 진정한 의미는 꿈이 보여 주는 내용과는 다르다.'라는 사실은 우리를 편안하고 자유롭게 해 준다. 편안하고 자유로울 때 우리는 더욱 건강한 삶을 살 수 있을 것이다. 꿈이 소망 충족임을 깨닫는다면 그리고 왜곡되어 나타난다는 것을 깨닫는다면 우리는 악몽을 꾸었다고 해서 두려워할 필요는 없을 것이다. 이렇게 《꿈의 해석》은 어둠에 싸여 있던 꿈의 세계를 과학적으로 벗겨 내어 우리들에게 알려 주었다는 점에서 큰 의의가 있다.

4. 오늘날《꿈의 해석》은 어떤 의미를 지니는가?

프로이트는 친구에게 보낸 편지에서 자신의 무의식 이론이 인류의 자존심에 충격을 준 세 가지 위대한 발견 가운데 하나가 될 것이라고 말했다. 세 가지 중 나머지 두 가지는 갈릴레오의 지동설과 다윈의 진화론을 말한다.

갈릴레오에 따르면 인간은 우주의 중심에 있는 것이 아니라 우주의 작은 일부분에 지나지 않는다. 인간은 신이 창조한 최고의 존재가 아니라 우주 속의 작은 미물이라는 것이다. 그래서 그 당시의 사람들은 인류의 자존심을 손상시키는 갈릴레오의 이론을 받아들이려 하지 않았다. 갈릴레오에 이어서 인류의 자존심에 상처를 입힌 것은 다윈의 진화론이었다. 다윈이 진화론을 발표하기 이전에 사람들은 신이 인간을 창조했다고 믿었다. 그러나 다윈은 인간이 원숭이로부터 진화되었다고 주장했다. 이 주장에 의하면 인간은 단순한 동물 이상의 존재가 아니라는 것이다. 다윈에 의해 인간은 신이 창조한 인간에서 더 하찮은 존재인 동물로 떨어졌다.

그런데 이번에는 프로이트가 무의식 이론을 찾아냈다. 프로이트의 무의식 이론에 따르면 인간은 이제 더 이상 이성적인 존재가 아니다. 인간은 의식이 있으므로 위대한 존재라는 생각은 의미가 없어졌다. "나는 생각한다. 그러므로 존재한다."라는 이성론은 이제 쓰레기가 된 것이다. 인간은 더 이상 만물의 영장도 아닐 뿐더러 자기 자신의 주인도 아닌 것이다. 인간은 수많은 욕망과 파괴 본능을 지닌 존재로 전락한 것이다. 그래서 프로이트의 이론에 대한 수많은 비난이 쏟아졌다. 하지만 프로이트는 자신의 무의식 이론이 인간을 자신이 있어야 할 자리에 있게 만들었을 뿐이라고 주장했다. 지금까지 인간은 지나치게 의식적인 존재로 왜곡되어 살아왔다는 것이 프로이트의 지적이다.

프로이트의 이러한 지적은 옳았고 그것은 한 세기가 채 지나가기도 전에 입증되었다. 이성은 몰락했고 인간이 자랑하던 문명과 문화는 갈 길을 잃고 표류하고 있다. 21세기인 지금 인간의 이성적 판단을 절대적으로 신봉하는 철학자는 극히 드물다. 우리는 이미 이성의 광기를 수많은 전쟁과 인종 차별과 인간에 의한 인간의 지배에서 경험했기 때문이다. 그러나 프로이트가 이성이 아닌 욕망의 시대를 찬

양한 것은 아니었다. 프로이트가 진정으로 말하려고 했던 것은 인간 내면의 진실이었고, 이 진실을 바탕에 둔 인간의 조화로운 삶이었다. 프로이트는 결코 감성과 욕망의 노예가 된 인간의 삶을 바랐던 것은 아니다. 프로이트는 인간의 욕망이라는 문제를 과학적으로 논증했고 이것이 객관적인 진실로 드러나게 했을 뿐이다.

그런 점에서 프로이트는 아인슈타인과 더불어 20세기에 가장 큰 영향력을 발휘한 인물이라고 할 수 있다. 프로이트는 심리학뿐만 아니라 문학, 예술, 철학, 인류학, 사회학 등 모든 학문 분야에 걸쳐 영향을 주었다. 그중에서도 특히 문학과 예술, 철학과 심리학에는 더 지대한 영향을 주었는데 이에 대해 간단히 살펴보자.

프로이트는 《꿈의 해석》에서 《오이디푸스 왕》과 《햄릿》이라는 문학 작품에 대해 분석하고 있으며, 다른 책에서도 문학 작품을 분석하고 있다. 예를 들어 《빌헬름 옌젠의 『그라디바』에 나타난 망상과 꿈》에서 독일 북부 출신의 극작가이며 소설가인 빌헬름 옌젠의 작품을 분석했고, 《괴테의 『시와 진실』에 나타난 어린 시절의 추억》에서는 괴테의 작품을 통해 괴테의 어린 시절을 분석하고 있다. 또한 《도스토예프스키와 아버지 살해》에서는 자신이 최고의 작가로 꼽고 있는 도스토예프스키의 작품 《카라마조프가의 형제들》을 분석하고 있다. 이처럼 프로이트가 문학 작품에 대해 정신 분석을 한 이유는 문학 작품에야말로 인간 내면의 심리가 가장 잘 드러난다고 여겼기 때문이었다.

프로이트는 문학 작품에서 개인의 고백을 분석함으로써 작가의 내면세계 또는 그 내용에 담겨 있는 정신 분석학적 의미를 밝히려 했다. 예컨대 《카라마조프가의 형제들》을 분석하면서 프로이트는 그 형제들이 카라마조프라는 한 사람의 정신적 영향을 이어받은 동일한 계열의 사람들이라고 분석한다. 아울러 그 형제들의 노름벽이 어린 시절의 성적인 경험과 관련을 맺고 있다고 본다. 이러한 해석 방법은 심리적 문학 비평이라는 새로운 지평을 열었다고 평가된다.

프로이트에게 예술은 무의식의 욕망을 충족시키는 세계를 의미한다. 예술은 허구면서 동시에 신비한 세계처럼 인식되는데 그 이유는 예술에 초자아의 검열을 벗어나고자 하는 무의식의 소망이 들어 있기 때문이다. 즉 인간의 욕망이 승화라는 과정을 통해 예술의 세계를 이루었다는 것이다. 프로이트는 예술 작품을 무척 사랑했고 많은 예술가들의 작품을 분석해 인간이 지닌 내면의 욕망이 환상을 통해 예술 작품으로 승화되는 과정을 설명했다. 이렇게 프로이트는 예술가의 내면세계를 파악하는 심리 비평이라는 새로운 장을 여는 데 공헌했다.

프로이트의 정신 분석학은 특히 철학에 많은 영향을 미쳤다. 프로이트의 무의식 이론이 나오기 전에는 데카르트의 이성 중심주의 이론이 철학의 주류를 이루고 있었다. 데카르트는 인간을 인식의 주체로 생각하여 "나는 생각한다. 그러므로 나는 존재한다."라는 철학적 명제를 제시하며 의식을 인간 존재의 중심으로 파악했다. 그러나 프로이트의 무의식 이론이 널리 인정되면서 이제 "나는 생각한다."와 같은 이성 중심주의 명제는 붕괴되고 "나는 생각되어진다."라는 구조주의의 명제가 새로운 자리를 차지하기 시작했다. 그 결과 "나는 존재하지 않는 곳에서 생각하고, 생각하지 않는 곳에서 존재한다."라는 자크 라캉의 구조주의 존재론이 널리 인정되었다. 프로이트에 의해서 이제 인간은 인식의 주체가 아니라 인식의 객체로 바뀐 것이다.

그 밖에도 프로이트의 정신 분석학이 철학에 미친 가장 큰 영향 중 하나는 욕망 이론이다. 프로이트 이전에 인간은 이성적 존재로서 그 불완전성에 대해 의심받지 않았다. 그러나 프로이트의 정신 분석학이 등장한 이후에 인간을 행위의 주체로 생각하며 특히 이성적인 존재로 간주하던 주체 철학은 근거를 잃게 된다. 정신 분석학은 인간을 의식과 무의식으로 분열된 존재로 바라본다. 다시 말해서 본질적으로 불안과 결핍에 시달리는 욕망의 존재로 파악한다. 인간의 욕망은 이성이라는 주체가 이끄는 것이 아니라 이성도 모르는 곳에서 생겨나는 본능에 순응하는 것이다. 이런 생각이 자크 라캉의 욕망 이론이라고 할 수 있는데, 이는 프로이트의 정신 분석학에서 그 이론적 근거를 가져온 것이었다.

프로이트가 현대 심리학에 미친 막대한 영향력은 다른 학문과는 비교할 수 없을 정도다. 프로이트의 정신 분석학 자체가 심리학과 깊은 연관을 갖기 때문에 더욱 그렇다. 프로이트의 정신 분석학이 현대의 심리학에 미친 영향력은 크게 세 가지로 나누어 볼 수 있다. 첫째는 안나 프로이트에 의해 만들어진 미국의 자아 심리학이고, 둘째는 멜라니 클라인이 모태가 되어 만들어진 대상관계 이론이며, 셋째는 하인즈 코헛이 활동하는 자기 심리학이다.

자아 심리학자들은 프로이트의 여러 개념들을 생물학적인 용어로 재해석했다. 이들은 무의식을 생물학적 본성이 거주하는 장소로 보았다. 그래서 마치 동물이 환경에 대해 스스로를 방어하면서 삶을 살아가듯이 인간도 심리적으로 환경에 대해 스스로를 방어한다고 주장했고, 이에 따라 유아기의 심리 발달 과정을 중요하게 보았다. 이런 생각은 안나 프로이트에 의해 방어 기제 이론으로 발전되었으며 실제로 이 이론은 심리 치료에 매우 유용하게 활용되었다. 하지만 자아 심리학은 프로이트의 정신 분석학에서 생물학적 측면과 발달론의 측면을 지나치게 강조했다는 비판을 받는다.

이러한 비판을 하는 사람 중에는 대상관계 이론의 초석을 놓은 멜라니 클라인이 있다. 멜라니 클라인은 자아 심리학과 자신의 이론이 어머니와 유아의 관계를 강조하는 점에서 다르다고 말했다. 멜라니 클라인은 어머니와 아들의 관계를 설명하는 오이디푸스 욕구와는 별개로 어머니의 애정과 사랑이 자녀의 심리에 긍정적인 영향을 미친다는 주장을 한 것이다. 이러한 주장은 프로이트의 오이디푸스 욕구에서 한 걸음 더 나아간 이론이라고 평가받고 있다.

자기 심리학은 인간성에 대해서 앞의 두 이론과 다르게 본다. 즉 우리가 인간성이라고 정의할 수 있는 자질은 생물학적 본성에 있지도 않으며, 어머니와의 관계에 의해 형성되는 것도 아니라는 것이다. 자기 심리학자인 하인즈 코헛은 인간성이 어린 시절 경험하게 되는 환경적 조건들에 의해 형성된다고 주장한다. 그러므로 하인즈 코헛은 자기 존중심과 자기 일체감을 매우 중요하게 여긴다. 하인즈 코헛의 이 주장은 프로이트 이론에서 초자아의 개념을 보다 강조한 것이라고 할 수 있다.

이렇게 프로이트의 정신 분석학은 자아 심리학과 대상관계 이론, 그리고 자기 심리학과 같은 현대 심리학 이론의 모태이자 토대라 할 수 있다.

하지만 프로이트가 현대의 여러 학문에 미친 이런 영향력 못지않게 우리가 프로이트로부터 얻는 근본적인 깨달음은 다른 데에 있다. 프로이트는 어렵고 힘든 상황에서도 끊임없이 도전했으며, 끊임없이 개척해 나갔다. 프로이트는 자신의 가정환경을 탓하지도 않았고, 학계에서 이단아 취급을 받았을 때에도 굽히지 않았다. 사랑하는 가족을 잃는 슬픔 가운데서도 책을 집필했으며 암과 싸우고 투병하던 마지막까지도 도전 정신을 포기하지 않았다. 그러므로 우리가 프로이트로부터 깨닫는 진정한 가치는 프로이트가 보여 준 학문적 열정과 진지함에 있다고 생각한다. 진리를 향한 프로이트의 진지한 도전이 있었기에 인간 존재의 숨겨진 진실을 밝힐 수 있었고 정신병에 시달리는 환자들을 치료하는 길을 열 수 있었다.

또한 프로이트는 솔직했다. 남들이 감추고 싶고 피하고 싶어 했던 은밀한 이야기들을 드러내는 데에서도 솔직했고, 자신의 주장에 대한 비판과 다른 사람들의 견해에 대한 비판에도 솔직했다. 프로이트가 이처럼 솔직했기에 인간 정신에 대한 새로운 해석이 가능했으며 무의식이라는 보이지 않은 세계를 열 수 있었을 것이다. 그리고 이러한 진지함과 솔직함이 프로이트를 20세기 최대의 심리학자며 철학자로 만들었다고 확신한다.

프로이트 연보

1856년 (0세)	5월 6일 오스트리아·헝가리 연합 제국의 작은 도시 프라이베르크에서 출생.
1873년 (17세)	비엔나 대학 의학부에 입학.
1876년 (20세)	대학교 3학년 때부터 5년 동안 브뤼케 교수의 지도 아래 생리학 실험실에서 근무.
1882년 (26세)	비엔나 대학 병원의 초급 수련의로 근무.
1885년 (29세)	파리의 살페트리에르 병원에서 신경증 의학자 장 마르탱 샤르코의 지도 아래 연구 활동.
1886년 (30세)	오스트리아로 돌아와 신경증 상담자로서 개인 병원을 열고 마르타 베르나이스와 결혼.
1888년 (32세)	브로이어를 따라 히스테리 치료에 최면술을 이용했으나 한계를 느끼고 자유 연상법을 시도.
1895년 (39세)	브로이어와 공동으로 《히스테리 연구》 저술.
1900년 (44세)	프로이트의 초기 이론을 드러내는 가장 중요한 저서 《꿈의 해석》 출간.

1905년 (49세)	논문 〈성욕에 관한 세 편의 에세이〉를 통해 유아기 성에 관한 이론 발표.
1908년 (52세)	국제 정신 분석학회 창립.
1912년 (56세)	오이디푸스 왕 이야기를 토대로 구성한 문명 기원론을 다룬 《토템과 터부》 출간.
1920년 (64세)	후기 사상의 초기 단계를 보여 주는 《쾌락 원칙을 넘어서》 출간.
1923년 (67세)	후기 이론의 골격을 제공하는 이론서 《자아와 이드》 발표.
1930년 (74세)	본능과 문명 사이에서 생기는 갈등을 다룬 《문명 속의 불만》 출간.
1934년 (78세)	1938년까지 마지막 저작 《인간 모세와 유일신교》 집필.
1938년 (82세)	히틀러의 오스트리아 침공으로 비엔나를 떠나 영국으로 망명. 미완성 저작인 《정신 분석학 개요》 집필 시작.
1939년 (83세)	9월 23일 런던에서 사망.